ROLAND BARTHES

Du même auteur

Aux éditions Payot

Roland Barthes, Un regard politique sur le signe (1973).
Linguistique et colonialisme, petit traité de glottophagie (1974).
Pour et contre Saussure (1975).
La production révolutionnaire : slogans, affiches, chansons (1976)
Les Jeux de la société (1978).
Langue, corps, société (1979).
Chanson et société (1981).
L'automne à Canton (1986).
La Guerre des langues (1987).

Aux éditions du Seuil (en collaboration)

Cent ans de chanson française (1972).

Aux éditions Seghers
(collection Poésie et Chanson)

Pauline Julien (1974).
Joan Pau Verdier (1976).

Aux Presses Universitaire de France
(collection Que Sais-je ?)

Les Sigles (1980).
Les Langues véhiculaires (1981).
La Traduction orale (1984).

Aux éditions Savelli (avec Jean-Claude Klein)

Faut-il brûler Sardou ? (1978).

Aux éditions Flammarion

La Fleur de Yucca (1988).

LOUIS-JEAN CALVET

ROLAND BARTHES

1915-1980

FLAMMARION

© Flammarion, 1990.
ISBN : 2-08-066259-7
Imprimé en France

Je lui dois, outre le bonheur de lecture, quelques intuitions latérales, et d'abord celle-ci : Ce n'est pas parce que Barthes aurait à l'avance récusé l'indiscrétion du geste biographique qu'il faut se fermer les yeux sur ce que son jeu d'ostentation et d'occultation pouvait signifier de désir d'être amicalement rudoyé.

Max Genève
« Les nuits magnétiques », France-Culture, 13 mai 1986.

Si j'étais écrivain, et mort, comme j'aimerais que ma vie se réduisît, par les soins d'un biographe amical et désinvolte, à quelques détails, à quelques goûts, à quelques inflexions, disons : des « biographèmes », dont la distinction et la mobilité pourraient voyager hors de tout destin et venir toucher, à la façon des atomes épicuriens, quelque corps futur, promis à la même dispersion ; une vie trouée, en somme, comme Proust a su écrire la sienne dans son œuvre...

Roland Barthes
Sade, Fourier, Loyola.

NOTE LIMINAIRE

Ce livre est le résultat d'un long travail : enquêtes, recherches, entretiens, lectures. Parmi ces dernières figurent un nombre important de lettres : Roland Barthes écrivait beaucoup, plusieurs lettres chaque jour, et, fidèle en amitié, il a entretenu de longues correspondances avec de nombreuses personnes. De la même façon que, du président de la République François Mitterrand me recevant dans son bureau de l'Élysée à l'étudiant anonyme me confiant ses souvenirs du séminaire, pratiquement tous ceux que j'ai sollicités ont accepté sans réticences de me parler de Barthes. De ces différents entretiens, il m'en faut signaler deux, d'une particulière importance :
1. Ceux que j'ai eus avec Philippe Rebeyrol, qui a reçu de Barthes entre 1932 et 1980 des centaines de lettres. Les deux jeunes gens s'étaient connus au lycée, en classe de quatrième, et leur amitié a duré près de cinquante ans, jusqu'à la mort de Barthes.
2. Les entretiens que m'accorda également Robert David, qui séjourna au sanatorium avec Barthes, pendant la guerre, et resta lui aussi son ami jusqu'au terme de sa vie. Il échangea avec lui des dizaines de lettres.

Ces entretiens constituent un témoignage exceptionnel sur l'évolution de la pensée et des sentiments de leur auteur, et je voudrais en remercier ici Philippe Rebeyrol et Robert David de me les avoir confiés. Cependant, les héritiers de Barthes m'ayant interdit de citer les correspondances, j'ai respecté cette volonté. Cela peut entraîner parfois un certain flou dont je prie le lecteur de bien vouloir m'excuser.

Philippe Rebeyrol m'a également parlé des textes inédits de Barthes :

— Une courte pièce en un acte, *Le Voyage d'Arion*, datée de décembre 1934.

— Un apologue, *Les aventures d'un jeune Crétois*, daté de février 1935.

— Un poème, *La Ballade de susceptibilités*, daté de mars 1935.

Barthes avait publié et présenté en 1974, dans un numéro que lui consacrait la revue *L'Arc*, son premier texte, *En marge du Criton*, rédigé à dix-sept ans, au cours de l'été 1933. Les trois textes que je viens de citer complètent donc d'une certaine façon le dossier et illustrent sa première période d'écriture. Malheureusement, là encore, je ne peux donner de citations, devant me conformer à la volonté des ayants droit.

J'espère simplement que les chercheurs pourront y avoir accès un jour.

Il est dans ce livre un autre flou, mais volontaire celui-ci. Roland Barthes, chacun le sait depuis la publication par son éditeur d'*Incidents* en 1987, était homosexuel. On verra toutefois dans cette biographie qu'il n'a jamais témoigné, milité, à une époque où, surtout après 1968, beaucoup de ses amis s'engageaient au contraire avec passion dans un certain nombre de combats contre l'intolérance et la répression que l'homosexualité a subies depuis des siècles. Si ce livre est l'histoire d'une vie, il est en même temps un livre d'Histoire, et l'Histoire se doit de chercher et de dire en toutes choses la vérité, mais je n'ai pas cru, sauf dans deux cas, devoir citer de noms. Barthes a eu des amours, comme tout le monde, mais s'il n'a pas voulu les afficher, et si ceux-ci n'ont pas voulu, après sa mort, témoigner, je n'avais aucune raison, pour ma part, de livrer en pâture au public des patronymes dont l'énoncé n'aurait rien ajouté à l'intérêt de ce livre. Les deux exceptions concernent d'une part une personne décédée depuis longtemps et d'autre part une personne dont

10

Roland Barthes a été très amoureux, mais qui n'a jamais répondu à ses avances et a accepté, devant l'importance de son témoignage, de voir son nom figurer ici en toutes lettres.

AVANT-PROPOS

LE SILENCE GÉNÉALOGIQUE

Avant de le laisser plonger dans ces pages, il me faut avertir le lecteur que ce livre entretient avec son objet un rapport un peu particulier. Barthes, en effet, qui dans ses travaux a souvent été confronté à des *œuvres* (celle de Michelet, de Racine, et même la sienne comme on verra plus bas), a toujours exprimé une certaine réticence envers l'entreprise biographique, justifiant bien sûr cette réticence par des arguments théoriques sur lesquels nous reviendrons. Mais en même temps, lorsqu'il s'agit de lui, on a parfois l'impression que cette réticence a d'autres sources, d'autres raisons, et qu'on ne peut seulement la comprendre comme l'aboutissement d'une analyse, comme un choix théorique.

Dans l'album de photos qui ouvre le petit livre écrit par lui et sur lui, *Roland Barthes par Roland Barthes,* on trouve le portrait de ses deux grands-pères avec, en regard, un commentaire de l'auteur. Face au grand-père maternel (lithographie représentant le capitaine Binger en uniforme, portant moustaches et décorations) on peut lire : *Dans sa vieillesse, il s'ennuyait. Toujours assis à table avant l'heure (bien que cette heure fût sans cesse avancée), il vivait de plus en plus en avance, tant il s'ennuyait. Il ne tenait aucun discours.* Et face à la photo de Léon Barthes, le grand-père paternel (barbe blanche, col cassé) : *Il aimait à calligraphier des programmes d'auditions musicales, ou à bricoler des lutrins, des boîtes, des gadgets en bois. Lui non plus ne tenait aucun discours.*

Cette insistance sur le *silence* des grands-pères est étrange et semble dire un autre silence générique, celui de la biographie ou de la généalogie, comme on voudra : rien à chercher, pense Barthes, rien à trouver de ce côté-là. Il y a, pense-t-il, une personne née en même temps que lui un 12 novembre 1915 et qui, dans les récits qu'on fera, ou qu'il fera, de sa vie, ne pourra que devenir une troisième personne (« il ») ou une première personne (« je ») « imaginaire ». Et, tout au long de ce *Roland Barthes par Roland Barthes,* il alternera l'une et l'autre de ces personnes, parfois dans le même passage. Ainsi cette phrase : « La bête noire de Saussure, c'était l'*arbitraire* (du signe), la sienne, c'est l'*analogie*[1] » où l'on attendrait *la mienne* est-elle suivie quelques lignes plus loin de « Lorsque je résiste à l'analogie... » *Il, je,* Barthes brouille les cartes des pronoms personnels, pour mieux maintenir une distance raisonnable entre lui et lui penseront certains, entre l'œuvre et la vie aurait-il préféré que l'on dise.

Cette méfiance face à la biographie, qui explique les hésitations d'une poignée de ceux qui l'ont connu (et s'estiment ses héritiers spirituels) à parler de lui, pourrait nous condamner à écrire à notre tour un « roman », à créer un Barthes imaginaire. « Il n'y a de biographie que de la vie improductive[2] » a-t-il écrit, fidèle en cela à l'approche structurale des textes qui lui fera par exemple, à propos de Racine, refuser « d'inférer de l'œuvre à l'auteur et de l'auteur à l'œuvre[3] ». Et de préciser que l'analyse qu'il propose ne concerne en rien Racine et ne traite que du héros racinien... En d'autres termes, point n'est besoin pour parler des tragédies de Racine d'aller chercher ses notes de blanchisserie ou la trace de ses amours contingentes, car la vie « improductive » n'a guère d'intérêt au regard de l'œuvre.

Sans vouloir entamer ici un débat avec un auteur absent ou argumenter contre une théorie à laquelle d'ailleurs j'adhère sur bien des points, je dois cependant dire qu'à mes yeux la vie est un tout et qu'entre l'homme et l'œuvre, entre le *corps*

14

et ce qu'il *produit,* existent des liens à décrypter, des rapports étroits et, parfois étranges, des filiations.

Ainsi ces grands-pères « qui ne tenaient aucun discours » et qui ont pourtant beaucoup à dire ne peuvent-ils être aussi vite expédiés, et le fait même que leur photo apparaisse à côté de celles de la mère, de la tante, des arrière-grands-parents ou du frère, en ouverture d'un livre quelque peu provocateur (dans une collection dont le titre générique était X par lui-même, par Y un Roland Barthes par lui-même, par Roland Barthes...) ne peut être négligé.

Je suis bien sûr dans l'incapacité totale de savoir ce que Roland Barthes aurait pensé de l'entreprise présente. J'ai sous les yeux une lettre de lui, datée du 10 septembre 1973. Il venait de lire un ouvrage que j'avais consacré à son œuvre, à ses théories, et m'écrivait trop gentiment, faisant précisément référence au *Roland Barthes par Roland Barthes,* alors en gestation : « Tout cela est si bien que, sincèrement, je vais avoir beaucoup de mal à faire le petit livre que le Seuil m'a demandé sur moi. » Par la suite, notre correspondance (fournie, mais cela ne signifie pas grand-chose car Barthes écrivait beaucoup) et nos rencontres (plus rares) ont toujours porté sur d'autres sujets. Peut-être me reprocherait-il aujourd'hui de transgresser un interdit dont une poignée de ses proches se sont fait les zélateurs. Ou peut-être encore m'écrirait-il « tout cela est si bien que... »

Ce livre est donc bien une biographie, avec les risques que cela implique, et dont je ne pourrai pas dire que je n'ai pas été averti. Une biographie, c'est-à-dire à la fois un travail de recherche historique, parfois journalistique, et la traduction d'une sympathie : on ne peut guère à mon sens raconter la vie et la genèse intellectuelle de quelqu'un que l'on n'aime pas. « Toute biographie est un roman qui n'ose pas dire son nom[4] », écrit encore Barthes. Sur ce point, je suis en léger désaccord avec lui : un roman est en effet une double aventure, en ce sens qu'il est une production formelle, un travail sur la langue, bien sûr, mais en même temps une production imaginaire. Quelle que soit sa part interprétative, une biographie n'a pas ce problème car si elle raconte une vie

15

romanesque, l'histoire en est déjà écrite et le biographe a pour tâche essentielle de la retrouver et d'en faire le compte-rendu. Le récit que l'on va donc lire se veut être récit d'une vie, à tous les sens du terme, encore une fois, l'histoire d'un *corps* et de ce qu'il a *produit*.

Roland Barthes était, de son propre aveu, un grand adepte de la fiche, et il a raconté[5] comment son *Michelet par lui-même* est né précisément de la structuration presque hasar-deuse de ces bouts de papiers :

« Je copiais sur des fiches les phrases qui me plaisaient, à quelque titre que ce fût, ou qui, tout simplement, se répétaient ; en classant ces fiches un peu comme on s'amuse à un jeu de cartes, je ne pouvais que déboucher sur une thématique. »

Vingt et un ans plus tard, écrivant donc dans la même collection que *Michelet par lui-même* un *Roland Barthes* (vraiment cette fois) *par lui-même,* il en a publié un exemple, en photographie, une fiche de quelques lignes consacrée au « stéréotype », qu'il commente de la sorte :

« Toute chaude, on ne peut rien démêler encore de sa qualité : bête ? dangereuse ? insignifiante ? à garder ? à rejeter ? à déniaiser ? à protéger ? »

Sans vouloir me livrer au jeu du pastiche, où je ne brille guère, je ne puis résister au plaisir d'élaborer semblable fiche, assortie des mêmes questions :

GRANDS-PARENTS

Grand-père paternel : Léon Barthes, fonctionnaire à la Compagnie des Chemins de fer du Midi, issu d'une famille de notaires de Mazamet (Tarn). Les parents de la grand-mère sont de Tarbes.

Grand-père maternel : Louis Binger, militaire, descendant de maîtres verriers alsaciens, la grand-mère vient de Lor-raine, ses parents ont une fonderie à Paris.

Catholique, et du Sud-Ouest, côté père, protestant, et de l'Est, côté mère. Il héritera de la religion de la mère mais choisira la région du père.

On peut penser que l'un des grands-pères parlait alsacien,

16

l'autre occitan : Barthes lui n'a jamais vraiment été intéressé par les langues…

Le silence des grands-pères. « Ils ne tenaient aucun discours. »

Toute chaude, comme on voit, c'est-à-dire ici brute…
Insignifiante ? A voir. Bête ? Sans aucun doute à ce stade.
Dangereuse ? Pour qui ?
A garder ? A rejeter ? A déniaiser plutôt. Et à protéger sans doute. A développer.

Qu'on se rassure : je n'abuserai pas de ce style faussement parodique et si j'ai dû, pour écrire ce livre, m'appuyer moi aussi sur de nombreuses fiches, le lecteur n'en verra aucune. Elles ne m'auront servi que de base pour reconstituer une histoire. Barthes a montré dans son rapport aux signes qu'il adorait au moins deux choses. Les néologismes d'une part, ces mots inventés qui sont comme des enfants illégitimes faits à la langue, et l'étymologie d'autre part, qui lui permettait parfois de tricher un peu avec l'arbitraire du signe en redonnant aux vocables un sens perdu. Aussi avant d'entamer cette histoire d'une vie aimerais-je rappeler que le mot « histoire » nous vient d'un étymon grec qui signifiait « enquête ». C'est donc comme une enquête qu'il convient de lire ces pages, comme la tentative de reconstitution d'un itinéraire. Enquête sur un homme, sur une pensée, sur un siècle aussi, le nôtre, tant il est vrai que l'œuvre de Roland Barthes prend profondément racine dans notre temps, dans ses conflits, ses mythes et ses systèmes de production de sens. Tentative de collectage de « biographèmes », collectage au sens où l'ethnographe « collecte » les éléments de son corpus dans la tradition orale.

I

UN PUPILLE DE LA NATION

Le 12 novembre 1915, au 107, rue de la Bucaille à Cherbourg, naît de mère alsacienne et de père gascon Roland Gérard Barthes. Sa mère, Henriette Barthes, née Binger, a alors vingt-deux ans ; son père, l'enseigne de vaisseau de première classe Louis Barthes, en a dix de plus. Il choisit les témoins de la déclaration de naissance dans sa profession : Maurice Goërende, « quartier-maître canonnier », et Pierre Duval, « marin de l'État » viennent avec lui à la mairie signer l'acte de naissance. C'est donc sous des auspices et dans une ville maritimes que Barthes vient au monde. Et dans un ménage financièrement peu à l'aise : un père marin, une mère sans profession...

Quel intérêt présente la famille ? Et quel rôle joue-t-elle dans la formation d'un individu ? Au moment de commencer le récit d'une vie on peut s'interroger sur son point de départ. Une naissance ? Une filiation ? Cette « préhistoire du corps [1] » que constituent les aïeux est-elle de peu de sens ? On prendra ici le parti pris de considérer qu'on ne naît pas sans conséquences dans tel ou tel milieu, dans telle ou telle culture et que ces ramifications de l'arbre généalogique nous aident à comprendre. Quoi ? Ces infimes réflexes d'appartenance qui, additionnés, contribuent à former une personnalité. Et lorsque, comme c'est ici le cas, les deux branches de la famille sont à ce point différentes, l'incursion dans la généalogie devient une voie de passage obligé.

19

En préambule, deux profils : celui d'un grand-père maternel omniprésent, jusque dans les dictionnaires et les livres d'histoire, et celui d'un père absent, absent dès les premiers mois de l'enfance.

Du côté maternel

Né à Strasbourg le 14 octobre 1856 (la ville est alors française, elle passera sous contrôle allemand de 1870 à 1918), mort en 1936 à l'Isle-Adam, le grand-père maternel Louis Gustave Binger a eu ce qu'il est convenu d'appeler une « carrière coloniale » au cours de laquelle il a d'ailleurs apporté une contribution non négligeable à la connaissance de la géographie de l'Ouest africain.

On a en effet longtemps confondu le fleuve Niger et le fleuve Sénégal, les cartographes leur supposant un seul et même cours. Ce n'est qu'en 1690 que le sieur La Courbe, inspecteur général de la colonie du Sénégal, affirme après une reconnaissance qu'il ne peut s'agir du même fleuve. Mais les géographes ne sont pas convaincus et en 1707 les cartes de Guillaume Delisle confondent encore les deux cours. On les sépare ensuite mais en 1795, au départ de sa première exploration, Mungo Park pense que le Niger se jette dans le Congo. Et lorsqu'il meurt en 1805, au cours de sa deuxième exploration, le Niger a gardé son secret. En 1817, James Riby affirme qu'il se jette dans le golfe de Guinée, intuition confirmée en 1830 par le voyage de Richard Lander. On ignore cependant encore où il prend sa source, et un grand mystère plane sur le cours exact d'un autre cours d'eau, la Volta.

Le 3 septembre 1887, le capitaine d'infanterie de marine Binger, ancien officier d'ordonnance de Faidherbe, ayant servi au Sénégal et considéré comme un bon connaisseur de l'Afrique, passe le Niger à Bamako et part seul pour une longue exploration. Il en a obtenu les moyens du ministère des Affaires étrangères, grâce à l'appui de Faidherbe et contre l'avis du ministère de la Marine, dont il dépend normalement. Il passe par Sikasso où il est reçu par l'almamy

20

Samory, chef religieux autoproclamé mais chef de guerre luttant très efficacement contre la conquête française, qui fait le siège de la ville. La majeure partie de la carrière africaine de Binger se fera d'ailleurs à l'ombre de l'épopée de ce chef malinké qui, de 1883 à 1898 luttera contre les troupes coloniales. Le jeune officier séjourne donc quelque temps avec lui, lui remet une lettre de Gallieni, alors gouverneur du Soudan français, puis continue sa route vers Kong où il arrive le 20 février 1888. Oubliant la politique, il revient à l'exploration, montre que les montagnes de Kong n'existent pas, ce qui l'éclaire sur le cours de la Volta. Il pousse jusqu'à Ouagadougou où il sera reçu par le moro naba (l'empereur mossi) Sanom, puis revient vers le sud et se retrouve, épuisé, à Kong le 5 janvier 1889, où après ce long et pénible voyage il se jette, les larmes aux yeux, dans les bras de Marcel Treich-Laplène, un jeune agent de commerce de la maison Verdier, de La Rochelle, résident français à Grand-Bassam. Les deux hommes se rendent ensemble en Côte-d'Ivoire et atteignent Grand-Bassam le 20 mars 1889. Binger a alors trente-trois ans, et encore quarante-sept ans à vivre, Treich-Laplène en a vingt-neuf et mourra l'année suivante. Tous deux laisseront leur nom à une localité ivoirienne, respectivement Treich-ville et Bingerville.

Binger rentre alors en France où il publie l'année suivante, en deux volumes, la relation de son exploration, *Du Niger au golfe de Guinée par le pays de Kong et le Mossi*. Maurice Delafosse, lui-même administrateur colonial et auteur de livres de référence sur le Soudan français, commentera en 1912 :

« Non seulement il avait reconnu le bassin supérieur de la Volta et la partie occidentale de la boucle du Niger, jusqu'alors inconnue (...) mais il rapportait une masse d'informations si abondantes et si précises et d'itinéraires par renseignements si exacts qu'aujourd'hui encore on trouve à s'instruire en lisant sa relation de voyage[2]. »

Il est vrai que Binger s'intéresse à tout. Il donne son hypothèse sur l'origine du nom du peuple soninké (« partisan du Sonni » selon lui), étudie l'histoire du peuple dioula (il est selon Delafosse « Celui qui les a étudiés le premier et qui les connaît le mieux »), fournit des descriptions extrêmement précises des lieux qu'il traverse et des coutumes qu'il rencontre, ce pourquoi il est souvent cité pour des points de détail par les africanistes d'aujourd'hui, en bref il est typiquement de ces « explorateurs » du siècle dernier, de l'aube de la colonisation, et c'est d'ailleurs par ce vocable, « l'explorateur », que Roland Barthes désignera plus tard son grand-père à ses amis. Plus près de nous l'historien Yves Person, grand spécialiste de Samory, rend hommage au sens de l'observation de Binger, à sa minutie, mais souligne en même temps ses préjugés et son manque d'objectivité : en bref il considère Binger comme légèrement raciste.

Mais en cette année 1889, lorsque Binger rentre en France, son livre est accueilli tout différemment : la grande presse publie la carte de son voyage et cette ouverture sur des territoires jusqu'ici ignorés éveille des appétits commerciaux : il y a par là-bas, se dit-on, de bonnes affaires possibles, et Binger en est le premier convaincu. Pense-t-il déjà à quitter l'armée ? Louis Faidherbe, son ancien « patron », vient de mourir, et il n'a plus de soutien dans les hautes sphères : la politique africaine qu'il tente alors de mettre sur pied ne recueille guère d'échos dans les allées du pouvoir.

Pour l'heure, la France fête bien sûr le premier centenaire de la Révolution française, on dit alors « le » centenaire. On a, au mois de mai, inauguré la tour Eiffel, qui a suscité bien des polémiques mais qui, en trois mois, a attiré deux millions de personnes. L'Exposition universelle pour sa part accueillera près de cinquante millions de visiteurs... Dans cette ambiance de fête républicaine, Binger rencontre une jeune fille belle, élégante, venue de Lorraine et dont les parents ont, à Paris, une fonderie : Noémie Élise Georgette Lepet, née en 1872, de seize ans plus jeune que lui, donc. Il épouse Noémie et en aura un fils, Philippe, en 1891.

Binger repart en Afrique quelques mois, rentre en France en 1892 et s'interroge sur son avenir. Il songe à quitter l'armée pour se lancer dans le commerce : sa connaissance de la région lui ouvre en effet les portes des groupes qui songent à orienter l'impérialisme économique ver le golfe de

22

Guinée. Mais, en mars 1893, Delcassé décide de créer la colonie de Côte-d'Ivoire. Il lui faut un gouverneur capable de prendre en main ce nouveau territoire, ce sera Binger, nommé le 20 mars et qui s'empresse de démissionner de l'armée : il sera gouverneur civil de la Côte-d'Ivoire de 1893 à 1896. Pour l'heure il n'est pas pressé de rejoindre son poste : Noémie est enceinte pour la deuxième fois et il préfère rester avec elle jusqu'au dénouement de l'heureux événement. C'est le 18 juillet 1893 que naît le deuxième enfant du couple Binger, une fille que l'on baptisera Henriette. Son père, « officier de la Légion d'honneur et de l'instruction publique, gouverneur de la Côte-d'Ivoire » selon le registre de l'état-civil de Chennevières-sur-Marne, déclare la naissance devant le maire Jules Viéjo, en présence de deux témoins, M. Claude Pierre Bouquet, jardinier, et M. Joseph Désiré Guillemin, propriétaire rentier. Dans ce petit village de l'est de Paris, le commandant Binger est perçu comme une sorte de héros de la colonisation, un aventurier des frontières extrêmes de l'empire.

Mais la popularité réelle de l'aventure coloniale est alors concurrencée dans le grand public par des événements plus proches. Depuis un an, en effet, le pays vit sous la menace des attentats anarchistes. Très marqué par l'influence des nihilistes russes, le mouvement français commence à se lancer dans l'action directe individuelle. Le 11 mars 1892, Ravachol a mis une bombe dans un immeuble au 136, boulevard Saint-Germain, dans lequel habite le président de la cour d'assises, le 15 mars c'est la caserne Lobau qui explose, le 27 mars un immeuble de la rue de Clichy où vit le procureur de la République Bulot... Ravachol est arrêté dans le restaurant Very, boulevard Magenta, où il a été reconnu et dénoncé par le garçon, et son procès retentissant commence le 26 avril entouré d'un luxe de précautions : la veille, en représailles, le restaurant Very a sauté à son tour. Ravachol sera condamné à mort et exécuté le 11 juillet 1892 à Montbrison. Après avoir refusé l'assistance d'un prêtre (« Je m'en fous de votre Christ, ne le montrez pas, je lui cracherai dessus ») il monte à l'échafaud en chantant une chanson du *Père Duchêne,* ce journal révolutionnaire que

Roland Barthes, soixante ans plus tard, citera dans son introduction du *Degré zéro de l'écriture* :

« Si tu veux être heureux, nom de Dieu !

Pends ton propriétaire

Coupe les curés en deux, nom de Dieu !

Fous les églises par terre, Sang-Dieu !

Et l' bon Dieu dans la merde, nom de Dieu !

Et l' bon Dieu dans la merde. »

Puis Ravachol bascule en poussant un dernier cri, que le couperet interrompt : « Vive la ré... » La révolution sans doute, ou la révolte, qui deviendra pourtant la « république » dans le télégramme que le préfet envoie immédiatement au garde des Sceaux :

« Justice a été faite ce matin à quatre heures cinq minutes sans incident ni manifestation d'aucune sorte, le réveil a eu lieu à trois heures quarante minutes, le condamné a refusé l'intervention de l'aumônier et m'a déclaré n'avoir aucune révélation à faire ; pâle et tremblant d'abord, il m'a montré bientôt un cynisme affecté et une exaspération au pied de l'échafaud dans la minute qui a précédé l'exécution ; il a chanté d'une voix rauque quelques paroles de blasphème et de la plus révoltante obscénité ; il n'a pas prononcé le mot anarchie et sous la lunette poussé le cri dernier de vive la république. Le plus grand calme n'a cessé de régner dans la ville. Rapport suit. »

Le 20 juillet 1893, deux jours après la naissance de sa fille, le gouverneur Binger quitte sa famille, embarque à Bordeaux sur l'aviso *Capitaine-Ménard* et arrive à Bassam début août. Son premier séjour sera d'ailleurs relativement bref : neuf mois plus tard, le 5 mai 1894, il repart pour la France, invoquant sa mauvaise santé, et va passer son congé dans sa propriété de Chennevières. Bien que durant les trois ans de son mandat il ait très souvent résidé en France, Binger fut cependant considéré comme un « bon administrateur », qui sut favoriser l'accroissement des ressources du territoire. Il augmente en particulier les recettes douanières, pousse à l'impérialisme économique et rompt avec ses anciens camarades de l'armée : il est très vite perçu comme l'homme de la présence économique, opposé à l'occupation militaire qui, à

24

ses yeux, nuit aux intérêts du commerce. Fin 1895, il est de nouveau à Chennevières et tout le monde se demande s'il se décidera à aller reprendre son poste. Il cherche en fait à rester en France, prend des contacts, cherche des appuis, mais se heurte à une certaine hostilité et, début 1896, demande sa mise à la retraite. Il a alors quarante ans et songe sans doute à une nouvelle carrière dans le domaine commercial : il a pour cela de solides relations et, concernant l'Afrique, des compétences indéniables. Au demeurant, il sait que ses remplaçants à Bassam maintiendront en Côte-d'Ivoire la tradition civile qu'il a lui-même défendue, et que cela lui facilitera la tâche s'il quitte les Affaires pour faire des affaires.

Mais le gouvernement change et, le 29 avril 1896, arrive au ministère des Colonies un certain André Lebon dont l'une des premières décisions est de nommer Binger directeur des Affaires d'Afrique, ce qui revient à favoriser dans la constitution du cabinet les partisans de l'exploitation commerciale de la Côte-d'Ivoire par rapport aux partisans de l'occupation militaire : le trafic des armes ne sera plus menacé. Il restera à ce poste plus longtemps que le ministre qui l'y avait nommé. Lebon disparaît en juin 1898, après des élections sur lesquelles pèse lourdement le problème de la révision du procès Dreyfus : Esterhazy a été acquitté en janvier, et l'affaire divise la France. Mais Binger est désormais inamovible et assure la continuité. Henriette Binger a six ans.

Du côté paternel

Revenons seize ans en arrière, le 28 février 1883, lorsqu'à Marmande, dans le Lot-et-Garonne, naît Louis Barthes. Son ascendance est beaucoup moins marquée d'exotisme que celle de sa future femme, Henriette Binger. Son père, Léon Joseph Barthes, est inspecteur aux Chemins de fer du Midi, sa mère, Berthe de Lapalu, la grand-mère de Roland, est toute différente de l'autre grand-mère, Noémie Binger : « L'une était belle, parisienne, commentera plus tard

25

Roland, l'autre était bonne, provinciale : imbue de bourgeoisie — non de noblesse, dont elle était pourtant issue...[3]. » Née à Tarbes, Berthe a suivi son mari dans les différentes villes du Sud-Ouest où l'a mené son métier. Si Noémie brille dans les salons, Berthe, elle, brille plutôt à la cuisine, dans les conserves et la pâtisserie. Contraste... Jetant plus tard un regard sur ses grands-parents, Barthes en donnera cette description :

« La classe à laquelle j'appartiens est, je pense, la bourgeoisie. Pour vous en laisser juge, je vous donnerai la liste de mes quatre aïeuls (c'est ce que faisait Vichy, sous l'occupation nazie, pour déterminer la quantité de judéité présente dans un individu) : mon grand-père paternel, fonctionnaire de la Compagnie des Chemins de fer du Midi, descendait d'une lignée de notaires installés dans une petite ville du Tarn (Mazamet, m'a-t-on dit) ; les parents de ma grand-mère paternelle étaient des nobles provinciaux appauvris (de la région de Tarbes) ; mon grand-père maternel, issu d'une famille alsacienne de maîtres verriers (...), quant à ma grand-mère maternelle, la seule fortunée de cette constellation, ses parents, venus de Lorraine, avaient à Paris une petite usine de fonderie[4]. »

Léon (Barthes), Berthe (de Lapalu), Louis (Binger) et Noémie (Lepet), ils sont là tous les quatre : Léon et Berthe donnent naissance à Louis, le père, un enfant du Sud-Ouest, catholique comme il se doit, Louis et Noémie à Henriette, la mère, née près de Paris mais gardant de son ascendance alsacienne la religion réformée.

Louis Barthes ne fera guère d'études et entame très jeune une carrière maritime, carrière qui a paru tout d'abord impossible à reconstituer : le bureau central des archives militaires de Pau répondit en effet à ma demande qu'il était formellement interdit de communiquer le moindre renseignement du genre de ceux que je cherchais. Par chance le service historique de la Marine, sollicité par un courrier parallèle, me faisait parvenir quelques jours plus tard ce que les archives militaires de Pau refusaient : un « extrait de la matricule » de Louis Barthes où étaient soigneusement notés les stades de sa carrière, à quoi un aimable contre-amiral ajoutait d'ailleurs un rapport sur la mort de Louis : les contradictions entre les autorités militaires servent parfois le chercheur...

Le 10 janvier 1903, à vingt ans, Louis embarque donc comme pilotin pour une croisière au long cours de deux mois et vingt-quatre jours sur le vapeur *Amiral-Courbet*. Puis il passe douze mois dans le port de Toulon, comme matelot de troisième classe à quai. Le 26 mai 1904, il embarque à nouveau, comme lieutenant cette fois, sur l'*Europe*. Après onze mois et deux jours de mer, le voilà au Havre. Le 15 août il embarque à nouveau, mais avec rang de simple matelot, sur le vapeur *Cordillère* qui, en un mois et demi, le mène à Bordeaux. Du 9 octobre 1905 au 22 septembre 1906 il se retrouve sans engagement. Il embarque alors pour dix jours, comme lieutenant, sur le *Vendée,* et l'administration militaire, lorsqu'il sera mobilisé, décomptera ce voyage comme « cabotage », ainsi que les cinq mois suivants qui, sur le même navire, le mènent à Dunkerque. Sa carrière se poursuit en dents de scie : du 10 janvier 1903 au 13 février 1913, soit en dix ans et trente-trois jours, il navigue un peu plus de sept ans sur différents vapeurs, *Bretagne, Montréal, Québec, Ferdinand-de-Lesseps, Mexico...* En 1909, il est à Fort-de-France mais le reste du temps il est désarmé au Havre. En 1913, il est, selon l'extrait de matricule de la Marine nationale, « capitaine au long cours de première classe » et recruté comme « enseigne de vaisseau de première classe de réserve ». Il a entre temps fait, comme lieutenant, la traversée de l'Atlantique, vers Québec. Sur le vapeur, une jeune passagère, Henriette Binger, qui va rendre visite à son frère Philippe, parti chercher fortune au Canada. Coup de foudre. Le mariage suivra très vite, bien que la grand-mère Noémie ne voie pas d'un très bon œil cette union qui constitue pour elle quelque chose comme une mésalliance : son gendre vient d'une famille peu aisée et n'a lui-même qu'une petite situation.

C'est donc dans ce couple que, le 12 novembre 1915, au 107, rue de la Bucaille à Cherbourg, naît de mère alsacienne et de père gascon Roland Gérard Barthes. Et le petit Roland n'a pas un an lorsque le 26 octobre 1916 son père qui commande en mer du Nord le patrouilleur *Montaigne* meurt dans un combat naval. Le « patrouilleur », selon les sources du ministère de la Marine, est en fait un petit chalutier reconverti, armé d'un canon de 57. Le 27 octobre, au large du cap Gris-Nez, il est attaqué par cinq destroyers allemands. Dès le début de l'action, son unique canon est mis hors de combat et « son armement détruit par l'ennemi tirant à bout portant ». Louis Barthes est mortellement blessé dès le début de l'engagement. Selon les survivants, il a « employé ses dernières forces à commander les manœuvres exigées par la situation ». Il sera, à titre posthume, cité à l'ordre de l'armée et fait chevalier de la Légion d'honneur. Voilà Henriette veuve de guerre, voilà Roland pupille de la nation, ou presque : il ne sera en fait officiellement « adopté par l'État » que le 30 novembre 1925, après le jugement rendu par le tribunal civil de Bayonne.

Il est bien sûr parfaitement banal de dire que la mort du père est toujours, pour un garçon très jeune, un événement qui laisse des traces. Mais Barthes n'a fait que rarement allusion à cette disparition, et lorsqu'il en parle c'est comme en passant, racontant par exemple la gêne qu'il éprouva en classe de troisième, à Louis-le-Grand, lorsque le professeur de français, « petit vieillard socialiste et national », entreprit de faire au tableau noir la liste des parents des élèves « tombés au champ d'honneur » : oncles, cousins, mais le jeune Barthes était le seul à pouvoir annoncer un père. « Cependant, le tableau effacé, il ne restait rien de ce deuil proclamé — sinon dans la vie réelle, qui, elle, est toujours silencieuse, la figure d'un foyer sans ancrage social ; pas de père à tuer, pas de famille à haïr, pas de milieu à réprouver : grande frustration œdipéenne [5] ! »

Ainsi, à l'en croire, l'absence du père ferait du foyer un lieu sans conflit, sans haine, sans lutte : nous verrons que, dans son adolescence, il rédigera un projet de roman qui fait au contraire de la famille, de sa famille, le nœud d'un conflit violent...

28

Du côté de Bayonne

Louis Barthes disparu, Henriette se retourne vers ses beaux-parents et non vers sa propre mère, ce qui est peut-être l'indice de relations déjà distendues. A Bayonne, la ville dans laquelle elle s'établit, la grand-mère paternelle, Berthe Barthes, et sa fille, Alice, habitent au coin des allées Paulmy et de l'avenue de la Légion-Tchèque « une maison dans un grand jardin, reste d'une ancienne corderie [6] ». Cette maison, la « maison Lanne » a aujourd'hui disparu, « emportée par l'Immobilier bayonnais [7] », écrira Barthes avec une touche de dépit : de fait, elle a laissé place à un immeuble de six étages, insignifiant, la « résidence Longchamp », construit comme des dizaines d'autres immeubles du même genre.

Située au confluent de l'Adour et de la Nive, la ville était au Moyen Âge un lieu de transit important : elle exportait vers les Flandres et l'Angleterre du vin, du miel, des cuirs et importait en retour des draperies, de l'étain, des huiles. Elle devint ensuite une place forte aux remparts façonnés par l'architecte Vauban et, au début de ce siècle, elle restait encore limitée à cette enceinte fortifiée :

27 416 habitants en 1876, 27 886 en 1911 ; la ville n'évolue guère. Pourtant le chemin de fer a mis Bayonne à quinze heures de Paris ; en même temps il lui redonnait un essor industriel : des forges s'y installent à partir de 1881, importent du charbon du pays de Galles, du minerai de fer de Biscaye, pour fabriquer des rails. Mais les banquiers locaux ne suivent pas, préférant investir dans des placements sans risques, les pins landais ou l'immobilier : c'est dans un port en plein déclin que s'est installée la famille Barthes.

Les allées Paulmy, construites au milieu du xviiie siècle, sont alors une magnifique promenade longeant les fortifications et descendant vers les quais. De l'autre côté du glacis, derrière les remparts de Vauban, la vieille ville fascine l'enfant : rue de la Salie, rue de la Vieille-Boucherie, rue Tour-de-Sault, rue du Port-Neuf..., il rêvera toujours de ces artères pavées, entrelacées autour de la cathédrale Sainte-

Marie : « Bayonne, Bayonne, ville parfaite : fluviale, aérée d'entours sonores (Mouserolles, Marrac, Lachepaillet, Beyris), et cependant ville enfermée, ville romanesque : Proust, Balzac, Plassans. Imaginaire primordial de l'enfance : la province comme spectacle, l'Histoire comme odeur, la bourgeoisie comme discours[8]. »

Retirons de cette dernière phrase les concepts surajoutés, propres à l'adulte (province, histoire, bourgeoisie), pour n'en conserver que les perceptions premières, celles de l'enfant (spectacle, odeur, discours), et nous avons un résumé des impressions sensorielles du petit Roland : Bayonne bouge, sent, jase... L'enfant fréquente l'école primaire des arènes, quartier de villas cossues, derrière les allées Paulmy, et le soir, avant de rentrer, fait souvent un détour par les allées Marines, le long des berges de l'Adour, promenades rêveuses sous les grands arbres « où rôdait, dit-il, une sexualité de jardin public ». Le fleuve l'attire, il lui restera toujours fidèle.

Henriette et son fils habitent à Marrac, un quartier situé un peu en dehors de la ville, où les chantiers de nombreuses maisons en construction donnent aux enfants de fabuleux terrains de jeux. Mais le jeune Roland va très souvent chez sa grand-mère, et c'est de la maison des allées Paulmy qu'il se souviendra surtout. La tante Alice est professeur de piano, c'est elle qui l'initie à l'instrument ; la maison résonne de gammes, les élèves se succèdent et, entre les cours, le petit Barthes se hisse sur le tabouret et déchiffre. Il composera, dit-il, des petites pièces bien avant de savoir écrire. De cette maison de son enfance, où il passera plus tard une grande partie de ses vacances scolaires, il retient les jardins : « Cette maison était une véritable merveille écologique : peu grande, posée sur le côté d'un jardin assez vaste, on aurait dit un jouet-maquette en bois (tant le gris délavé de ses volets était doux). Avec la modestie d'un chalet, elle était pourtant pleine de portes, de fenêtres basses, d'escaliers latéraux, comme un château d'un roman. D'un seul tenant, le jardin contenait cependant trois espaces symboliquement différents (et passer la limite de chaque espace était un acte notable). On traversait le premier jardin pour arriver à la

30

maison ; c'était le jardin mondain, le long duquel on raccompagnait à petits pas, à grandes haltes, les dames bayonnaises. Le second jardin, devant la maison elle-même, était fait de menues allées arrondies autour de deux pelouses jumelles ; il y poussait des roses, des hortensias (fleur ingrate du Sud-Ouest), de la louisiane, de la rhubarbe, des herbes ménagères dans de vieilles caisses, un grand magnolia dont les fleurs blanches arrivaient à la hauteur des chambres du premier étage ; c'était là que, pendant l'été, les dames Barthes s'installaient sur des chaises basses pour faire des tricots compliqués. Au fond, le troisième jardin, hormis un petit verger de pêchers et de framboisiers, était indéfini, tantôt en friche, tantôt planté de légumes grossiers ; on y allait peu, et seulement dans l'allée centrale [9]. »

Pourtant, derrière ces émotions, ces sensations furtives, c'est à l'en croire l'ennui qui domine : « Enfant, je m'ennuyais souvent, et beaucoup », écrira-t-il, avec ce commentaire étrange sous la plume d'un homme qui, toujours, a été extrêmement sensible aux étymologies. « L'ennui serait-il donc mon hystérie [10] ? » *Hystérie,* du grec *hustera,* « utérus » : le mot, nous le verrons, reviendra très fréquemment dans sa bouche et sous sa plume, mais le plus souvent appliqué aux autres, à ce qu'il rejette de leur comportement. D'où vient que son ennui d'enfance, qui lui remontera ensuite par bouffées, dans les réunions, les tables rondes, les commissions diverses auxquelles plus tard son métier le forcera à assister, mais aussi dans « les soirées étrangères, les amusements de groupe [11] », soit ainsi assimilé à ce que la psychanalyse considère comme une névrose et le sens commun comme une morbidité typiquement féminine ? Les interprétations ne sont pas faciles — ou le sont trop — mais il faut bien sûr prendre au mot cet homme de mots : il n'a pas écrit *hystérie* au hasard. Car Bayonne, la ville de l'enfance, et la « maison Lanne », la maison de l'enfance et des vacances de l'adolescence, constituent un univers féminin. La mère, la tante, la grand-mère veillent sur l'enfant, l'entourent d'amour. Un jour qu'il joue avec des camarades d'école sur le chantier d'une maison en construction, dans le quartier de Marrac, le jeune Roland se retrouve coincé au fond d'un trou : ses compagnons ont su en sortir et se moquent de lui. C'est sa mère, accourue dès les premiers cris, qui l'en tire et l'emporte dans ses bras, « loin des enfants, contre eux [12] »...

Dès les beaux jours on l'amène à la plage, dans la « baladeuse », un wagon ouvert que l'on accroche au tramway blanc qui fait la liaison Bayonne-Biarritz. « Aujourd'hui, ni la baladeuse ni le tramway ne sont plus, et le voyage de Biarritz est une corvée [13]. » Souvenirs d'une première enfance qui fut heureuse et dont il gardera le sentiment profond d'appartenir à ce Sud-Ouest, d'être basque ou gascon, jamais parisien, et encore moins, bien sûr, normand. Origine élective et non pas imposée par le hasard d'un lieu de naissance, d'un déplacement familial, de la guerre... Ainsi l'accent du Sud-Ouest sera-t-il toujours pour lui comme un catalyseur de mémoire, « parce que, sans doute, (il) a formé les modèles d'intonation qui ont marqué ma première enfance. Cet accent gascon (au sens large) se distingue pour moi de l'autre accent méridional, celui du Midi méditerranéen ; celui-là, dans la France d'aujourd'hui, a quelque chose de triomphant : tout un folklore cinématographique (Raimu, Fernandel), publicitaire (huiles, citrons) et touristique le soutient ; l'accent du Sud-Ouest (peut-être plus lourd, moins chantant) n'a pas ces lettres de modernité ; il n'a, pour s'illustrer, que les interviews des rugbymen [14] ». Il y a presque du nationalisme dans ces lignes écrites en juillet 1977, à la demande du quotidien communiste *L'Humanité* qui ouvrait ses colonnes à différents écrivains parlant de différentes régions de France.

Mais le Sud-Ouest ne se limite pas à un accent, que Barthes n'avait d'ailleurs pas : il y a aussi les rues de Bayonne, les dames des beaux quartiers allant le dimanche après la messe acheter leurs gâteaux dans une pâtisserie du centre ville — images gravées dans sa mémoire. Il y a surtout la lumière, dont il parlera souvent, de cette région des contreforts des Pyrénées, brumeuse, pluvieuse, étrangement verte lorsqu'on songe qu'elle se trouve sous la même latitude que le Var, il y a, en bref, une certaine qualité de la vie bien différente de celle du Nord.

Il est révélateur de comparer ces descriptions un peu

idéalisées d'une « ville idéale » que nous donne Barthes, ces souvenirs de la ville de l'enfance, à celle d'un professionnel de l'écriture : ce Bayonne que Barthes va quitter, où il termine en juin 1924 la dernière année scolaire qu'il y fera, est visité à la même époque par deux voyageurs illustres en route vers la fiesta de Pampelune, John Dos Passos et Ernest Hemingway. Ce dernier en a laissé, dans *Le soleil se lève aussi,* cette description :

« Bayonne est une jolie ville. Elle ressemble à une ville espagnole très propre et elle est située sur une grande rivière. Bien qu'il fût de bonne heure, il faisait très chaud sur le pont au-dessus de la rivière. Nous nous engageâmes sur le pont, puis nous fîmes un tour dans la ville. (...) Nous ressortîmes dans la rue et jetâmes un coup d'œil sur la cathédrale. Cohn remarqua que c'était un excellent spécimen de quelque chose, je ne me rappelle pas quoi. Elle me fit l'effet d'être une jolie cathédrale, jolie et sombre comme les églises espagnoles (...). Il y avait des pigeons sur la place, et les maisons avaient une couleur jaune, recuite au soleil, et j'aurais voulu rester au café [15]. »

Est-ce la passion qu'a Hemingway pour l'Espagne qui lui fait voir, déjà, en Bayonne une ville ibérique ? Et qu'est-ce qui fait omettre à Barthes ce trait ? De la même façon qu'il oublie la mort du père là où Jean-Paul Sartre par exemple en fait, dans *Les Mots,* un événement majeur, il semble oublier que sa région de prédilection est, culturellement, à cheval sur une frontière, ni française ni espagnole mais basque, et que ce trait dominant la caractérise fortement. Il est vrai que les femmes qui l'élèvent ne sont pas basques et ne sont même qu'en partie du Sud-Ouest : Occitanie du côté de la tante et de la grand-mère, France de l'Est du côté de la mère, le jeune Roland n'est pour l'heure bayonnais que par son lieu de résidence. Il le sera plus tard par choix et par nostalgie.

Quoi qu'il en soit, jusqu'à l'âge de neuf ans, il est donc un petit bayonnais, plus timide peut-être que les autres, plus renfermé, un « pupille de la nation » avec toutes les connotations misérabilistes que transporte cette expression qui était presque une raison sociale dans ces années d'après-guerre. Mais, plus timide, voire renfermé, il joue aux mêmes jeux que les autres enfants de son âge, dans les mêmes lieux. La capitale, qui sera plus tard le centre de sa vie professionnelle, le point de départ de sa réputation, constitue alors un tout autre univers. Une fois par an, au cours de l'été, Henriette amène son fils en vacances à Paris, où habite Noémie, l'autre grand-mère. Un fiacre, tiré par deux chevaux, venait chercher les voyageurs et les conduisait à la gare de Bayonne où ils prenaient le train de nuit. Paris, lieu de vacances, va devenir à partir de 1924 le lieu de résidence : les trajets seront désormais inversés, et l'on « descendra » vers le Sud-Ouest à Noël, à Pâques, l'été, chaque fois que cela sera possible.

L'enfance touche ainsi à sa fin. Beaucoup plus tard, répondant sur la chaîne de radio France-Inter à Jacques Chancel [16], il en dressera ce bilan :

« J'ai été heureux, parce que j'ai été entouré d'affection et que sur ce plan si important j'étais en quelque sorte comblé ; mais en même temps j'ai eu une enfance et une jeunesse difficiles. Ce n'est d'ailleurs ni un privilège, ni une marque, ni une singularité, j'appartenais comme vous le savez à ce qu'on appellerait une famille de la bourgeoisie libérale, mais d'une bourgeoisie pauvre, appauvrie (...). J'ai été élevé par ma mère dans des conditions matérielles, des conditions financières, disons-le franchement, très difficiles. Par conséquent cela aussi a marqué mon enfance... ». Puis il en vient à l'ennui, à la solitude : « En réalité, quand j'étais enfant et adolescent, je n'avais pas de milieu, dans la mesure où j'étais rattaché uniquement à ma mère ; ma mère était mon foyer et je n'avais pas de milieu social (...) et donc n'ayant pas de milieu social, je faisais l'expérience d'une certaine solitude »... L'enfance touche ainsi à sa fin et cette scission, cette rupture, va correspondre à ce changement géographique fondamental qui le fait passer de la province à Paris. Dorénavant, même s'il va aimer la capitale, s'il va s'y sentir profondément chez lui, Bayonne sera le catalyseur de toutes les nostalgies et la province, le symbole d'une sorte de paradis perdu.

II

UN PETIT MONSIEUR

Henriette a donc décidé de quitter Bayonne. Finie l'école
du quartier des Arènes, finies les promenades quotidiennes
le long de l'Adour : en 1924, le petit Barthes se retrouve à
Paris, élève de huitième au lycée Montaigne, dans le sixième
arrondissement, derrière le Luxembourg, jardin public qui
marquera pour lui toute cette période. Il le traverse quatre
fois par jour, matin et soir, y rejoint aussi ses camarades pour
y jouer, surtout « aux barres », ce jeu d'équipe dont il garde
un souvenir ébloui et dont, comme souvent, il tire avec le
recul que donne l'âge adulte une déclinaison théorique :

« Quand je jouais aux barres, au Luxembourg, mon plus
grand plaisir n'était pas de provoquer l'adversaire et de
m'offrir témérairement à son droit de prise ; c'était de
délivrer les prisonniers — ce qui avait pour effet de remettre
toutes les parties en circulation : le jeu repartait à zéro. Dans
le grand jeu des pouvoirs de parole, on joue aussi aux
barres : un langage n'a barre sur l'autre que temporaire-
ment ; il suffit qu'un troisième surgisse du rang, pour que
l'assaillant soit contraint à la retraite [1]. »

Jouer aux barres, avoir barre sur quelqu'un, ce goût
toujours des étymologies, parfois, comme ici, approxima-
tives, qui lui fait chercher dans les racines comme un
fondement du sens, comme une superposition, et lui fait voir
dans le jeu de l'enfance la préfiguration d'une analyse des

discours... Pensée de l'analogie qu'on peut déjà soupçonner plus profondément littéraire que théorique.

Les années de lycée

Roland Barthes restera à Montaigne jusqu'à la quatrième, en juin 1930, habitant successivement rue Jacob, rue Bonaparte, rue Mazarine, rue Jacques-Callot, rue de Seine, et ne quittera jamais ce quartier de Saint-Germain-des-Prés, « qui était alors un quartier provincial », dira-t-il. A chaque période de vacances, il retourne à Bayonne, chez la grand-mère Barthes et la tante Alice, aux allées Paulmy. Du séjour au lycée Montaigne, il ne reste hélas aucune trace : le lycée a été pendant la guerre occupé par l'état-major de l'armée allemande qui semble avoir déblayé toutes les archives pour se faire de la place... Une indication seulement : il a en quatrième, comme professeur de français, un monsieur très distingué, Grandsaignes d'Hauterive, qui publiera plus tard un *Dictionnaire d'ancien français* et un *Pessimisme de La Rochefoucauld,* mais qui le marque surtout par son élégance, son lorgnon d'écaille, et parce qu'il divisait la classe en clans ayant chacun son chef et qu'il organisait des joutes autour des aoristes grecs. Et il s'interroge plus tard : « Pourquoi les professeurs sont-ils de bons conducteurs du souvenir ?[2] »

Le petit Roland a quatorze ans lorsqu'il quitte le lycée Montaigne. Depuis deux ans, il a un frère, un demi-frère plutôt, Michel Salzedo. Henriette a en effet rencontré un artiste-céramiste, André Salzedo, qui vit dans les Landes, non loin de Bayonne, à Saint-Martin-de-Hinx. Le 11 avril 1927, à trente-quatre ans, elle accouche de son deuxième fils à Capbreton, qui n'est alors qu'un petit port de pêche à dix-sept kilomètres au nord de Bayonne. André Salzedo va reconnaître l'enfant à la mairie et, déclarant sa naissance, il se trompe sur le lieu (il indique Paris en place de Chennevières) et la date de naissance de la mère (il s'agit du 18 juillet 1893 et non du 8 juillet 1894) : précipitation ou désintérêt... Henriette rentre donc à Paris, rue Jacques-Callot, avec le nouveau-né.

36

Et ici commence une première incertitude d'interprétation, un de ces problèmes face auxquels le biographe ne peut qu'exposer les différentes possibilités qui toutes, d'ailleurs, sont également intéressantes et significatives. Il y a d'une part le récit de Roland Barthes, tel que le restituent certains amis de la première période, récit selon lequel ce pas de côté, cet « écart de conduite » aux yeux de la norme bourgeoise, va être très mal pris par la famille, surtout par la famille maternelle : Noémie, la grand-mère, n'accepte pas cette entorse aux bonnes mœurs et décide de bannir sa fille de sa vie. Réaction d'autant plus surprenante qu'elle a eu, pour l'époque, une vie peu soucieuse des normes. Divorcée très tôt de Louis Binger, remariée avec un professeur de philosophie au lycée Sainte-Barbe, un socialiste qui a fréquenté Jean Jaurès, Noémie — devenue Révelin — est riche, elle habite place du Panthéon un magnifique appartement dans lequel elle tient un salon brillant : elle reçoit le poète Paul Valéry, l'homme politique Léon Blum, le spécialiste de la physique atomique Paul Langevin, grand ami de Valéry, Charles Seignobos, le philosophe Léon Brunschvicg, Focillon l'historien d'art… Mme Révelin, donc, refuse d'aider en quoi que ce soit sa fille. Place du Panthéon, elle vit très à l'aise tandis qu'à quelques centaines de mètres sa fille se débat dans les pires difficultés. Henriette apprend la reliure, gagnant péniblement de quoi compléter sa maigre pension de veuve de guerre. Le jeune Roland gardera de cette période une grande amertume et tous ses amis verront derrière l'ironie avec laquelle il parlait de sa grand-mère [3] une sorte d'agressivité, de ressentiment ou d'amertume : jamais il ne lui pardonnera d'avoir laissé Henriette dans un tel dénuement. Il gardera aussi de ses souvenirs de privations, de gêne, un profond sentiment de solidarité avec les pauvres, qui expliquera en partie ses futures positions politiques.

Tel est le premier scénario, celui que Barthes aurait raconté à différents amis, scénario que la convergence des témoignages valide au moins sur un point : s'il est impossible d'affirmer que ce récit transcrit la vérité ou une certaine vérité, il est par contre évident que c'est là ce que racontait Roland à ses confidents — car ils sont un certain nombre à donner la même version — et donc, sans doute, ce qu'il croyait ou voulait croire.

Mais il est un autre scénario, peut-être moins « bourgeois », celui que m'a raconté Michel Salzedo, le demi-frère, et selon lequel Noémie Révelin ne supportait pas sa fille Henriette tout simplement parce qu'elle en était jalouse, que sa présence même, sa jeunesse et sa beauté lui rappelaient son âge et qu'elle ne voulait pas vieillir, qu'elle voulait briller, éternellement jeune, dans son salon de la place du Panthéon. En outre Noémie avait eu un fils de son second mari, demi-frère d'Henriette donc, mais de l'âge de Roland, et ce fils ne brillait guère au lycée, ne supportait pas la comparaison avec le petit-fils. Ce serait donc pour cela que la grand-mère Noémie n'aurait guère apprécié son petit-fils Barthes, qui n'était admis à la visiter qu'une fois par an et lui préférait le jeune Salzedo qu'elle recevait beaucoup plus volontiers. Selon ce « récit », comme on le voit bien différent, ce serait plutôt la famille Barthes, à Bayonne, qui aurait mal supporté la naissance du demi-frère et aurait écarté la belle-fille Henriette... C'est cette deuxième version qui semble la bonne à Philippe Rebeyrol, l'ami de toujours dont nous aurons à reparler et qui souligne que, pour les vacances d'été, Henriette loue désormais une maison dans les Landes, à proximité de Bayonne, à Capbreton ou à Biscarosse, afin que Roland puisse aller chez sa grand-mère et sa tante quelques semaines avant de les rejoindre, elle et Michel, pour le reste des vacances. Mais elle-même ne va plus aux allées Paulmy, comme si elle y était interdite de séjour.

Deux scenarii, donc, entre lesquels il est difficile de trancher même si le second est plus plausible — on a vu que bien avant cette « incartade », les relations d'Henriette et de sa mère ne semblaient pas très intimes. Mais faut-il trancher ? Dans ces deux visions d'une même situation il y a en effet toute l'ambiguïté des rapports entre les différents membres d'une famille éclatée, bouleversée par les divorces, les deuils, les demi-frères, les remariages... Et il y a surtout l'imaginaire du jeune Barthes, tiraillé entre ses « femmes », la mère, les deux grand-mères, la tante, sentimentalement plus proche sans doute de Bayonne, du jardin, du piano et des souvenirs de sa première enfance, que du salon de la place du Panthéon, et se construisant peut-être une version qui convienne à ses préférences affectives. D'ailleurs, les deux scenarii ne sont guère différents, si l'on s'en tient aux conséquences, et entre ces deux versions d'un même événement se trouve en quelque sorte une partie de l'apprentissage de Roland, de son introduction aux tabous de la bourgeoisie.

Cette même année 1930, Roland fréquente le théâtre : « J'allais régulièrement aux Mathurins et à l'Atelier voir les spectacles de Pitoëff et de Dullin [4]. » Impression d'enfance aisée, propre à un fils de la bourgeoisie, en un temps où le théâtre était moins encore qu'aujourd'hui ouvert au plus grand nombre. Pourtant, à la même époque, il vit à l'en croire dans une quasi-misère : « J'ai eu une enfance et une adolescence pauvres. Il nous arrivait fréquemment de ne pas avoir à manger. Il fallait, par exemple, aller, trois jours durant, acheter un peu de pâté de foie ou quelques pommes de terre dans une épicerie de la rue de Seine. La vie était véritablement rythmée par les dates du terme, où il fallait payer le loyer. Et j'avais le spectacle quotidien de ma mère qui travaillait dur, qui faisait de la reliure, alors qu'elle n'était pas du tout faite pour ça (...). Je me souviens par exemple qu'à chaque rentrée scolaire, il y avait de menus drames. Je n'avais pas les costumes qu'il fallait. Pas d'argent au moment des quêtes collectives. Pas de quoi payer les livres de classe. Ce sont des petits phénomènes, voyez-vous, qui marquent durablement, qui vous rendent par la suite dépensier [5]. » Il a également abordé ce thème dans son *Roland Barthes par Roland Barthes,* narrant les problèmes de vacances, de chaussures, de livres scolaires, de nourriture [6] : le contraste est certes grand entre le niveau de vie de la famille Barthes, au 16 de la rue Jacques-Callot, et celui de Noémie Révelin, place du Panthéon. Et c'est ici le premier scénario exposé plus haut qui se manifeste à nouveau, comme si Barthes avait la rancune tenace.

La vie s'écoule désormais selon un rythme quiet que seuls viennent troubler pendant quelques années les rapports orageux entre Henriette Barthes et André Salzedo, qui est marié et ne vivra jamais avec elle. Les deux frères vont à l'école pendant que la mère relie de vieux livres ; à la maison il y a un chat — il y en aura toujours un ; le dimanche, on va à l'Isle-Adam où vit le grand-père Binger, qui y mourra en 1936, et l'été on va dans les Landes où Roland passe une partie des vacances à Bayonne. Dans ce petit coin du Sud-Ouest se trouve ainsi concentrée presque toute la famille : les Barthes à Bayonne, bien sûr, la maison de vacances d'Henriette et de ses enfants aux alentours, mais aussi Hendaye où l'autre grand-mère, Noémie, possède une villa au bord de la mer, une villa qu'elle ne prêtera à sa fille qu'une fois, pendant la guerre, craignant qu'une maison inoccupée ne soit réquisitionnée... Lorsque l'on a quatorze ou quinze ans et un frère plus jeune de douze ans, le fossé qui se comble avec l'âge, est profond, et Michel est quasiment absent de l'adolescence de Roland qui a ses jeux, ses relations, ses amitiés et ses préoccupations intellectuelles ailleurs.

De 1930 à 1934, de la troisième à la classe de philosophie, il est au lycée Louis-le-Grand, dont l'entrée se trouve rue Saint-Jacques, juste derrière la Sorbonne, à trois cents mètres de l'appartement de la grand-mère : un lieu privilégié, le lycée des futures élites. Il y retrouve Philippe Rebeyrol, élève comme lui l'année précédente à Montaigne, son camarade, bientôt son ami. Celui-ci se souvient d'un Barthes timide, réservé, facilement silencieux, dont la pauvreté réelle — il ne s'en rendra compte que peu à peu car sur ce point aussi son ami n'est guère expansif — le marquera pour la vie entière. Pour nourrir ses deux enfants Mme Barthes, on l'a dit, fait de la reliure, mais les fins de mois sont toujours des problèmes. Longtemps Roland se souviendra de ces jours où Henriette l'envoyait faire les courses avec très peu d'argent, ou pas du tout, et qu'il devait dire très vite et un peu honteux aux commerçants « Maman payera ». Mais les difficultés n'étaient pas seulement matérielles, se souvient P. Rebeyrol, elles étaient aussi morales. Henriette Barthes et André Salzedo, le père de Michel, ne vivront jamais ensemble, leurs rapports sont tendus, dans la mémoire du moins de Philippe Rebeyrol qui se souvient surtout de quelques allusions de sa mère, qui s'était liée d'amitié avec Henriette : pour lui « ce Salzedo apparaît comme un pôle tout à fait négatif ». On imagine ce que dut être cette adolescence.

Scolarité sans problème pourtant : l'élève Barthes passe régulièrement dans la classe supérieure, sans redoublement, et récolte chaque année un lot raisonnable de lauriers. Ainsi le 12 juillet 1931, lors de la distribution solennelle des prix, sous la présidence de « Son Excellence Dinu Cesiano, envoyé extraordinaire et ministre plénipotentiaire de Sa Majesté le roi de Roumanie », Roland Barthes, élève de troisième A1, reçoit le tableau d'honneur, le premier prix d'histoire et géographie, ainsi que six accessits : le premier de composition française, le quatrième de thème latin, le premier de version latine, le troisième de thème grec, le premier de récitation et le cinquième d'éducation physique. Dans la classe deux élèves seulement le surpassent : Paul Faure, avec le prix d'excellence, huit prix et un accessit, et Philippe Rebeyrol avec le tableau d'honneur, quatre prix et quatre accessits. Ce premier accessit de récitation qu'il obtient est en totale contradiction avec ce que Barthes déclarera bien des années plus tard : « Au lycée, il y avait encore de mon temps des compositions de récitation (...) ; c'était une épreuve qui me terrifiait et je la passais toujours très mal[7]. » Quant à l'accessit de gymnastique, il laisse rêveur lorsque l'on sait l'absence de goût de Barthes pour les exercices sportifs, absence de goût qui sera plus tard aggravée par ses problèmes physiques.

L'année suivante, le 13 juillet 1932, il récolte en fin de seconde A1 de nouveaux lauriers : le tableau d'honneur et trois accessits (composition française, thème latin, version latine). Chaque fois, il est devancé par Philippe Rebeyrol. Ils sont convenus que tous deux, après le baccalauréat, prépareront l'entrée à l'École normale supérieure, la prestigieuse « rue d'Ulm ». Comme chaque été, il se rend dans le Sud-Ouest d'où il écrit beaucoup à ses amis de lycée, à Sadia Oualid, à Jean Huerre, et surtout à Philippe Rebeyrol avec

41

qui il entretiendra une correspondance de quarante-huit ans... Il lit Mallarmé, Valéry, commence avec sa tante à apprendre l'harmonie — qu'il trouve encore plus difficile que les mathématiques, matière où il ne brille guère : mais s'il restera toujours imperméable aux mathématiques il deviendra un pianiste plus qu'honorable... Ce jeune homme de seize ans est alors un ardent prosélyte politique, il regrette de n'avoir personne à Bayonne avec qui parler et tente de convertir au socialisme sa grand-mère, lectrice assidue du *Figaro*. Ainsi se réjouit-il le jour où, pressée de questions, elle confie qu'elle préférerait la révolution à la guerre ; mais il lui cache cependant qu'il lit avec passion les textes de Jean Jaurès : il est des frontières à l'insolence — au sens étymologique — que les enfants de la bourgeoisie se doivent de ne pas franchir.

A cours de l'été 1932, il parle à Philippe Rebeyrol de ses amours littéraires qui sont toujours un peu Mallarmé et beaucoup Valéry. Prosélyte en littérature comme en politique il tentera, de retour à Paris, de faire partager à ses camarades de lycée son admiration, son enthousiasme à l'égard de Valéry.

Cependant, durant cet été 1932, c'est surtout Jaurès qui l'enthousiasme. Il était jusque-là socialiste par esprit de contradiction, par révolte face aux courants réactionnaires et nationalistes. Mais la lecture de Jaurès, trouve-t-il, rend impossible les positions tièdes, le juste milieu, à ses yeux si cher aux Français. Il en parle avec passion, dans un langage dont l'emphase peut paraître aujourd'hui légèrement ridicule : Jaurès fait du socialisme une manifestation d'une telle envergure, d'une telle puissance et vérité, presque d'une telle sainteté, que Barthes ne comprend pas qu'on puisse y résister. La dialectique de Jaurès surtout le ravit : il trouve dans ses œuvres, comme s'il les avait prévues, des réponses à toutes les pauvres objections, que dix-huit ans après sa mort, et à cause de sa mort, de malheureux et venimeux journalistes s'acharnent à élever contre la sincérité, la probité, la noblesse du socialisme tel qu'il l'a défini ! Il est par contre beaucoup moins séduit par le socialisme de Léon Blum, qu'il trouve assez éloigné de celui de Jaurès : Blum est pour lui l'homme des combinaisons ministérielles, alors que Jaurès lui semble être moins concerné par la politique que par l'humanité. Mais peut-être cette méfiance envers Blum est-elle liée au fait que l'homme politique fréquentait régulièrement chez la grand-mère Révelin...

C'est au cours de ces mêmes vacances, à seize ans, qu'il découvre un écrivain qui jouera un rôle fondamental dans sa vie, Marcel Proust. Le jeune homme ne comprend pas que certains trouvent Proust ennuyeux, répugnent à ses phrases trop longues. Pour lui, l'auteur de la *Recherche du temps perdu* est au fond un poète prosateur, qui à partir de petits faits concrets de la vie quotidienne analyse les sensations, les souvenirs que ces faits éveillent en lui. Et Philippe Rebeyrol se souvient d'une image de son ami : Proust est comme un observateur qui étudierait les cercles concentriques successifs engendrés par une pierre jetée à l'eau...

Les projets d'écriture

En septembre 1932, la famille regagne Paris et Roland Barthes le lycée Louis-le-Grand, pour entrer en classe de première. Il y retrouve le travail scolaire, les habitudes, et son ami Rebeyrol. Barthes habite rue Jacques-Callot, Rebeyrol rue Littré, et les deux garçons passent des heures, après le lycée, à se raccompagner interminablement le long de la rue de Rennes, parlant de littérature, de poésie. Philippe, de deux ans plus jeune, est fasciné par le talent de Roland et persuadé qu'il sera plus tard un grand écrivain français, non pas le critique et le théoricien qu'il est devenu mais « le Victor Hugo de notre temps ». Parfois, dans le petit appartement des Barthes, Roland joue sur un vieux piano droit, initiant Philippe à la musique classique. Depuis son départ de Bayonne et les premières leçons que lui a données sa tante, il n'a pas pu se permettre de prendre un professeur et a travaillé seul. Simplement, sa mère s'est débrouillée, malgré ses difficultés pécuniaires, pour louer un piano. Il a le goût de la lecture musicale, celui de passer de la partition à l'exécution, beaucoup plus que le goût d'écouter. Et s'il travaille en autodidacte, il fait des progrès réguliers, qu'enregistre sa tante Alice à Noël, à Pâques, lorsqu'il retourne à Bayonne et continue son apprentissage sous sa houlette.

C'est à Bayonne justement qu'en avril 1933 il élabore un projet de roman : son ami Philippe lui a raconté, avant leur départ en vacances, le sujet d'un roman auquel il songeait lui-même, et Roland ne veut pas être en reste. Il imagine donc l'histoire d'un jeune homme provincial, Aurélien Page, sensible et exalté, en révolte contre son milieu familial et ses hypocrisies, symbolisés par une grand-mère maternelle qui lui impose sa loi... Racontant son intrigue à Rebeyrol, il précise que son héros n'est pas lui mais, poussé dans ses retranchements, il admet que bien des détails du roman seront empruntés à sa vie — ou du moins à ce qu'elle aurait été s'il était resté à Bayonne —, cette vie provinciale qu'il retrouve dans les textes de Proust. Aurélien donc voudrait fuir mais sa mère le retient, qu'il ne peut ni laisser ni emmener. Au fur et à mesure qu'il grandit il voit son imagination, ses goûts, ses aspirations révolutionnaires entrer en conflit avec l'esprit bourgeois provincial et borné qui l'entoure. Les occasions de frictions sont de plus en plus nombreuses, les disputes avec la grand-mère de plus en plus violentes et cet enfant qui semble avoir tout pour être heureux dans cette famille aisée et d'apparence unie, va peu à peu se révolter, s'aigrir, et se heurter à l'incompréhension de son milieu. Il tombe donc amoureux d'Hélène Manory, une jeune fille que sa grand-mère refusera car elle n'a pas de dot, et ce « sans dot » répété de Mme Page mère, que le lycée emprunte sans doute à Molière, accroît l'amertume du héros. Pourtant Aurélien se soumet, il accepte de vivre dans ce duel constant qui l'oppose à la société dans laquelle il est condamné à vivre. Il tentera cependant de partir, le jour où sa grand-mère voudra lui imposer un mariage de raison avec une jeune fille qui a des espérances, mais par peur du scandale il se pliera très vite à la loi familiale, à l'ordre.

On est en droit de douter de la valeur « littéraire » de ce projet, qui ne brille pas par l'originalité de l'intrigue, mais son intérêt est bien sûr ailleurs, dans ce qu'il révèle des rapports de Roland à sa famille. Roland, qui formule d'ailleurs pour son ami Philippe, lors d'un de leurs colloques quotidiens de la rue de Rennes, la moralité de l'histoire : Aurélien n'eut que le tort d'être un jeune homme de bonne famille. Cet Aurélien, qui restera dans l'imagination du jeune homme puisqu'il ne semble pas qu'il soit passé à l'acte (il n'existe aucune trace de début de rédaction de ce projet de roman), n'aurait que peu de rapport avec le romancier en herbe ? Les convergences sont pourtant aveuglantes, ainsi que la volonté (de l'auteur) de soustraire la mère (du personnage) aux conflits et aux affrontements idéologiques qui font la matière du récit : tout se passe comme si la révolte exprimée dans ces quelques pages, le conflit violent, sautaient une génération, celle de la mère sans tache, pour retomber sur la grand-mère source de tous les maux...

Mais les vacances de Pâques sont terminées, il faut ranger le projet de roman dans un coin de mémoire et rentrer à Paris pour le dernier galop avant l'examen : l'élève Barthes s'achemine vers le baccalauréat dont il présentera la première partie en juin 1933.

Le 30 janvier de cette année 1933, Hitler devient chancelier du Reich allemand. Le 25 février de la même année un certain Van der Lubbe, peut-être à demi fou mais certainement totalement manipulé par les nazis, allume l'incendie du Reichtag. Les choses se précipitent alors outre-Rhin : dissolution du parti communiste en mars, création de la gestapo en avril... En mai, Goering déclare avec assurance : « Hitler est maintenant la loi. » Et en juin le parti nazi devient parti unique. Ces événements ne laissent pas indifférent le lycéen Roland Barthes dont nous avons vu la passion pour le socialisme de Jaurès et la haine du nationalisme et des principes bourgeois ; il participera d'ailleurs un an plus tard à la création d'un petit groupe anti-fasciste. Une photo de cette époque le montre, encadré par deux camarades, descendant le boulevard Saint-Michel. Costume sombre à la coupe stricte, col blanc, cravate sombre, très mince — lui qui plus tard sera gêné par sa tendance à l'embonpoint... Quarante ans plus tard, en légende, Roland Barthes commente : « En ce temps-là les lycéens étaient des petits messieurs. » Le petit monsieur, donc, prépare son bac avec sérieux : il aime les études, d'une part, et surtout il est trop sensible aux efforts et aux sacrifices de sa mère pour risquer de la décevoir. Le professeur de français, M. Dupouey, terrorise les lycéens. Il avait l'habitude de distinguer, dans la trentaine d'élèves de la classe, les quatre ou cinq meilleurs à ses yeux et ne parlaient qu'à ceux-là, de façon toujours très agressive. Parmi cette poignée d' « élus », Barthes et Rebeyrol, qui auraient préféré être plus anonymes...

Un document reproduit en photographie dans le *Barthes par lui-même* témoigne de cette époque. Sur une feuille de papier quadrillé, le support de tous les travaux écoliers, il trace un jour ces lettres :

Barthes   *Samedi 13 mai 1933*
   1 A 1
                       Devoir de français

L'écriture est encore mal dégagée du tracé de l'enfance, elle sent aussi sa plume sergent-major. Et l'élève Barthes n'a pas de prénom, Barthes, c'est tout, avec en dessous, comme un matricule, 1 A 1, qu'il faut bien sûr lire « première A 1 ». Le sujet de ce « devoir de français » n'est pas indiqué, sans doute à en juger par le commentaire magistral, quelque chose comme « Racontez ou imaginez les déboires d'un homme illustre... », et la copie commence ainsi :

> *J'ai lu dans un livre qu'on nous apprend à vivre quand la vie est passée. La leçon fut cruelle pour moi, qui après avoir passé la première partie de ma jeunesse dans l'illusion trompeuse d'être un homme invincible parce qu'instruit, me vois aujourd'hui, grâce au hasard des mouvements politiques, réduit à un rôle secondaire et fort décevant.*
>
> *Issu de l'honorable bourgeoisie d'autrefois, qui ne prévoyait certes pas qu'elle touchait à sa perte, je fus élevé par un précepteur à l'ancienne mode, qui m'enseigna beaucoup de choses; il croyait qu'il...*

46

Le hasard arrête là le texte, qui se poursuit bien sûr au recto non reproduit, et laisse au lecteur la possibilité de faire la liste des croyances de ce précepteur à l'ancienne mode. Reste le commentaire du professeur, le terrible M. Dupouey, qui sur l'en-tête de la copie écrit :

> *Sujet fort bien compris, traité avec goût, person-nalité, et de façon très intéressante, dans un style un peu gauche par endroits, mais toujours savoureux.*
>
> *La « difficulté » imaginée par vous est assez curieuse mais pas assez probante. Croyez-vous qu'on doive attendre une révolution sociale pour que la supériorité de la tête bien faite sur la tête bien pleine apparaisse ?*

En marge, le correcteur écrit des remarques conscien-cieuses.

> *— Quel est ce on mystérieux ? Votre première phrase est loin d'être claire.*
> *— Impr. Ce n'est pas le rôle joué qui est décevant. C'est l'espoir d'en obtenir un plus brillant.*

Et, plus bas, le mot que j'ai transcrit par *perte* est souligné avec, en face, cette mention lapidaire : *illis,* pour « illisible » bien sûr.

Là encore, Barthes sous-titre ou légende ces photos venues d'un autre âge : *Toute loi qui opprime un discours est insuffisamment fondée.* Mais cela, c'est le jugement d'un homme de cinquante ans. Le petit monsieur d'alors est sans doute beaucoup plus respectueux du savoir professoral. Il est, nous l'avons vu, bon en lettres, en histoire aussi, ne s'intéresse en rien aux disciplines scientifiques et s'imagine une carrière de professeur de français, ou de latin et grec. Avec Rebeyrol toujours et quelques amis, il fonde « l'abbaye de Thélème », un groupe de discussions qui se réunit dans un café de la place de la Sorbonne, ou encore, lorsqu'il fait beau, dans le jardin du Luxembourg. Y participent quelques condisciples, Genthon, Huerre, Oualid, mais le groupe vit dès le début en plein malentendu : pour les deux fondateurs, il devait s'agir d'un lieu de liberté, de libre discussion, sur des sujets aussi divers que la politique, le sexe, les arts... Une vision un peu soixante-huitarde, dit aujourd'hui avec un

sourire Rebeyrol. Les autres n'étaient pas d'accord, et
« l'abbaye de Thélème » limitera le champ de ses réflexions à
la littérature.

L'élève a dix-sept ans et se trouve à quelques jours des
épreuves de la première partie du baccalauréat, qu'il passe
d'ailleurs avec succès. En composition française, il a le choix
exaltant entre le commentaire d'un jugement de La Bruyère
sur Corneille et Racine, l'analyse d'un passage de *L'Art
poétique* consacré au sonnet et le portrait du « héros
romantique tel que le roman, la poésie, le théâtre l'avaient
imposé aux imaginations vers 1840 ». En version latine, il
doit traduire une lettre de Cicéron, en version grecque un
texte intitulé « les Athéniens et les Lacédémoniens doivent
agir de concert ». Il est donc admis sans problème et en
ressent une grande joie. Le 13 juillet 1933, en fin de première
A 1 il reçoit en outre trois accessifs (composition française,
récitation, histoire). L'année scolaire est terminée, et cet
élève modèle repart, pour l'été, à Bayonne, dans la maison
des grands-parents. C'est au cours de ces vacances qu'il
écrira son premier texte, un pastiche de Platon. Socrate, en
prison, se voit offrir un plat de figues de Corinthe appétis-
santes. Tenté, il arrête cependant son geste vers les fruits : à
quoi bon, se dit-il, puisque je dois mourir et que je n'aurai
pas même le temps de les digérer... Ses amis essaient de le
convaincre : il faut suivre les conseils de Criton et s'échapper. Socrate résiste, mais le plat de figues le tente. Finalement, il tend la main, mange une figue, et par ce seul geste
signifie qu'il accepte de s'enfuir, de ne pas subir les lois de la
cité. Le soir, sur le navire qui les transporte vers Épidaure,
un de ses disciples demande : Et l'histoire ? « L'histoire,
rétorque Socrate, bah, Platon arrangera cela ! » Quelques
pages donc, dans lesquelles l'élève Barthes s'amuse à changer le cours des événements...

Quarante ans plus tard, présentant cet *En marge du Criton*
dans la revue *L'Arc* [8], il y voit trois cultures emboîtées : celle
d'un lycéen de dix-sept ans qui ne connaît de la littérature —
dit-il — contemporaine que Gide, la culture scolaire d'un
bon élève formé aux disciplines classiques, latin et grec, la
culture générale enfin. Puis il en vient à ce plat de figues de

Corinthe qui règne au centre du texte. Pourquoi des figues ? Barthes confesse détester celles qui poussaient alors dans le jardin familial, « petites, violettes, jamais assez mûres, ou toujours trop mûres », et n'avoir véritablement découvert la saveur de ce fruit que beaucoup plus tard, au Maroc, « et récemment encore au restaurant Voltaire où on les sert dans de grandes soupières de crème fraîche ». La figue, explique-t-il, n'était là qu'un fruit littéraire, biblique. Et puis, par allusion à la culture, justement, de ce jeune lycéen féru de latin, il ajoute : « à moins que derrière la figue il n'y eût, tapi, le sexe, *fica* ? ». Pourtant ce n'est pas en latin classique mais en bas latin que *fica* désigne la vulve de la femme, et l'on peut se demander si le jeune Barthes avait à l'époque ce savoir étymologique... Quoi qu'il en soit, le texte est destiné à un projet de revue, né au sein de « l'abbaye de Thélème », projet auquel Barthes consacre toute son énergie durant ces mois d'été. Il écrit sans cesse à ses camarades de lycée, Genthon, Huerre, Rebeyrol, Oualid, Brissaud, Pichon, pour les presser de lui envoyer l'article promis, donne quelques leçons pour gagner un peu d'argent et, bien sûr, joue du piano. Henriette Barthes, la mère, et Michel Salzedo, le frère, sont à Biscarosse où il va séjourner quelques jours fin août, puis il passe une semaine à Bagnères-de-Bigorre avec sa tante. Enfin Rebeyrol, qui est à Saint-Jean-de-Luz avec ses parents, vient lui rendre visite au début du mois de septembre. Les vacances s'achèvent et tous les membres de « l'abbaye de Thélème » se retrouvent à Paris pour l'année de leur deuxième partie de bac.

Barthes et Rebeyrol ont continué au cours du premier trimestre, dans leurs interminables discussions de la rue de Rennes, à parler de leurs projets respectifs de roman, mais Roland va bientôt abandonner Aurélien Page à son médiocre sort. C'est en janvier 1934 qu'il s'ouvre à Philippe de sa décision, expliquant en substance qu'il s'est trop bien trouvé, durant les vacances de Noël, dans la maison de Bayonne, choyé comme un vrai chanoine d'Anatole France, pour qu'un roman dans lequel il voulait exprimer l'amertume de la jeunesse confrontée aux hypocrisies de la bourgeoisie puisse être convaincant. Son ami proteste : écris ton roman. Non, répond Roland, il faut accepter d'évoluer, de vieillir. Et il confesse que les ragots et les histoires de sa grand-mère, contre lesquels il se révoltait quelques mois plus tôt, l'amusent maintenant et désarment sa colère.

Ainsi se trouve confirmé que la « Mme Page mère » du projet de roman était bien la transposition directe de la grand-mère Barthes. Après avoir tenté de la convertir au socialisme, puis avoir pensé se venger d'elle dans un roman voulu acide, le petit-fils noie sa haine dans la douceur des repas de fin d'année et décide de s'amuser de conversations hier insupportables, de les prendre peut-être, avant la lettre, comme de « petites mythologies ». Il a dix-huit ans et sa vie évolue entre le lycée, les amis, la musique : nulle trace encore, au moins connue, d'expérience amoureuse...

En cette année 1934 qui commence, la France va être le théâtre d'une importante montée de l'extrême droite. Le 6 février, sur la place de la Concorde, une manifestation est organisée par l'Action française, les Camelots du roi, les Jeunesses patriotiques : les « ligues » tentent d'atteindre l'Assemblée nationale. En vain, mais il y aura 17 morts, 2 329 blessés, et le gouvernement Daladier sera obligé de démissionner. Ces mêmes Jeunesses patriotiques sont très présentes au lycée Louis-le-Grand, et majoritaires en classe de philosophie : Barthes participe à la création d'un petit groupe, la DRAF,« défense républicaine anti-fasciste », qui se réunit dans un café de la rue Bonaparte. Ils ne sont en fait qu'une poignée : Philippe Rebeyrol, Jean Huerre, qui rêve à l'époque de faire Saint-Cyr et qui deviendra plus tard père-abbé bénédictin, deux ou trois autres, et Barthes bien sûr... Plus tard il déclarera avoir été, de par sa génération, très sensibilisé aux dangers du fascisme. S'il est conscient, donc, des problèmes politiques de l'époque, il consacre cependant la plus grande partie de son temps au français, au latin, au grec surtout, sa matière préférée : il prépare sérieusement l'examen qui se profile à l'horizon. Bachotage. Tête bien faite, bien pleine... Après son succès de juillet 1933 il espère en finir cette année avec le lycée et se consacrer avec Rebeyrol, à la préparation du concours de Normale sup et,

50

plus tard, à l'agrégation. Tel est leur projet commun, leur horizon, le seul avenir envisageable : ils seront tous deux normaliens, tous deux agrégés, tous deux professeurs. Mais les adolescents proposent et la vie dispose...

L'entrée en maladie

Une catastrophe, qui va lourdement marquer les dix années suivantes de sa vie, vient en effet rompre ce bel enchaînement de succès scolaires : le 10 mai 1934, il est victime d'une hémoptysie, avec lésion du poumon gauche. C'est le père de son camarade de lycée Jean Brissaud, médecin, qui l'examine tout d'abord. Ces crachements de sang, symptômes de la tuberculose pulmonaire, sont à l'époque très graves, et on l'envoie d'urgence se reposer à Bayonne. Désespéré d'être ainsi éloigné de sa classe de philosophie, des amis, du travail, il songe un instant à présenter son baccalauréat à Bordeaux en juillet, mais on le lui interdit, renvoyant l'épreuve à l'automne. L'heure est au repos et aux médicaments : un médecin le traite par des piqûres de sels d'or, et il passe ses journées allongé. Il lit un peu — Balzac, Mauriac, Giraudoux et de nombreux Arsène Lupin, imagine un nouveau roman et surtout se morfond de ne pas être, le jeudi 28 juin, avec tous ses camarades pour l'examen.

Mais sa santé ne s'améliore pas, et on envisage désormais pour lui toute une année à la montagne. Il ne se révolte pas, s'installe lentement dans la peau d'un « tubard » et paraît entrer en maladie comme on entre en religion. Il semble avoir subitement hérité de la psychologie-type du malade, un rien l'effraie, un rien le rassure. Il passe ses journées en déductions, à chercher les corrélations entre symptômes et causes extérieures. La tuberculose, dit-il à Rebeyrol, est un état grave par lequel soit en fait, soit en imagination, on arrive très vite à la mort. Surtout, il a le sentiment que les autres, ceux qui n'en sont pas atteints, imputent à cette maladie — effectivement contagieuse — des pouvoirs mysté-

51

rieux et créent chez le malade et autour de lui une véritable panique.

Malgré son désir profond de retrouver ses camarades et ses études, son état ne s'améliore pas et l'on décide finalement qu'il ira à la rentrée, en octobre 1934, en cure libre dans un petit village des Pyrénées, Bedous, où sa mère a loué une maison. L'air de la montagne, pense-t-elle, lui fera du bien. Il ne lui fera pas de mal, bien sûr, même si c'est surtout son frère, le jeune Michel, qui se fera une santé au cours de cette année passée à la montagne. Roland prépare pendant l'été son bac, continue d'écrire à différents amis, expliquant qu'il est extrêmement déçu de ne pas recevoir de leurs nouvelles, qu'il se sent oublié, lâché. Pourtant, en septembre, il retrouve pour quelques jours Rebeyrol chez Brissaud, à Saint-Jean-de-Luz, puis prend le train pour Paris où il présente l'examen de la seconde partie du baccalauréat. Épreuves de sciences physiques, de sciences naturelles, et dissertation philosophique pour laquelle il a le choix entre le commentaire d'un passage de Leibniz et deux sujets de nature plus psychologique : « Caractériser les états psychologiques suivants : croire, douter, être certain », et « Qu'est-ce qu'oublier ? quelle est l'importance de l'oubli dans la vie psychologique ? » Il est, bien entendu, reçu, mais il sait qu'il doit retourner à Bedous pour de longs mois encore, alors que ses amis vont de leur côté rester à Paris et se consacrer à leurs études. La grande solitude commence. Il songe à s'inscrire à la faculté de droit par correspondance, demande à Rebeyrol de se renseigner sur les modalités, sur le prix aussi de l'inscription, lui rappelant qu'il est pupille de la nation et qu'à ce titre, peut-être, il sera dispensé des droits. Surtout il sombre dans la mélancolie, songe à Paris où il voudrait être, aux études qu'il voudrait suivre, à ses camarades qu'il voudrait voir.

Les jours se succèdent, il se promène dans la montagne, cueille des framboises sauvages, développe un goût profond pour la nature, mais sa vie est ailleurs et il n'a avec elle pour toute relation qu'un fil tenu, les rares lettres des amis. Il imagine de nouveaux romans à écrire, *L'Histoire de Judith*, définie comme un roman objectif, réaliste, et *L'Île joyeuse*, une fiction qui tournerait autour de la notion de « païen ». Cette réflexion sur le paganisme, qui dans son esprit doit lui servir à justifier son rapport assez distant à la religion, le hante depuis longtemps : il la développe en pensée, en parle à Rebeyrol aussi, et s'inquiète parfois, se demandant si elle n'est pas fumeuse, purement esthétique, et s'il ne bâtit pas ses méditations sur une base fragile.

Les jours passent. La neige venue, il se promène moins, joue des préludes de Bach au piano, lit les livres que lui envoie Rebeyrol, dont les lettres hebdomadaires lui sont comme une bouffée d'air venu de la capitale. Et, pour tromper l'ennui, il rédige pendant les vacances de Noël une courte pièce de théâtre bourrée de références à la Grèce antique, *Le Voyage d'Arion,* dans laquelle il charge le célèbre poète et musicien dont parle Hérodote, mais à qui Barthes donne en outre l'immortalité (accordée selon lui par Apollon, reconnaissant des larmes que lui avait tirées sa musique), d'aller porter de ses nouvelles à Rebeyrol et à quelques amis lycéens, en vacances dans les Alpes, à l'hôtel des Trois-Dauphins.

— Est-il toujours triste ? demande Rebeyrol.

— Il va beaucoup mieux depuis le jour où il reçut un mandat de cinquante francs, cette modique somme lui permettant de changer d'air et d'aller faire quelques achats à Oloron. (En fait Rebeyrol avait envoyé de l'argent à Roland.)

— Et sa santé ? interroge alors Rebeyrol.

— Il ne va pas trop mal, répond Arion, il souffre surtout de la solitude et de l'ennui...

Le rideau tombe sur le départ d'Arion et une voix, en coulisse, celle de Barthes bien sûr, clame : Et voilà à quoi je m'amuse !

En dehors de plaisanteries privées sur le caractère et les manies de chacun des protagonistes, Rebeyrol, Brissaud, Monod, De Brunhoff, tous anciens condisciples de lycée de « l'auteur », on trouve donc surtout dans *Le Voyage d'Arion,* une fois de plus, l'écho de son ennui et de ses reflexions du moment sur la « notion de païen » qui a été au centre de ses discussions religieuses avec Rebeyrol. Mais il y

53

fait également passer, au détour d'une réplique, quelques messages précis pour tel ou tel, faisant non pas d'une pierre deux coups mais d'une courte pièce de théâtre quatre ou cinq lettres à ses amis.

Quelques jours plus tard, le 17 janvier 1935, il compose au piano un « divertissement en *fa* majeur » qu'il transcrit sur deux feuilles de papier musique et dédie à Philippe Rebeyrol. Composé sur un rythme à deux temps, et *moderato,* la mélodie s'étend sur trois pages et, après avoir daté et signé, le musicien en herbe ajoute : « Exemplaire à la lettre rarissime, entièrement copié de la main de l'auteur, pour son ami Ph. Rebeyrol. »

Les jours se succèdent. Lorsque les lettres de Rebeyrol tardent à venir, Roland s'insurge. Pourquoi ne lui écrit-il pas ? Il sait bien, pourtant, qu'exilé à la montagne, il n'a que cet ami avec qui il puisse échanger quelques idées. Il sait bien que ses lettres lui sont nécessaires, qu'elles sont pour lui une sorte de périscope ouvert sur ce monde dont il est exclu, sur Paris où il aimerait tant être...

Le temps passe. Barthes a réussi à s'inscrire en faculté de droit, s'est procuré des livres, mais n'arrive pas à s'intéresser à cette matière qu'il trouve aride. Il préfère lire *Phèdre,* Gide, réfléchir sur le Beau, le Bien, discuter par lettre avec Rebeyrol sur leurs conceptions différentes de la morale, de la religion. Rebeyrol est, aux yeux de Barthes, un chrétien dangereux, parce qu'intelligent, tandis que lui est devenu païen depuis qu'il a lu Nietzsche. Pour exposer ses idées, il écrit un nouveau texte, un « apologue » cette fois, *Les aventures d'un jeune Crétois,* « apologue ad usum amici ». Le jeune Crétois rêve, sur les bords de son île, et songe qu'il ne peut croire à ce que lui raconte son précepteur sur l'existence d'une contrée lointaine où régnerait un vieux souverain, maître de toutes les destinées humaines. Cette contrée en effet comment la découvrir ? Par les yeux ? L'éloignement nous en écarte irrémédiablement. Sur la foi des témoignages de ceux qui l'auraient vue ? Cela ne serait point suffisant pour étayer une telle croyance et les sacrifices qu'elle implique. Par le raisonnement ? Tout au plus conduit-il au doute. Par le cœur ? Ce moyen, peut-être, aurait les faveurs du Crétois, mais les mouvements du cœur ne se décrètent pas, il leur faut au moins la révélation de l'objet. Et si ce souverain ne s'est point montré à lui, comment pourrait-il, lui, le révérer ?

Le jeune Crétois s'endort sur une planche de bois, au bord de la plage, et les mouvements de la mer l'emportent au loin. Lorsqu'il se réveille, nulle terre en vue. Le lendemain il aperçoit une côte, aborde et rencontre un vieillard qui lui dit être le souverain de cette contrée.

Le jeune homme alors se prosterne : Tu n'as pas cru en mon existence ? dit le vieillard. C'est vrai, acquiesce le jeune homme. Ni à mon empire ? Le jeune homme acquiesce encore, confus de son erreur, de son incrédulité... Mais le souverain va lui pardonner car, explique-t-il, il sait que son âme est honnête, et que dans son scepticisme il a été sans cesse sincère avec lui-même.

Moralité : si Dieu existe et que de bonne foi l'on n'a pas cru en lui, il pardonnera.

Rebeyrol semble se fâcher du ton de son ami, qu'il trouve à la fois agressif et désinvolte. Celui-ci lui enjoint de ne pas se formaliser de ses attaques contre le christianisme, puisque ce n'est pas contre le Christ qu'il s'insurge mais plutôt contre la pensée chrétienne, contre une façon de voir le monde qui mène très vite à l'incompréhension et au sectarisme.

Mais aucun de ces divertissements littéraires ne pallient l'ennui de Bedous de plus en plus pesant. A Paris, Philippe Rebeyrol est entré en hypokhâgne, la classe préparatoire à l'École normale supérieure, où il a pour condisciple Raymond Picard (dont nous aurons à reparler plus tard, lors de l' « affaire Racine »). Pour Barthes, « après cet incident de santé il n'était plus question évidemment de retourner au lycée dans la classe d'hypokhâgne, de se lever le matin, de travailler beaucoup[9]... ». Le thème de la maladie, de ce boulet qui l'empêche de travailler, d'exister comme il voudrait, fait ainsi son apparition dans son discours et y demeurera toute sa vie. Il fait l'expérience de la solitude et du désœuvrement, au creux d'un cirque de montagne, et ne sait pas encore qu'il retrouvera plus tard, et pour de longues années, cette situation en sanatorium. De temps en temps

Mme Rebeyrol, qui connaît les difficultés financières de la famille, et le lot de petites économies auxquelles elles contraignent, envoie à Henriette Barthes des paquets de journaux sur lesquels le jeune homme se jette, dévorant les actualités. Vers la fin du mois de mars, il se rend à Pau pour une séance de radiographie. Bonne nouvelle : l'évolution du mal est enrayé, on observe même une amélioration, sous forme de points de calcification, et s'il faut cependant être prudent, se soigner encore et toujours, il se prend à espérer, se voit à Paris pour la rentrée d'octobre.

Mais l'éloignement et les échanges purement épistolaires créent des malentendus et une faille semble apparaître entre les deux amis, non plus à propos du christianisme mais de la façon de traiter des auteurs, de parler littérature. Roland reproche à Philippe de se plier à un moule, celui du langage universitaire, de ne plus penser vraiment par lui-même. Absent, lui, du milieu universitaire pour cause de maladie, il s'insurge contre les tics du discours critique de ce milieu, et l'on peut voir dans cette réaction, en germe, une révolte qu'il cultivera toute sa vie, une révolte qui se fonde à la fois sur une approche critique aiguë et sur une certaine mauvaise foi : Roland se sent brimé par la maladie, exclu de l'Université, et il en ressent une amertume qu'il transforme en causticité. Il s'étonne que Rebeyrol parle maintenant de Rousseau ou de Racine comme il faut en parler pour rentrer à Ulm, il s'insurge que chacun soit affublé d'une étiquette définitive, réduit à un stéréotype — Bossuet et l'art oratoire, La Fontaine et les Fables, Montaigne et le scepticisme, Rousseau et l'orgueil, Racine et la passion, Corneille et le devoir, Chateaubriand et l'imagination, Vigny et la solitude morale, etc. et admet mal qu'un esprit ouvert s'applique à ressasser de tels clichés.

Mais le printemps arrive, le soleil est revenu : Roland participe avec joie au fanage, compose une pièce pour piano à quatre mains, retrouve un certain goût à la vie... Il continue à se plonger dans la musique, s'éprend de la *Sonatine* de Ravel, s'indigne que certains puissent considérer ce musicien comme trop distingué, alors qu'il le tient, lui, pour le plus grand génie des temps modernes. Il s'enflamme et vitupère, isolé dans son village, décrète qu'il faudrait vivre dans l'amour de Ravel et la méfiance de Wagner...

L'été arrive, Rebeyrol est parti en vacances en Allemagne, Barthes est toujours à Bedous. Un jour, il rencontre, chez l'épicier du village, une jeune fille, Mima, brune de cheveux et d'yeux, et sa vie change, du moins le croit-il. Il est amoureux, follement amoureux, pense-t-il, et rêve jour et nuit à la belle. Hélas, Mima a une cousine insupportable et qui veille sur elle comme un affreux chaperon, un cousin que le jeune Roland a envie de gifler dès qu'il le voit, car il est suffisant, prétentieux, et de plus militant Croix de feu. D'ailleurs, un samedi soir, alors qu'un professeur communiste fait une conférence publique et contradictoire sur le fascisme, toute la famille de Mima se met à vociférer, traitant les auditeurs d'imbéciles et de nouilles. Roland songe qu'il est bien triste de tomber ainsi amoureux dans une pareille famille, que son sort est aussi tragique qu'un troisième acte de Corneille. Mima incarne à ses yeux tant de poétique légèreté, mais elle est balancée par tant de pesante laideur... En bref, le jeune Roland est malade d'amour. Mais une semaine plus tard, tout a changé, Mima est oubliée et un trait est tiré sur cet événement capital.

Roland racontera quelques semaines plus tard à Philippe Rebeyrol cette passion d'une semaine, riant de son imagination qui s'enflamme si vite. Pour l'heure, Mima reléguée au rang des souvenirs, il revient aux lectures, à la musique. L'été d'ailleurs touche à sa fin et avec lui son terne calvaire. Début octobre, il quitte Bedous pour Bayonne, puis prend le train pour Paris, s'inscrit pour une licence de lettres classiques à la Sorbonne, où il restera jusqu'en 1939. Pour la première fois de sa scolarité il a perdu une année et surtout l'occasion de suivre la voie rêvée, celle de Rebeyrol qui intégrera pour sa part « l'École » en 1936, passera très vite une licence de lettres puis obliquera vers l'histoire.

Cette première année universitaire va être marquée par la politique. Les mouvements d'extrême droite qui s'étaient violemment manifestés en 1934 avaient suscité une unification des partis de gauche. Dans la foulée du « pacte d'unité socialo-communiste » signé en juillet 1934, c'est le 14 juillet 1935, alors que le jeune étudiant était encore cloîtré dans les montagnes de Bedous, qu'est fondé le « Front populaire », regroupant les communistes, les socialistes, les radicaux, les différents syndicats ainsi que des organisations intellectuelles (ligue des droits de l'homme, comités anti-fascistes, etc.). En janvier 1936 le Front populaire, qui présente son programme, est au centre des discussions dans la classe politique, bien sûr, mais aussi à la Sorbonne et alentour. En marge des études, Roland se passionne pour les événements. Parallèlement, il entreprend une aventure qui le marquera longtemps : la fondation avec son camarade d'études Jacques Veil du Groupe de théâtre antique de la Sorbonne, sur le modèle du Groupe de théâtre médiéval de la Sorbonne que Gustave Cohen, professeur d'histoire littéraire, avait créé quelques années auparavant. Veil est un camarade de longue date : très myope, donnant l'impression d'être égaré dans la vie, il était à Louis-le-Grand le souffre-douleur de presque tous les lycéens, et seuls Barthes et Rebeyrol avaient pris sa défense, scandalisés par l'arrière-plan antisémite des brimades dont il était l'objet (il sera plus tard torturé puis assassiné par les nazis). Les jeunes gens ont le projet de monter des tragédies grecques, des comédies latines, et la première représentation a lieu dans la cour d'honneur, le dimanche 4 mai 1936, le jour même où les élections portent au pouvoir le Front populaire. Rebeyrol, qui est très pris par la préparation du « concours » et n'a guère vu son ami depuis le début de l'année, s'est déplacé pour l'occasion, venant soutenir Roland. On joue une pièce d'Eschyle, *Les Perses* dont on ne sait si le public perçut l'involontaire rapport qu'elle entretenait avec cette capitale journée électorale. Devant le palais royal de Suse, la foule attend dans l'angoisse le résultat de la bataille de Salamine. Un messager arrive et annonce le désastre : les Grecs ont écrasé la flotte de Xerxès. Au milieu des lamentations générales, le père du vaincu, Darios, sort alors de son tombeau et maudit la folie de son fils. Dans le rôle, en haut des marches qui mènent à la chapelle de la Sorbonne, l'acteur Roland Barthes, qui raconte plus tard son angoisse :

« Darios, que je jouais toujours avec le plus grand trac, avait deux longues tirades dans lesquelles je risquais sans cesse de m'embrouiller : j'étais fasciné par la tentation de *penser à autre chose*. Par les petits trous du masque, je ne pouvais rien voir, sinon très loin, très haut ; pendant que je débitais les prophéties du roi mort, mon regard se posait sur des objets inertes et libres, une fenêtre, un encorbellement, un coin de ciel : eux, au moins, n'avaient pas peur [10]. »

Cette entreprise d'étudiants passionnés connaîtra, après la mort de Barthes, une reconnaissance officielle et l'on reprendra le 15 octobre 1987 *Les Perses*, dans le grand amphithéâtre de la Sorbonne cette fois, pour marquer le cinquantième anniversaire (en fait le cinquante et unième) du Groupe de théâtre antique de la Sorbonne.

L'étudiant consacre beaucoup de temps au théâtre, plus qu'à ses études, et il tente de se déculpabiliser en se disant que cette activité l'aidera à préparer ses certificats de licence. Ironie du sort, à l'oral de grec, en juin 1936, on l'interroge précisément sur *Les Perses* et il « sèche » lamentablement...

Fin juin, Philippe Rebeyrol est admissible à l'École normale supérieure de la rue d'Ulm. Fou de joie, il se précipite rue Jacques-Callot pour annoncer la bonne nouvelle à son ami, qui le félicite chaleureusement, lui dit qu'il croit en son avenir, que Philippe fera, il en est sûr, de grandes choses. Puis, une fois la porte refermée, une fois Rebeyrol reparti, Barthes éclate en sanglots : la blessure narcissique est trop forte pour lui qui se rêvait depuis des années élève de la prestigieuse « normale sup » et il dira quarante ans plus tard à un ami, Romaric Sulger Büel, qu'il a connu ce jour-là la plus grande douleur de sa vie. Il se savait tout autant capable que Philippe d'intégrer l'École, et maudissait la maladie qui l'en avait empêché.

Arrivent les vacances : l'été 1936 aura été pour des millions de travailleurs la découverte éblouie des congés payés, qui dans leur mémoire resteront associés au rythme des premières chansons de Charles Trenet. Roland est à Bayonne où il s'ennuie un peu de Paris, même s'il retrouve, avec sa tante, la musique. Il travaille son piano deux heures par jour, répète longuement une fugue de Bach, *In der Nacht* de Schumann ou le *Thème et variations* de Schubert. Rien, pense-t-il, n'est plus beau que la musique ; elle est en lui partout, dans les grandes choses comme dans les petites. Mais, hors la musique, il trouve que la vie ne lui apporte guère de joie.

Paris en septembre ne lui est pas plus gai. Le grand-père Binger, « l'explorateur » comme il dit aux amis, a été hospitalisé au Val-de-Grâce, en observation médicale, et Roland qui lui a rendu visite l'a trouvé bien changé : il mourra quelques semaines plus tard. De retour pour quelques jours à Bayonne, avant la rentrée universitaire, Barthes retombe dans la mélancolie, une mélancolie qui restera dorénavant le trait dominant de son caractère et se prend à reconsidérer le problème de l'existence de Dieu d'une façon assez originale et particulièrement confortable : il décide en effet que rien de ce qu'il fait ne peut offenser Dieu, que c'est là le seul moyen dont il dispose pour l'aimer et qu'en un mot, Dieu l'aime et ne le juge pas...

Dispensé de service militaire en 1937 pour cause de tuberculose, il fait quelques voyages. Ainsi, pendant l'été, il participe à un séjour d'étudiants en Hongrie, à l'université de Debreczen. Les jeunes gens donnent sans doute à leurs homologues hongrois quelques cours de conversation française, et Barthes, lorsqu'il rédigera plus tard une brève biographie à la fin de *Roland Barthes par Roland Barthes* donnera de cette courte activité une présentation passablement réhaussée en se nommant « lecteur pendant l'été à Debreczen ». Cette ville, où siégera en 1944 le premier gouvernement de libération, dépayse peu ce jeune homme marqué par la religion de sa mère : Debreczen a toujours été le centre du protestantisme hongrois et on l'a pour cela baptisée la « Rome calviniste », ou la « Genève hongroise ». Il sera par contre frappé par une scène entrevue dans les rues de Budapest, deux hommes qui manifestent dans leur comportement leur homosexualité. Il n'en parlera que beaucoup plus tard à Philippe Rebeyrol, mais lui dira s'être « extasié » devant cette preuve de liberté.

Trois mois de dépaysement et c'est la rentrée. Nouvelle année universitaire, grec, latin, théâtre, mais les grondements de l'histoire ébranlent la quiétude du monde. A Pâques, Roland lit Victor Hugo, *La légende des siècles*, et trouve ces vers d'une splendide actualité. Ce monde de brigandage de grande envergure que décrit le poète, ces sinistres et noires figures de comtes assassins, de rois agresseurs, le ramènent à l'épouvantable réalité d'un Hitler ou d'un Mussolini. Derniers instants de paix.

En juillet 1938 il va en Grèce, avec ses camarades du Groupe de théâtre antique : Athènes bien sûr, où les voyageurs plongent dans les trésors du musée national et de celui de l'Acropole. Devant les statues de marbre blanc, le jeune Barthes se souvient qu'elles étaient, à l'origine, peintes de couleurs violentes, et regrette qu'elles aient perdu de leur apparence charnelle. Il visite ensuite le Péloponnèse, Mycènes, Argo, et puis les îles, Delos, Égine, Santorin... Pour aller à Salamine, le groupe emprunte un petit bateau poussif qui rappelle à Barthes la navette entre Saint-Malo et Dinard. A Santorin, ils louent une barque et longent les falaises volcaniques en ramassant des pierres ponces qui flottent à la surface. A Égine, Roland croise un jeune berger blond, au profil pur, et a enfin l'impression de retrouver la beauté antique : jusqu'ici les Grecs lui sont apparus comme tout le contraire de cette splendeur passée, petits, noirauds, avec de mauvaises dents et une peau usée par le soleil. Tous ces jeunes gens découvrent ce qui n'était jusque-là pour eux que noms de lieux exotiques au détour d'une version grecque, ils parcourent la terre qu'ont foulée Ajax ou Agamemnon, le décor réel des pièces de théâtre qu'ils montent à la Sorbonne. Et, surtout, ils sont frappés par tout

61

ce dont ne parlaient pas les textes grecs, par les tas de melons et de pastèques en vente dans les rues, par la tiédeur de la mer, par le vin résiné, épais, qui accompagne la friture de calmars...

Retour rapide par l'Italie : Milan, Rome, où Barthes est séduit par les marchés aux fleurs. Retour aussi aux réalités : il fait en septembre un séjour en Haute-Savoie, un séjour que nécessite sa santé, et qu'il n'apprécie guère ; encore le bruit de l'eau qui court dans le torrent voisin, encore le silence des pâturages à peine troublé par les clochettes des vaches, la nostalgie des dernières heures du jour, lorsque le soleil a plongé derrière les sommets, tous ces petits détails de la vie quotidienne qui réveillent en lui le triste souvenir de Bedous, le lent déroulement des jours dans une oisiveté forcée... Les Pyrénées, les Alpes, c'est bien pour lui la même chose et il décide qu'il n'aime pas la montagne, se plaint de n'avoir ni livres ni piano, de s'ennuyer. Après ce court séjour, il retrouve une fois de plus Paris avec un sentiment de libération.

En septembre, alors que les Français rentrent, ravis, de leurs congés payés, Daladier pour la France, Hitler pour l'Allemagne, Chamberlain pour la Grande-Bretagne et Mussolini pour l'Italie signent à Munich les accords qui permettent au Reich d'annexer les Sudètes et le confortent dans sa politique expansionniste. La guerre n'est plus très loin mais on ne le sait pas : en France et en Grande-Bretagne au contraire, l'opinion publique voit dans les accords de Munich un pas vers la paix... Barthes retourne à la Sorbonne et poursuit sa lente marche vers une licence de lettres. En mars 1939, Hitler rompt les accords de Munich et envahit la Tchécoslovaquie, en avril c'est l'Italie de Mussolini qui envahit l'Albanie : les puissances occidentales ne bronchent pas. En juin Barthes obtient un quatrième certificat de licence, il est maintenant titulaire des certificats d'études grecques, d'études latines, de littérature française et d'histoire de la philosophie. Mais si ces quatre certificats composent bien une licence et lui permettent par exemple de s'inscrire en diplôme d'études supérieures, ils ne constituent pas une licence d'enseignement : il lui manque pour cela un certificat de grammaire et philologie. En août, Hitler et Staline signent le « pacte germano-soviétique ». Ce traité plonge dans le désespoir une poignée de militants communistes qui ne comprennent pas comment la « patrie du socialisme » peut ainsi pactiser avec les nazis, les autres approuvent, et l'ensemble de la population veut croire qu'il n'y aura pas la guerre. Et le 1ᵉʳ septembre, l'armée allemande entre en Pologne. Deux jours après, le 3 septembre 1939, la Grande-Bretagne qui avait pris un engagement vis-à-vis de la Pologne et la France qui décide de soutenir son alliée déclarent enfin la guerre à l'Allemagne : il n'y a pas tout à fait un an que l'on signait les accords de Munich...

A la déclaration de guerre, Roland est à Paris, dans l'attente d'une décision de la commission de réforme : il craint d'être versé dans un service auxiliaire. En fait, il sera définitivement réformé et demande immédiatement un poste de professeur de lettres. Le 21 octobre 1939, le recteur de l'académie de Bordeaux l'affecte, « à titre précaire et provisoire », au lycée de Biarritz, à quelques kilomètres en aval de Bayonne, tout près donc de la grand-mère Barthes dont la santé décline (elle est âgée de quatre-vingt-cinq ans et mourra en 1941), de la tante Alice, toujours professeur de piano. L'arrêté précise qu'il lui sera versé un « traitement de professeur bachelier », puisqu'il ne dispose pas d'une licence d'enseignement...

Henriette n'a pas laissé son fils partir seul et toute la famille s'installe dans un petit appartement loué à un Américain, rue du Cardinal-Lavigerie. Michel entre au lycée dans lequel son frère est professeur débutant, et Henriette a trouvé du travail dans un hôpital militaire, à la place de l'actuel hôtel Régina. L'année s'écoule comme une parenthèse, loin des problèmes de la guerre. Roland aime ce métier, le contact avec les élèves, mais supporte mal la médiocrité des chers collègues. Il n'aime pas ces professeurs qui rechignent régulièrement devant une heure, une minute de travail de plus. Cet esprit de petit fonctionnaire rouspéteur lui est insupportable : avec l'enthousiasme de la jeunesse, il pense que le métier d'enseignant devrait être un apostolat, et ne jamais être confié à des esprits médiocres. Les élèves lui paraissent charmants et passionnants, mais ses collègues lui donnent la nausée. Le soir il va parfois se promener du côté du phare, admirant du haut de la terrasse le reflet de la lune dans l'eau. Il songe à un essai dont le titre serait *L'Amour, la musique et la mort* mais a du mal à écrire dans les conditions présentes : la guerre le préoccupe trop. Il commence également une « méditation sur un portrait du Greco », qu'il se propose d'envoyer à son ami Rebeyrol lorsqu'il l'aura terminé mais que celui-ci ne recevra jamais. Et l'année scolaire se termine en même temps que la guerre, du moins pour l'État français. Pétain a demandé l'armistice en juin 1940, en juillet le gouvernement s'installe à Vichy et la France entre dans la collaboration.

La famille Barthes est rentrée à Paris après la défaite. Roland, qui n'était à Biarritz que « délégué rectoral », ce qu'on appellerait aujourd'hui un maître auxiliaire, n'obtient pas de poste équivalent et se retrouve surveillant au lycée Voltaire et au lycée Carnot. Il travaille à son dernier certificat de licence, celui de philologie, ainsi qu'à son diplôme d'études supérieures consacré à la tragédie grecque, plus précisément aux passages rituels des textes d'Eschyle, de Sophocle, d'Euripide, tentant de terminer six ans après son baccalauréat un diplôme qui en prend normalement quatre : la maladie... A la même époque il décide d'étudier le chant, avec Michel Delacroix, un ami sensible et fragile, fils d'universitaire, comme lui fou de musique. Mais comment faire ? Ils écrivent à Charles Panzera, célèbre interprète de mélodies françaises, pour lui demander l'adresse d'un répétiteur, et celui-ci leur propose généreusement de les prendre comme élèves, semble-t-il gratuitement. Il travaillera donc avec lui jusqu'à ce que la maladie l'empêche de poursuivre cet apprentissage, mais restera toujours fervent admirateur de Panzera : « Depuis je n'ai cessé d'écouter sa voix, à travers des disques rares, imparfaits techniquement [11]. » Et trente-cinq ans plus tard, dans le séminaire qu'il consacrera à la voix, il passera parfois à ses étudiants une cassette de Panzera, de l'avis de tous inaudible, mais qu'il présentait avec beaucoup d'émotion. L'admiration profonde de Barthes et Delacroix pour le chanteur n'excluait cependant pas l'irrespect. Ainsi Panzera, qui était dans ses récitals accompagné au piano par sa femme, avait-il l'habitude de la faire entrer sur scène avant lui, la suivant à deux pas, les bras ouverts pour répondre aux applaudissements du public, main gauche vers le ciel, l'autre dirigée vers le sol. Et les deux amis riaient beaucoup car un effet de perspective donnait régulièrement l'impression que, selon l'expression de Barthes, « il lui mettait la main au cul »...

Philippe Rebeyrol, qui a été, lui, mobilisé, fait prisonnier, puis qui s'est échappé, est à Lyon où il prépare l'agrégation d'histoire. Les communications sont maintenant malaisées entre Paris, Bayonne, Lyon. On n'a le droit d'écrire qu'au dos de cartes postales émises par l'État et sur lesquelles un texte précise que : « Il est permis d'écrire une correspondance de caractère familial de sept lignes : mais il est strictement interdit d'écrire entre les lignes ou de donner des nouvelles qui n'auraient pas ce caractère. Il est indispensable d'écrire très lisiblement pour faciliter le contrôle des autorités allemandes. »

Encore une fois, la solitude, et son palliatif, le travail. En mai 1941 il travaille la philologie, avec peu d'espoir de réussite car le programme lui paraît trop vaste. Il lui faut en effet mener de front ce dernier certificat de licence et son diplôme : débordé, pris par le temps, il décide qu'il ne présentera en juin que le certificat, gardant le DES pour octobre. Mais la grand-mère Barthes meurt, et le jour où il aurait dû passer son examen de philologie il part pour Bayonne où il passera l'été près de sa tante, lui tenant compagnie, et travaillant à son diplôme et au certificat qu'il n'a pas pu présenter.

Fin septembre, il songe avec mélancolie à son ami Rebeyrol qui présente à Lyon le concours de l'agrégation reporté à cette date pour cause de guerre. Bientôt admissible, celui-ci prépare l'oral avec assiduité, mais Roland est à nouveau malade, il fait une rechute pulmonaire. Brissaud, le médecin de famille, décide tout de suite de lui faire un pneumothorax et il est alité depuis huit jours au moment où son ami vole vers le succès. En novembre, Rebeyrol est admis à l'agrégation, Barthes est toujours malade : Le pneumothorax était incomplet, il restait des adhérences, et Brissaud les a sectionnées : opération longue et assez douloureuse, mais qui semble avoir réussi...

La longue litanie de la maladie ne fait cependant que commencer. Fin novembre, Roland entame les démarches pour se faire admettre au sanatorium des étudiants, à Saint-Hilaire-du-Touvet, dans l'Isère, il attend la réponse qui ne devrait pas venir avant janvier. Et il s'observe, se surveille comme un vieux malade habitué aux alternances d'améliorations et de rechutes : pour l'heure, pense-t-il, il va bien, a même légèrement grossi, se lève un peu pour les repas...

Commence l'année 1942. Rebeyrol quitte Lyon et part pour l'Espagne, à Barcelone, où il a obtenu un poste de professeur de français. Roland, lui, vient de recevoir la nouvelle qu'il attendait, qu'il craignait : il va entrer au sanatorium et doit donc quitter Paris pour Saint-Hilaire-du-Touvet.

III

L'ENTRE-DEUX-PAIX

A onze kilomètres du Touvet, qui se trouve en contrebas dans la plaine, le sanatorium étudiant de Saint-Hilaire-du-Touvet est situé dans un cadre splendide : d'immenses terrasses donnant sur la vallée du Grésivaudan, bordée par la chaîne de Belledonne et le massif de la Grande-Chartreuse, d'où la vue coupe le souffle. Dans la vallée, on aperçoit la géométrie des champs cultivés dont les teintes varient avec les saisons, et la pente est si raide que l'on a toujours l'impression de se préparer à un plongeon vers ces terrains qui ressemblent à des pistes d'atterrissage. Saint-Hilaire semblait prédestiné à devenir ce qu'il est aujourd'hui : un centre de sports aériens, principalement de deltaplane et de parapente.

Au début de la guerre, cependant, le village n'a rien d'un lieu de loisir. Le funiculaire qui transporte aujourd'hui randonneurs et skieurs a été construit essentiellement pour monter les malades, accessoirement les rares habitants, et redescendre les morts car la tuberculose tue, beaucoup. Le sanatorium domine le village, au pied d'une falaise grisâtre et triste, la dent des Crolles qui culmine à plus de deux mille mètres face à la chaîne de Belledonne. Et si la vue est magnifique pour l'œil du touriste, elle peut très vite être sinistre : le soir, lorsque le soleil a disparu derrière les montagnes et que le ciel reste encore clair, la barrière des sommets dessine autour du village comme une enceinte de prison, sombre, oppressante. Le soir aussi, même aux beaux jours, des nuages menaçants dégueulent parfois par toutes les fissures de la montagne, envahissant lentement la vallée, ou à l'inverse remontent de la plaine et semblent choisir de se fixer précisément là, au pied de la dent de Crolles, sur le sanatorium. Et l'hiver la neige recouvre tout, durant trois ou quatre mois. Vie feutrée, protégée, ralentie.

C'est donc au début de l'hiver 1942 que Roland Barthes retrouve, à Saint-Hilaire, la montagne et l'enfermement. Le traitement de la tuberculose, à cette époque, peut passer par des interventions violentes, dont nous reparlerons, et dans cette attente se ramène à deux choses, le silence et le repos. « La tuberculose était un véritable genre de vie, un mode d'existence, je dirais presque un choix [1] », se souviendra-t-il. Et il est vrai que malgré ses plaintes continuelles, sa morosité, Barthes présentait quelques dispositions pour cette solitude obligée, pour cette vie entourée, protégée. Le temps s'écoule lentement, rythmé par les radiographies cycliques des poumons, tous les trois mois pour Barthes, jusqu'à deux fois par semaine pour certains malades. Une radiographie, une insufflation, une nouvelle radiographie, le médecin observe le cliché pendant que le patient patiente. « Alors ? » demande anxieusement le malade. « Ça va, ça va mieux » répond le praticien. Et l'on attend jusqu'à la prochaine radio. Entre-temps, les pensionnaires surveillent de près leur température. « Tu as pris ta tempé ? » est une des phrases clefs des conversations quotidiennes : 36°8, 37°5, 37°8, on y fait très attention, on en parle sans cesse, la maladie est au centre de toutes les discussions, de toutes les plaisanteries aussi. La découverte de la streptomycine n'interviendra que quelques années plus tard et l'objectif de ces établissements était alors bien sûr de guérir, mais surtout d'isoler les phtisiques et d'éviter la contagion. Tous vivent sous le règne des bacilles de Koch, des « BK » comme ils disent, ils sont « positifs », adjectif lourd de menaces, qui disparaîtra ensuite pendant de longues années du vocabulaire médical pour revenir, dans un contexte certes différent mais tout aussi lugubre, avec l'apparition d'un autre fléau, le SIDA. « Un tuberculeux, dira Barthes, pouvait très sérieusement envisager, et je l'ai fait moi-même, l'idée de toute une vie au sana[2]. »

Il était, de toute façon, préparé par son année passée à Bedous à cette vie, à ce rythme, à la psychologie du malade aussi : il avait déjà endossé les vêtements du « tubard ». Mais le choc est cependant rude. Pour supporter cet enfermement, il lui faut abolir ses souvenirs, exclure de sa mémoire les images du passé, celles de la maison, de la mère, des amis, des rues parisiennes, tirer un trait sur tout cela et se consacrer au présent, aux autres pensionnaires avec lesquels il sait qu'il va lui falloir vivre longtemps — combien de temps, il n'ose l'imaginer — sans autres liens avec eux que ceux de leurs études interrompues et de la maladie, leur bien commun... Et puis il y a les autres, ceux qui sont plus atteints, qui ont subi une thoracoplastie, ceux qu'on appelle dans l'argot du sanatorium les *thoracos*. Derrière le mot savant une réalité douloureuse et parfois visible : on leur a enlevé une ou plusieurs côtes, pour favoriser l'affaissement du poumon malade. Certains ne portent pas de plaque de protection et, l'été, on voit dans l'échancrure de la chemise ouverte leur peau soumise par le jeu de la respiration à une sorte de clapotis. D'autres, par coquetterie macabre, attachent quatre ou cinq de leurs côtes avec une ficelle au pied de leur lit, comme un trophée...

Mais cette « cure » laisse bien des loisirs, surtout à Saint-Hilaire qui dépend de l'université de Grenoble et où les étudiants sont encouragés à poursuivre leurs études sur place : des professeurs viennent régulièrement de Grenoble leur donner des conférences. Les médecins qui accordent d'ailleurs beaucoup d'importance au moral, voient d'un bon œil toutes les activités culturelles, qu'elles naissent sur place ou viennent de l'extérieur. Ainsi, il existe à Saint-Hilaire une troupe de théâtre, « La pédale » (allusion au fait que les règlements interdisent aux malades la pratique de la bicyclette, ce qui n'exclut pas bien sûr le double sens), une belle salle de spectacles utilisée à la fois pour le ciné-club, pour les conférences et pour le théâtre, une revue trimestrielle, organe de l'association « Les étudiants en sanatorium », *Existences* (rien à voir avec l'existentialisme sartrien, encore bien méconnu, mais référence aux vies sauvées), une très bonne bibliothèque, une chorale... Au point que des étudiants de Grenoble venus rendre visite à leurs camarades trouvent qu'ils « ont bien de la chance » de vivre dans de telles conditions. Pour leur montrer qu'ils n'ont pas une si grande chance, les pensionnaires ont mis au point un gag qui consiste alors à les amener voir la salle d'opération... Si les conditions de vie ne sont pas trop désagréables, Barthes craint cependant qu'elles ne paraissent horribles à un œil extérieur, et lorsque son ami Rebeyrol projette de lui rendre visite, il s'inquiète : Philippe ne va-t-il pas trouver ce lieu triste à mourir ? Il se souvient avoir passé trois jours au sanatorium du plateau d'Assy, en 1940, auprès de Michel Delacroix, qui y était hospitalisé, et s'y être consumé de peur et de tristesse, malgré tout son amour pour lui, et il ne voudrait pas que Philippe éprouve les mêmes sentiments. Rebeyrol, nous l'avons dit, après avoir été mobilisé, fait prisonnier, s'être échappé, a passé en 1941 à Lyon, en zone libre, l'agrégation d'histoire puis est parti en Espagne, professeur au lycée français de Barcelone. Il fait donc le voyage de Saint-Hilaire, apportant de ces petites choses introuvables au sana, qui font l'inventaire hétéroclite des manques quotidiens : du savon, du cirage brun, des lacets de soulier bruns, du fil à coudre blanc, une petite cuiller, une lampe électrique avec piles, une visière contre le soleil, du papier à musique... Et, malgré les craintes de Roland, les retrouvailles seront gaies, détendues. Tous deux se rencontrent à la gare de Grenoble, puis montent à Saint-Hilaire, Philippe passe une nuit chez des logeurs, près du sanatorium. Mais la visite est de courte durée et le malade retourne à son isolement...

« *Ils étaient angéliques.* »

Les avis des pensionnaires sur Saint-Hilaire varient : l'animation est sympathique pour les uns, puérile voire vulgaire pour les autres, dont Roland Barthes, plus âgé — il a vingt-sept ans — que la moyenne des étudiants et qui regarde tout cela d'un œil fort critique. Il est vrai qu'au réfectoire, où l'on chante beaucoup, c'est le style « salle de garde » qui domine. Le personnel d'encadrement laisse faire, seulement inquiet des efforts pulmonaires qu'entraîne l'interprétation vigoureuse et enthousiaste de ce répertoire. L'ambiance est d'ailleurs très « macho » et le sanatorium d'étudiantes, voisin, subit les assauts, pas uniquement verbaux, des pensionnaires.

Un soir, dans la salle de spectacle, changement de genre : une chorale de scouts et de guides de France vient donner un récital, histoire sans doute de faire sa « B.A. ». Au programme, bien sûr, des chansons de boy-scouts. Le chahut est gigantesque et malveillant. Seul Barthes prendra la défense des malheureux, sans beaucoup de succès d'ailleurs. « Ils étaient angéliques », dira-t-il le lendemain. Mais l'angélisme n'est alors guère de mode chez les pensionnaires de Saint-Hilaire-de-Touvet et Barthes se trouvera très minoritaire ce jour-là, ce qui n'est pas toujours le cas : nous verrons qu'il pouvait au contraire avoir parfois une grande influence sur ses camarades.

Certains le trouvent poseur. Un jour que son compagnon de chambre insiste pour dormir la fenêtre ouverte il proteste : « Je suis un vieux malade », et on se répète sa phrase ; ce Barthes est décidément un peu geignard. Mais les autres le respectent, viennent souvent lui demander conseil. N'est pas étranger à ce prestige le fait que la rumeur publique en ait fait l'amant de Mme Lardanchet, la femme du directeur... Mais il n'y a pas que cela, et on le considère surtout comme un intellectuel d'avant-garde, s'intéressant à Camus dont la philosophie de l'absurde fait alors scandale dans les milieux bien-pensants, à Sartre. Il a en même temps un penchant évident pour la poésie, présente des exposés sur Baudelaire[3], sur Walt Whitman.

Dans la revue *Existences,* d'aspect extrêmement sérieux, titre rouge sur fond de couverture blanche, le jeune Barthes publie quelques articles, un compte rendu de son voyage en Grèce, une « Note sur André Gide et son journal », un compte rendu du film de Bresson *Les Anges du péché,* une critique enfin de *L'Étranger* d'Albert Camus [4]. Son style, déjà dense, lui attire l'admiration de certains, l'incompréhension d'autres, comme ce médecin qui déclare : « Il ne donne pas envie de lire ce dont il parle. » Les commentateurs de Barthes, à commencer par Barthes lui-même, ont souvent écrit que ce texte sur Camus représentait la première mouture du *Degré zéro de l'écriture* à venir, la première réflexion sur l'écriture « blanche », mais on a moins parlé de l'article « En Grèce ». Or celui-ci est composé de petits fragments titrés, « Îles », « Athènes », « Musées, statues », etc. dans un style que Barthes reprendra plus tard pour son *Michelet,* son *Barthes par lui-même* puis dans les chroniques qu'il donnera en 1978 et 1979 au *Nouvel Observateur,* un style qu'il aime particulièrement parce qu'il aime les débuts, qu'il aime entamer l'écriture d'un texte et que multipliant les formes brèves, il multiplie du même coup ces moments pour lui privilégiés. Et tout ceci donne l'impression qu'il y a beaucoup du Roland Barthes à venir dans le jeune collaborateur de la revue étudiante : Camus, les fragments, mais aussi l'utilisation immédiate de théories qu'il vient de découvrir (ici Bachelard, plus tard Sartre, Marx, Brecht, Saussure, Jakobson, Bakhtine...).

La bibliothèque de Saint-Hilaire est très fournie : il lit Sartre, *La Nausée, Le Mur,* plus tard *L'Être et le Néant,* il lit surtout Michelet, en prenant des notes sur des petites fiches, mettant au point une technique de travail qu'il utilisera toute sa vie. Une autre partie de sa personnalité, moins connue, se révèle à la même époque. Roland prend en charge la bibliothèque et fait montre d'un grand sens pratique. Remarquant que certains ouvrages ne sont guère demandés, que d'autres le sont beaucoup, il organise ce qu'il appelle la « circulante » : les livres qui sortent le plus sont répertoriés, ont un classement spécial et un sort particulier ; il faut impérativement les rendre sous quinze jours alors qu'il n'y a pas de délai pour les autres, ceci afin d'assurer la rotation rapide des titres à succès.

Et puis il y a les discussions : on parle des livres que l'on a lus, on confronte ses impressions, on débat. Il fréquente en particulier un Lituanien, Ralys, qui prépare une thèse sur Dostoïevsky, curieux personnage, violemment anticommuniste qui, comprenant plus tard que les Américains ne feraient pas la guerre à l'Union soviétique, abandonnera toute préoccupation intellectuelle, immigrera au Canada où il travaillera comme bûcheron, avant de se suicider. Un autre pensionnaire porte un nom aujourd'hui célèbre : Georges Canetti, le frère d'Élias, futur prix Nobel de littérature, et qui deviendra pour sa part médecin spécialiste de la tuberculose, se trouve également à Saint-Hilaire. Curieusement, si l'on rapporte cette impression au bruit concernant les relations de Barthes avec la femme du directeur, il a gardé lui le souvenir d'un Barthes notoirement homosexuel... Ce qui est sûr, c'est qu'à cette époque, alors que Philippe Rebeyrol est venu lui rendre visite pour quelques jours, il s'épanche et confie à son vieil ami abasourdi, extrêmement choqué sur le moment, son goût pour les garçons : la femme du directeur n'est qu'une fable. Peut-être éprouvait-elle, si l'on en croit certains témoignages, un penchant pour Barthes, mais la réciproque ne pouvait être vraie.

Mais il y a surtout la maladie. En avril 1942, Barthes a une rechute, un épanchement pleural qui refuse de se résorber : de la fièvre, une immense fatigue, et surtout une grande colère. Il se sentait mieux quatre mois plus tôt, en arrivant au sanatorium, et voilà que son état empire en un lieu où il est sensé guérir. Bien sûr il s'agit d'une évolution interne de la maladie, le sanatorium n'est pas responsable de cette rechute passagère, du moins les médecins l'en assurent-ils, mais il a tout de même tendance à considérer et à dire que la cure est une duperie, qu'on l'a enfermé ici pour rien... Il lui faudrait se reposer, mais deux choses l'en empêchent : l'altitude et la vie en commun. L'altitude parce qu'il peste d'être réveillé chaque matin par le plein jour implacable (les fenêtres n'ont pas de rideaux) et d'avoir à supporter une trop vive lumière, réverbérée l'hiver par la neige ; la vie en commun parce qu'il se plaint des cris des garçons qui vont à la douche, des radios qui hurlent dans les chambres voisines : il ne supporte pas ces journées sans silence et sans obscurité. Et, dans cette mauvaise humeur chronique qui est la sienne, il a l'impression de ruiner sa santé, qu'il trouvait bien meilleure à Paris. Bientôt pourtant il se sent mieux, se lève, se mêle à nouveau à la vie du groupe, lit, discute. Parfois un morceau de musique capté à la radio le rend mélancolique, et il analyse son état en des termes assez proches de ceux qu'il trouvera, trente-cinq ans plus tard, pour composer ses *Fragments d'un discours amoureux,* se sentant soudain le cœur tout près des événements : musique, amitié, souvenir lui causent des émotions insoutenables. Ses pensées le ramènent au christianisme, aux catholiques qui lui semblent peu chrétiens en comparaison du dépouillement plus respectueux du Christ des protestants. Par moments, la religion réformée, ou plutôt la culture protestante qu'il a héritée de sa mère, lui paraît se résumer au refus de l'orgueil, qu'il considère comme un poison, comme s'il avait contracté pour sa part le virus de l'humilité. Puis, repoussant les justifications métaphysiques, il se dit qu'il hait en fait l'orgueil parce qu'il est un obstacle à l'amour, dont il a besoin comme d'une nourriture : en manque-t-il un peu, il a faim, en manque-t-il beaucoup, il dépérit.

« *Mes actions ont monté* »

De nouveau, en juillet, il est obligé de rester couché toute la journée, pendant un mois, et reviennent les pensées morbides : le sana ne guérit de rien, c'est une imposture, et d'ailleurs guérira-t-il jamais... Quatre semaines passent, il va mieux, se lève, retrouve la vie commune et l'espoir, et il constate avec plaisir que ses actions parmi les autres commencent à monter rapidement. Avec une grande franchise il parle à Rebeyrol de ces petites joies qui pourtant ressemblent bien à de l'orgueil, lui explique qu'il commence à exercer une certaine séduction sur les autres, que cela le passionne, qu'il se sent estimé, admiré et que ces moments de conquête sont exquis ; il souffre de n'être pas aimé, ou de ne pas se sentir aimé, et la popularité le ravit.

Il vient en effet d'être élu au bureau de l'association des étudiants en sanatorium, avec une forte majorité et « pratiquement sans avoir fait campagne » dira-t-il à Rebeyrol. Les choses n'étaient cependant pas aussi simples. Face à lui, il y avait en effet une liste présentée par « La pédale », le groupe théâtral, liste un peu « folklorique » et qu'il trouvait vulgaire. Il décide donc de tout faire pour qu'elle ne soit pas élue, mais il agit en sous-main, par émissaire interposé, tirant les ficelles de sa chambre, comme un cardinal de la curie romaine, sans jamais apparaître en pleine lumière : aux yeux du plus grand nombre il n'a pas fait campagne, mais certains savent bien le rôle éminent qu'il a joué. La « liste pédale » échoue donc et il est très fier de ses talents de tacticien, mais il se sent en même temps piégé, prisonnier des autres. Cette reconnaissance sociale qui tourne ensuite à la dépendance lui semble assez comparable au cheminement des rapports amoureux : il s'est attaché à certains garçons de Saint-Hilaire-du-Touvet et, après les avoir conquis, il a subitement eu l'impression d'être devenu leur esclave. Mais il a besoin de ces conquêtes, ayant conscience que presque toutes ses amitiés avec des garçons ont commencé comme des amours...

Rebeyrol lui a envoyé des notes sur l'Espagne que Roland estime admirables, riches ; il trouve à son ami un immense talent et, du même coup, il se pose des questions sur ses propres capacités intellectuelles, sur ses possibilités de mener à bien les œuvres dont il rêve. Il s'inquiète : a-t-il vraiment l'intelligence des livres et des idées ? Il pense manquer d'armes dialectiques, se trouve paresseux devant la lecture, velléitaire, trop enclin à se réfugier dans l'ineffable, dans la rêverie. Surtout, il estime ne pas savoir écrire et trouve, à la relecture, tous ses textes « bêtes ». Les périodes d'optimisme et de pessimisme se succèdent. Lorsqu'il va mieux, il se dit que ces interrogations étaient simplement le fruit du cafard, mais il y replonge immédiatement, se demandant si les moments de dépression ne sont pas des moments d'exceptionnelle lucidité. Les témoins de cette époque que j'ai pu interroger, Robert David, François Ricci, se souviennent d'un Barthes respecté par les autres malades, admiré, considéré parfois comme un « aristocrate ». Il est vrai qu'il jouissait de certains privilèges. Le docteur Douady, par exemple, l'avait autorisé, lui et lui seul, à utiliser le piano à queue qui trônait dans la salle de spectacle. Plus tard, lorsque Douady, qui était juif, dût quitter Leysin, Barthes demeura dans l'esprit de tous comme protégé par son ombre. Mais, privilégié ou pas, respecté ou pas, il reste cependant dans la mémoire de ces témoins comme très anxieux, sombre, malheureux. Il apparaît ici un trait de caractère sur lequel nous aurons à revenir souvent.

L'année 1942 va se terminer dans la douleur : Michel Delacroix, l'ami avec lequel il avait pris avant la guerre des cours de chant chez Panzera, le premier garçon qu'il ait aimé en étant aimé de retour et qui, comme lui, était tuberculeux, meurt le 28 octobre. Roland en ressent une immense peine, difficilement tempérée par le vague espoir de rentrer bientôt à Paris, dans un centre de post-cure que l'on va ouvrir près du Jardin des Plantes.

En janvier, il se retrouve en effet en convalescence à la post-cure de la rue de Quatrefages, en profite pour passer à la Sorbonne ce certificat de grammaire et philologie qui traîne depuis juin 1941 et termine ainsi sa licence d'enseignement. Il reprend goût à la lecture, aux études, renoue avec les rues de Paris, le Quartier latin où il aime à flâner, retrouve surtout sa mère et son frère. Mais cet intermède sera de courte durée. Il se croyait sur le chemin de la guérison, voilà que la maladie le rattrape : il a en juillet 1943 une rechute grave, et les médecins décident qu'il doit retourner à Saint-Hilaire. Reviennent alors les pensées morbides, la tristesse, la révolte. Il y a pourtant retrouvé ses habitudes, ses camarades, et il y trouve bien sûr des nouveaux, parmi lesquels Robert David, un jeune étudiant auquel va le lier une amitié durable.

La première fois que David entendit la voix, et le discours, de Barthes est restée gravée dans sa mémoire. C'était à l'occasion d'un cycle d'initiation à la musique que celui-ci avait décidé de donner dans une petite salle de cours d'à peine trente places. La salle est bourrée, les gens sont assis partout, certains ne peuvent entrer et doivent rester dans le couloir. Les auditeurs s'attendaient à des propos un peu sentimentaux sur la musique, dans le ton de certaines émissions de vulgarisation qu'on entendait alors sur les ondes, mais Barthes avait choisi une tout autre manière. Avec une grande exigence théorique, il parle de hauteur de sons, de gammes, de tonalité, un ami illustre ses propos au violon : une gamme chinoise en particulier, sortie dudit violon, fit grande impression. Le succès fut tel que les séances suivantes eurent lieu dans la grande salle de spectacle (mais en fait l'assistance diminua lentement, rebutée sans doute par la difficulté du discours), où il put donner des exemples au piano. A la sortie du premier cours, quelqu'un dit à David : « C'est le type le plus intelligent du sana ! » Celui-ci en est bien convaincu et, lorsqu'il apprend que le malade qui partage la chambre de Barthes doit partir, il se propose comme « cothurne ». Leurs premières discussions ne manquent pas de sel : David lui explique qu'il avait habité jusque-là avec une sorte de fou passant ses nuits à psalmodier « cette nuit je dormirai d'un sommeil paisible et réparateur, cette nuit je dormirai d'un sommeil paisible et réparateur... », puis avec un autre malade, homosexuel. En fait, David a dit « un pédé », et le choix du terme dénotait sans ambiguïté son rejet de l'homosexualité. Il se souvient encore aujourd'hui des conversations nocturnes qui suivirent, de la voix de Barthes lui exprimant sa douleur devant ce mot, « pédé », devant ce ton méprisant, de Barthes lui expliquant soir après soir son goût pour les garçons, ses sentiments, sa conception de l'amour, de Barthes parlant du soleil, de Gide, de la Grèce, de métaphysique... Il lui parle aussi des larmes, des héros grecs qui pouvaient sans honte pleurer sur la mort d'un homme. Et commence une longue série de discussions animées, qui dureront des mois.

En octobre 1943, poussant jusqu'au bout la logique de son obsession de la maladie, Barthes s'est inscrit en première année de médecine avec l'idée, dira-t-il plus tard, de faire ensuite de la médecine psychiatrique. Il lit quelques livres en vue de l'examen de juin, mais très vite il revient à son idée première, écrire. Les quelques semaines qu'il a consacrées aux sciences lui ont fait comprendre qu'il les avait jusque-là trouvées séduisantes parce qu'il leur était extérieur, mais qu'elles n'offrent ni plus de grandeur ni plus de liberté que les lettres. Et cette brève incursion dans les sciences dites exactes le renforce dans sa vocation première : lire, lire, écrire, écrire, lire et écrire encore et encore... Il adore écrire, explique-t-il à David, lorsqu'il se sent contraint, bousculé. Ayant par exemple promis de donner à la revue des étudiants un article sur le plaisir de lire les classiques, il retire une grande joie de cette contrainte, de cette obligation à suivre un emploi du temps, un calendrier — tant de pages par jour, finir pour telle date. Et disparaît alors cette idée que ce qu'il produit est creux, bête...

En mars, il passe dix jours à Paris, en « permission » comme on dit dans le vocabulaire para-militaire du sanatorium, dix jours qui le fatiguent et, surtout, lui rappellent des problèmes lancinants. Il revoit sa mère et retrouve les difficultés de fin de mois que, dans l'éloignement, il avait eu tendance à oublier. Il sait qu'il doit guérir et gagner le plus vite possible sa vie, sa vie et celle d'Henriette, qu'il aimerait bien protéger des ennuis pécuniaires. Mais face à la maladie, il ne suffit pas de vouloir guérir : il a toujours au poumon droit une cavité que le traitement ne parvient pas à réduire... On songe à l'opérer, puis on repousse l'opération, lui préférant une cure de « déclive » : il restera allongé durant trois mois les pieds plus hauts que la tête pour mettre le poumon en détente. C'est donc à nouveau le lit, l'absence de musique, l'absence d'écriture aussi, car il ne peut pas écrire dans cette position, et la lecture pour seule distraction. Il attend avec impatience le résultat de ce régime sévère : s'il pouvait réussir ! S'il pouvait lui permettre enfin de revenir à la vie ! Les autres, régulièrement insufflés, régulièrement radiographiés, ont au moins le sentiment que l'on fait quelque chose pour eux alors qu'il se sent abandonné à son sort avec, toujours au-dessus de la tête, l'épée de Damoclès de l'opération, d'une thoracoplastie ou d'un extrapleural...

Il a cependant retrouvé son statut parmi les pensionnaires de Saint-Hilaire, ses « actions » sont toujours en hausse : on parle de lui, il jouit d'une estime intellectuelle en même temps que d'une confiance générale. Un jour de juillet 1944, Émile Ripert, vieux professeur de l'université d'Aix-en-Provence et d'esprit très conservateur, admis comme Barthes au sanatorium alors qu'il n'est plus, et depuis longtemps, étudiant, présente une conférence dans laquelle il attaque « l'anarchisme et l'hermétisme en poésie », visant en fait toutes les formes de poésie moderne. La charge est violente, le conférencier reprochant d'une part aux poètes hermétiques d'être tous des imposteurs et d'autre part à leurs lecteurs d'être snobs... Aux yeux de Ripert, c'est non seulement la poésie qui « fout le camp » mais aussi la morale et les valeurs sociales. Et pour une fois, alors que les conférences de Saint-Hilaire se passent généralement de la façon la plus civile qui soit, entre gens de bonne compagnie, les choses virent à l'aigre. Barthes, que Ricci décrit pourtant comme un « gros chat frileux », nonchalant et réservé, décide d'organiser la riposte et met sur pied durant plusieurs semaines une série de conférences faites par les étudiants sur différents poètes modernes. Le cercle littéraire du sanatorium prend en charge l'organisation de cette réponse collective, et Pélissier, un étudiant des Beaux-Arts qui se réclame justement de l'anarchie, réalise pour l'occasion une affiche. Plusieurs étudiants prendront donc la parole au fil des semaines, chacun parlant de son poète favori. Barthes parle de Michaux, Valéry, Whitman et Baudelaire. François Ricci présente de façon un peu hermétique Patrice de la Tour du Pin. A la fin de l'exposé, Barthes le prend à part et lui glisse : « Tu as été fermé, tu as bien fait. » Et, plus de quarante après, Ricci commente : « Moi-même j'avais toujours apprécié sa fermeture, même si elle ne facilitait pas les contacts. Mais c'est à propos de poésie qu'il s'était ouvert... »

Une libération lointaine

Barthes n'est cependant pas le seul dont on parle et un menu incident vient agiter cette société fermée. Parmi les pensionnaires, il y a trois Vietnamiens, trois « Indochinois » comme on dit alors. L'un d'eux, Nguyen Khac Vien, très intéressé par la philosophie orientale, féru de Mencius et Confucius, fait un jour une conférence sur son pays. Tout le monde, bien sûr, s'attend à du folklore. D'une voix douce, posée, le conférencier remplit d'abord son contrat et brosse un tableau très « couleur locale » de la péninsule indochinoise. Puis il parle de l'image que se font les Français des Asiatiques. François Ricci, qui sera plus tard professeur de philosophie à l'université de Nice, se souvient presque mot pour mot de ce passage : « Vous croyez que les Asiatiques sont froids et silencieux. Pourtant un proverbe de chez nous dit que tous les diables déchaînés ne pourraient faire plus de bruit que les étudiants quand ils s'amusent. » Il regarde la salle, puis continue : « Mais voilà : vous êtes occupés depuis quatre ans, et vous êtes déjà moins expansifs. Pour nous, cela dure depuis plus de cinquante ans... » Tout cela, dit sans violence, impressionne beaucoup l'auditoire. On est en 1944 et la culpabilité colonialiste est à peu près inconnue. Vien deviendra plus tard le responsable des relations culturelles avec l'étranger du gouvernement de Hanoï, il publiera aussi aux Éditions sociales une *Histoire du Vietnam*. Mais ce jour-là il n'était qu'un petit étudiant tuberculeux qui venait déranger quelques idées reçues, porter un coup à l'image idyllique qu'on se faisait alors des colonies françaises. Barthes s'en souviendra-t-il lorsque plus tard, dans ses *Mythologies*, il s'attaquera aux images du colonialisme ? Peut-être, mais il n'en fera jamais mention, pas plus qu'il ne signalera le rôle, pourtant éminent, de son grand-père maternel, « l'explorateur », dans la colonisation de l'Afrique de l'Ouest.

Vien, raconte Ricci, avait pris ce jour-là, de l'avis de tous, une position courageuse, voire dangereuse, car il aurait pu craindre des suites disciplinaires. Il n'aura cependant pas le moindre ennui, alors que la France est encore sous le régime de Vichy et que le directeur du sanatorium est, disait-on, pétainiste. Mais on vit alors la fin de l'occupation allemande, et le climat politique du sanatorium est, selon François Ricci, « mollement libéral ». Parmi les pensionnaires, il y avait pourtant un communiste, André Régnier, étudiant en mathématiques, quelques sympathisants de Vichy, d'autres de la résistance, connus de tous. Saint-Hilaire-du-Touvet n'est pas très loin du Vercors où 3 500 maquisards, en juin et juillet 1944, tentèrent de bloquer les troupes allemandes allant en Normandie rejoindre le front. Les partisans furent écrasés et cette défaite explique peut-être que la région ne sera libérée que très tard, dans l'été 1945. Mais, vue du sanatorium, la guerre était une chose lointaine, un peu étrangère, et Barthes qui avait confié sans ambiguïté à Rebeyrol ses sentiments anti-fascistes pouvait ainsi apparaître comme non concerné par un événement dont on parlait peu dans ce milieu hors du monde. Dix ans auparavant, il se plongeait avec émerveillement dans la lecture de Jaurès, puis militait à Louis-le-Grand contre le fascisme, et il ne changera pas de position, si l'on en croit du moins ceux qu'il va fréquenter à la Libération, en particulier Maurice Nadeau. Mais sa réserve est telle qu'il n'impose pas ses vues : il a des idées politiques, souvent fermes, mais il n'est pas, il ne sera jamais un militant, et le militantisme l'agacera toujours, il y verra une forme d'exhibitionnisme, voire d'hystérie. Le mot revient souvent presque obsessionnellement dans sa bouche, presque tous ses amis l'ont noté : l'ennui de son enfance était son « hystérie » à lui, l'affirmation trop nette de sentiments ou d'émotions est « hystérie », le militantisme est « hystérie »...

La Libération, pourtant, gagne la région. On entend des coups de feu, on sait que dans la vallée des gens se battent, et certains ont un peu honte d'être là, à l'abri. Un peu plus tard des rumeurs montent jusqu'au sanatorium, on raconte qu'à Grenoble les Allemands ont pendus des résistants à des crochets de bouchers. A Saint-Hilaire, la Libération se passe en douceur. On n'y verra jamais le moindre homme en armes. Simplement apparaissent un jour des affiches du nouveau régime, qui s'est installé à Grenoble. Le médecin-chef, présumé vichyssois, disparaît discrètement, remplacé par un autre, un médecin juif revenant des États-Unis. Et les passions se réveillent brusquement, opposant les partisans de Vichy à ceux de la résistance. L'un de ces derniers décide de dénoncer les pro-miliciens. Barthes, qui semble donc à l'époque ne s'être déclaré ouvertement pour aucun des camps, va le trouver, lui fait la morale et parvient à le faire renoncer à son projet. Anecdote doublement significative, à la fois de ce que l'on pourrait appeler son apparent « centrisme moral » du moment et aussi de son ascendant sur les autres, de son influence intellectuelle. Ses camarades d'alors n'ont pas dans leurs souvenirs l'impression qu'il était spécialement politisé, et il n'était d'ailleurs pas seul dans ce cas. « Nous étions fort peu informés, fort peu dans le coup, se souvient François Ricci. Il y avait pourtant quelques résistants, quelques miliciens aussi. La plupart étaient dans le marais... C'était mon cas, je l'avoue. C'était je crois celui de Barthes. Même ceux qui étaient engagés étaient peu sectaires... »

La Suisse... et le marxisme

La France est donc libérée, mais dans leur majorité ces jeunes gens sont toujours prisonniers de la maladie. Et Barthes a toujours les mêmes problèmes de santé, ce corps que l'on traîne sans pouvoir le maîtriser. Depuis octobre, l'espoir est revenu : il croit sentir qu'il va mieux. Les trois mois de déclive qu'il a dû subir pendant l'été ont donné des résultats appréciables, il est maintenant désalité, et les médecins ne lui parlent plus d'opération. Il a vécu la libération de Paris au fond de son lit, regrette de n'avoir pas vu ces jours qui, à Saint-Hilaire-du-Touvet, ont pris des allures de fête de village. Il est désalité, donc, mais on lui laisse prévoir encore une bonne année de sanatorium, suivie d'un long régime de post-cure. Il s'en fait une raison, s'habitue à l'idée d'une guérison longue, d'une sorte de fonctionnariat de la maladie, mais il a vingt-neuf ans, toujours pas de métier et l'impression que, dans cette période de guerre, sa jeunesse s'est envolée, que s'il a accédé à une certaine maturité, s'il a vieilli, il n'est nulle part sur le plan social ; il va atteindre la trentaine et il n'existe pas. Cette guerre qui s'achève, il ne l'a pas connue, le sanatorium en a étouffé les échos, il l'a au fond vécue comme un espace entre parenthèses, entre deux paix.

Au milieu de l'hiver 1945, le 8 février, il est transféré en Suisse, au sanatorium de Leysin, au-dessus d'Aigle, avec de nombreux camarades, dont Robert David. C'est un groupe de banquiers bernois qui a décidé de financer ce transfert et d'accorder aux étudiants français un petit pécule mensuel. Les malades seront en outre souvent invités dans des familles suisses, à Lausanne ou à Berne, et Barthes s'insurge contre cette charité qui les transforme, dit-il, en « petits pauvres reconnaissants », même si, nous le verrons, il saura profiter de la situation.

Partant des bords du lac, une petite route serpente à travers les vignes, puis les sapins, virages très secs, montée rude, et mène au village, qui vit alors exclusivement de la maladie : cliniques, sanatoriums, et quelques pâtisseries ou salons de thé dans lesquels les rares pensionnaires argentés vont s'empiffrer. Les autres attendent le vendredi soir, jour béni où on leur sert le « menu suisse » : pommes de terre, beurre et gruyère à satiété. Il y a aussi un train reliant Aigle à Leysin, un train dont les paysans disent que chaque nuit il transporte vers la vallée des wagons de cadavres ; aujourd'hui encore les vieux Vaudois se souviennent de Leysin comme d'un « mouroir » que l'on évitait par crainte de la contagion : puissance de l'imaginaire exacerbé lorsque la maladie des autres est vécue comme menace...

Châlets de bois au toit d'ardoises, paysage doux des Alpes vaudoises, les lieux se prêtent à la rêverie, au repos, et la clinique Alexandre, dans laquelle entre Barthes, constituerait un cadre charmant pour un week-end à la montagne... Il s'y sent renaître. Il a l'impression que sa santé fait de très grands progrès, perceptibles non plus sur les radiographies ou dans le diagnostic des médecins auxquels il a appris à ne pas croire, mais par son état tel qu'il le sent, son goût de vivre revenu, sa force et sa vitalité renaissantes. L'apathie intellectuelle dans laquelle il croit avoir vécu ces trois dernières années a cessé et, depuis que son état général est meilleur, il a repris le travail. Il est maintenant plongé dans Michelet, le seul auteur qu'il dira avoir vraiment lu intégralement, lui qui se plaît plutôt à survoler les textes, butinant, se posant sur un passage pour survoler encore quelques pages... Il le lit avec soin, l'annote, commentant à haute voix pour David ce qu'il est en train de rédiger, ces fiches qu'il remplit de façon méticuleuse, maniaque presque ; il faut, dit-il, utiliser le format international, sept centimètres et demi sur douze et demi, les prendre dans le sens horizontal, écrire lisiblement et noter toutes les références : édition, chapitre, page... En fait il avait commencé à prendre les fiches verticalement puis, se rendant compte qu'elles étaient plus faciles à consulter dans l'autre sens, il passera un temps fou à recopier près de neuf cents fiches déjà rédigées ! Il a mis au point un système compliqué, à base de bouts de bois et de morceaux de ficelle, qui lui permet d'extraire du tas les fiches concernant tel ou tel thème, telle ou telle idée, et il accumule comme un trésor ces traces de son trajet à travers l'œuvre de Michelet. Cette application semble, bien sûr, un peu tâche-ronne, mais il s'en défend, et comme David, qui étudie le droit, lui demande conseil pour son travail universitaire, il répond superbement qu'il faut être désinvolte dans le travail, savoir saisir l'essentiel et sacrifier le reste, et qu'il ne faut surtout pas résumer un ouvrage, qu'il suffit de faire quelques fiches sur les points importants...

Nouveau mode de vie, peu différent en fait de celui de Saint-Hilaire ; la clinique Alexandre, annexe du sanatorium universitaire, pratique la même thérapie que Saint-Hilaire-du-Touvet, à base de « cure de plein air » (on tirait les lits des malades sur la terrasse, face aux dents du Midi, mais seules leurs jambes pouvaient être exposées au soleil) et de « cure de silence » (on fait la sieste, tout simplement) — thérapie qui prévaudra jusqu'à l'aube des années soixante. Le médecin-chef de la clinique, un Autrichien, le docteur Klein, est violoniste amateur, et Barthes trouve une grande joie à jouer en duo avec lui, à l'accompagner au piano. Il découvre de nouvelles relations, de nouveaux amis : André Mosser, un jeune étudiant en médecine passionné de théâtre ; Roselène Hartzfeld, une jeune femme qui a eu le droit d'accompagner son mari malade, le pasteur Hartzfeld... Il prend aussi des cours d'italien avec un ancien pasteur milanais, Cavalleri, écrit comme toujours de nombreuses lettres, se plaint parfois de ne pas recevoir de réponses aussi nombreuses, ou aussi longues, et surtout, sa santé continuant à s'améliorer, il songe à revenir à Paris à l'automne, il voit au bout du chemin la libération, enfin. Sa popularité est grande, au sanatorium comme chez les gens qui invitent ce « petit pauvre reconnaissant ». A Berne, reçu dans la famille Sigg, il ne laisse pas indifférente la jeune fille de la maison, Heidy. A Leysin, Roselène Hartzfeld, la femme du pasteur, fascinée par son intelligence, déclare un jour à la cantonade que « Barthes finira au Collège de France »...

Au début du mois de septembre, Henriette, sa mère, fait le voyage de Paris à Leysin pour lui rendre visite. Et lui qui n'a pas le sou emprunte alors une somme énorme à différents amis pour partir avec elle sur les bords du lac de Lugano, la traitant somptueusement dans un hôtel de luxe — anecdote caractéristique de son rapport à l'argent que nous verrons se préciser par la suite. Entre-temps, ses relations avec Robert David ont considérablement évolué, mais de façon unilatérale : Barthes est amoureux. Mais David, qui éprouve pour lui une grande amitié et une admiration plus grande encore, n'est décidément pas attiré par l'homosexualité, le lui dit, le lui répète, et leur amitié se construit sur une sorte de contrat : des rapports profonds, intellectuels, de l'affection, mais rien d'amoureux, et rien, bien sûr, de sexuel. Les choses se mettent ainsi en place. Leurs discussions sont nombreuses, riches, elles tournent autour de Michelet, de la littérature, de la musique, du droit. Mais la santé de David se rétablit ; le 17 septembre 1945, il quitte Leysin pour une post-cure à Paris, rue de Quatrefages, et Barthes se retrouve seul. L'absence de l'être aimé le plonge dans une grande exaltation et il va, pendant près de six mois, lui écrire tous les jours, parfois deux fois par jour, huit pages au minimum — un véritable livre. Un livre où l'on trouverait comme une préfiguration des *Fragments d'un discours amoureux* qu'il rédigera trente ans plus tard, qu'il publiera en 1977. Tous les thèmes y sont déjà, au fil des jours.

Le thème de l'absence, bien sûr, avec déjà l'idée que celui qui est parti aime moins que celui qui reste (« Je suis moins aimé que je n'aime », écrira-t-il en 1977), et aussi une métaphore musicale : je suis comme un *do*, une note qui existe certes seule, tu es comme un *fa*, une note qui existe aussi, mais *do* a infiniment plus de valeur, d'intelligence, de sensibilité, s'il fait partie d'un couple *do-fa*, s'il est une fonction de *fa*...

Les reproches constants : tes lettres sont trop rares, trop brèves. Il écrira en 1977 : « Comme désir, la lettre d'amour attend sa réponse ; elle enjoint implicitement à l'autre de répondre... »

Le thème de la jalousie : David avait connu, avant le sanatorium, une jeune femme, Françoise, qu'il a retrouvée à Paris. Barthes, qui l'en sait amoureux, en souffre, ne le laisse qu'à peine paraître et s'en voulant d'être jaloux conseille au contraire à David d'aller au bout de ses sentiments, avec l'impression de témoigner ainsi sa grandeur d'âme. Il écrira en 1977 : « Comme jaloux je souffre quatre fois : parce que je suis jaloux, parce que je me reproche de l'être, parce que je crains que ma jalousie ne blesse l'autre, parce que je me laisse assujettir à une banalité... »

Parfois, bien sûr, à trente ans de distance, les stratégies de discours se modifient. Ainsi, en octobre 1945, Barthes envoie à David un télégramme : « M'ennuie un peu. » Immédiatement après il lui écrit pour expliquer que cette phrase signifiait « m'ennuie considérablement, immensément de toi », mais qu'il ne voulait pas le dire dans un télégramme, au vu et au su de la préposée des postes. En 1977, évoquant un absent qui ne donne pas de nouvelles, il passe en revue ce qu'il pourra lui dire à son retour : Ce n'est pas chic... Dans quelle inquiétude tu m'as mis... Et de conclure : « Ou bien, ce trouble, le laisser entendre délicatement, légèrement, pour le faire connaître sans en assommer l'autre (" J'étais un peu inquiet... ") ? La même figure de style, à quelques nuances près, mais dans le premier cas la litote est immédiatement traduite, soulignée, alors que dans le second cas elle flotte, reste en l'air...

On retrouve aussi à cette période l'attention maniaque que

Barthes prête parfois aux petits détails, comme le sens dans lequel on devrait écrire sur une fiche. Il y avait deux voies postales entre la Suisse et la France, la voie aérienne et la voie terrestre, la première étant bien sûr plus coûteuse que la seconde. Il décide donc d'appliquer à ce problème la méthode expérimentale et expédie plusieurs fois deux lettres au même moment, l'une par avion et l'autre par le train, afin de vérifier si l'une arrivera vraiment beaucoup plus vite que l'autre et si cette différence de rapidité justifie la différence de prix du timbre...

Une rechute interrompt très momentanément cette correspondance. Sans le moindre signe avant-coureur, son état s'aggrave subitement en octobre, et on décide d'urgence de l'opérer. Il subit un pneumothorax extra-pleural, intervention également connue sous le nom de « méthode de Schmidt », qui consistait en un décollement chirurgical du feuillet pariétal de la plèvre. L'opération nécessite qu'on lui enlève un morceau de côte. Les médecins suisses, après l'intervention, lui remettent solennellement cette partie de lui-même, enveloppée dans un morceau de gaze. Il gardera très longtemps au fond d'un tiroir cette relique, entre de vieilles clefs, le carnet de bal en nacre de sa grand-mère paternelle, un livret scolaire, avant de se décider, une nuit, à jeter cette « côtelette » par la fenêtre, « comme si, écrit-il dans *Roland Barthes par Roland Barthes*, je dispersais romantiquement mes propres cendres dans la rue Servandoni, où quelque chien dût venir les flairer[5] ». L'opération est techniquement réussie, et recommence l'attente d'une prochaine libération.

Roland a cependant rencontré des nouveaux amis; en particulier, il a maintenant pour compagnon de chambre Georges Fournié, de trois ans plus jeune que lui, un homme dont le trajet social est aux antipodes du sien. Très jeune orphelin de père et de mère, Fournié a dû gagner sa vie dès douze ou treize ans, mais il a suivi en même temps des cours du soir et est devenu ainsi correcteur de presse. A dix-sept ans, au moment où éclate la guerre d'Espagne, il rejoint les républicains, se bat dans les rangs du POUM sur le front d'Aragon où il sera blessé. Il rentre à Paris, rencontre Jacqueline, qui deviendra plus tard sa femme, milite dans des groupes antifascistes, en particulier avec David Rousset et Maurice Nadeau

Trotskiste, antifasciste puis résistant, Fournié prend dans la clandestinité le nom de « Philippe » que ses amis continueront ensuite à lui donner. Le 19 octobre 1943 il est arrêté par la Gestapo avec Rousset et d'autres camarades, enfermé à Fresnes, puis à Compiègne, déporté ensuite à Buchenwald puis à Porta Westfalica, un camp de concentration dans les environs de Hanovre. Pendant un an et demi, sa femme n'aura plus de nouvelles de lui, et il ne reviendra qu'au printemps 1945, sur une civière, épuisé et tuberculeux. A l'hôpital Bichat on lui fait un pneumothorax, puis on l'envoie en Suisse, à Leysin, où sa femme se débrouille pour le suivre, et où en octobre il rencontre donc Roland Barthes.

Si différents qu'ils soient l'un de l'autre, les deux hommes ont en commun leur distance face à l'ambiance générale. Roland, âgé de trente ans, est un intellectuel un peu distant, Georges a connu la guerre d'Espagne, la déportation, tous deux sont plus mûrs que la moyenne des pensionnaires et n'apprécient guère l'ambiance un peu gamine, les plaisanteries de corps de garde qui servent à oublier la maladie, la mort qui guette. Au réfectoire où l'atmosphère est plutôt infantile (on s'envoie les carafes d'eau ou des cuillerées de purée de pommes de terre au travers de la table), les deux hommes restent très en retrait. Jacqueline Fournié, après deux ou trois tentatives de courte durée, a maintenant trouvé du travail dans un sanatorium de luxe pour riches tuberculeux, Le Belvédère, devenu aujourd'hui hôtel du Club Méditerranée. Elle vient rendre visite à Fournié chaque soir et déjeune au réfectoire de la clinique Alexandre chaque dimanche. Elle se souvient d'un Barthes plein de réserve dans l'expression des sentiments, des pensées, de la joie, qui ne se manifestaient chez lui que par une expression des yeux, des lèvres, par une ironie un peu narquoise : son rire n'allait jamais jusqu'au bout, comme s'il eut été indécent d'aller plus loin. Sans passions apparentes, sans débordements, tout en nuances, il est aux antipodes de Fournié le militant qui va l'initier à un univers jusque-là inconnu, à la théorie marxiste, à la réalité de lutte des classes. Ils discutent des heures entières ; Barthes parle de théâtre, de littérature, de Michelet bien sûr, Fournié parle de Marx, de Trotski, de l'Espagne. Ils ont l'un pour l'autre une admiration réciproque, s'apprennent l'un l'autre des choses jusque-là étrangères à leur univers. La grande chance de Barthes, à une époque où l'initiation au marxisme passait le plus souvent par le parti communiste et l'adhésion inconditionnelle aux positions politiques de l'URSS, réside dans le trotskisme de Fournié, dans ce marxisme antistalinien, non dogmatique qu'il lui communique. En dehors des discussions avec Fournié, il travaille sur Michelet avec enthousiasme, à une vitesse stupéfiante, allant parfois jusqu'à trois cents pages lues et annotées dans une seule journée. L'*Histoire de France* défile, page après page, les fiches s'accumulent : neuf cents en novembre, mille fin décembre. Il les montre avec fierté à certains visiteurs, les étale sur une table comme un jeu de cartes, les apparie, les oppose, pratiquant manuellement, physiquement, cette recherche de structuration qui présidera plus tard à l'organisation du livre.

Les derniers mois de sanatorium

Début décembre 1945, un vent de départ souffle sur Leysin ; ils sont nombreux à partir en convalescence ou en post-cure plus près de chez eux. Il attend donc son tour, en lisant le premier numéro d'une nouvelle revue, *Les Temps modernes,* dont la présentation, faite par Jean-Paul Sartre, le séduit. Il en parle autour de lui, avec Fournié bien sûr, puis avec David à qui il explique que l'esprit de 1789, analytique et bourgeois, est condamné et doit laisser place à l'esprit révolutionnaire, à une conception plus « totalitaire » de l'homme. L'adjectif vient directement de Sartre qui, après avoir écrit « nous nous rangeons du côté de ceux qui veulent changer à la fois la condition sociale de l'homme et la conception qu'il a de lui-même », précise : « Cette conception, je la nommerai totalitaire [6]. » Bien sûr, le terme sonne aujourd'hui étrangement, même si Sartre se démarquait de son sens fasciste pour préciser qu'il entendait par là une approche englobant la totalité des éléments d'une situation. Pour Barthes par contre, il correspond assez exactement à ce qu'il apprend du marxisme dans ses discussions avec Fournié, et il est intéressant qu'il se montre à ce point enthousiasmé par ce manifeste pour l'engagement en littérature alors même qu'il est considéré par ses camarades, nous l'avons vu, comme politiquement centriste. La violence de Sartre, à laquelle il adhère, est une violence toute littéraire, et jamais il ne franchira, comme le fit Sartre, le pas qui mène de la critique théorique de la société à sa critique militante pratique, jamais il ne descendra dans la rue par exemple, jamais même il ne manifestera publiquement son soutien à une quelconque cause.

Vers le milieu du mois, le docteur Klein quitte la direction du sanatorium où il est remplacé par le docteur Van Rolleghem qui examine tous les dossiers des malades, rend visite à Barthes et lui conseille de descendre dorénavant manger au réfectoire, de sortir, de faire des promenades. Il refuse la première suggestion et continue de manger seul dans sa chambre, mais le fait qu'on lui conseille de sortir lui redonne espoir : ainsi, un médecin pense qu'il va mieux. Pourtant décembre 1945 touche à sa fin, il est toujours là, continue de lire et d'annoter Michelet, d'écrire tous les jours à David. Il passe encore Noël à Leysin — une épreuve pour lui insupportable, obligé qu'il est d'assister à la fête que font des gens qu'il trouve médiocres... Une parenthèse lui apporte pourtant beaucoup de plaisir : la visite de Philippe Rebeyrol, du 28 au 31 décembre. Rebeyrol travaille maintenant au ministère des Affaires étrangères, à la direction des affaires culturelles, et Barthes est fasciné par ce qu'il appelle « son pouvoir social ». En particulier, il comprend que, grâce à son ami, il pourra obtenir un poste à l'étranger dès qu'il sera sorti du sanatorium, et rêve de partir aux États-Unis, encore que l'inquiète sa faible connaissance de la langue anglaise... Rebeyrol lui parle aussi de la France, de cette société d'après-guerre dont Roland ne sait à peu près rien. Le 15 août 1945, le maréchal a été condamné à mort, puis grâcié le 17 par le général de Gaulle qui a commué sa peine en emprisonnement à vie ; le 15 octobre Pierre Laval a été fusillé ; en novembre a commencé le procès de Nuremberg ; Jean-Louis Bory a eu le prix Goncourt avec *Mon village à l'heure allemande ;* Romain Gary le prix des critiques avec *Éducation européenne :* ces échos du monde troublent un peu Barthes. Quel sens, se demande-t-il, peut avoir son travail sur Michelet, ou plus généralement des études de lettres, dans ce monde nouveau qu'il va trouver ? Bien sûr, il se cherche des justifications, explique que « le vieux Michelet » a encore un public, mais un public bien particulier, « vieux universitaires, autodidactes qui lisent l'histoire de France dans les bibliothèques, démocrates et anticléricaux à la 1848 », et il ajoute : « et des isolés, comme moi ». Isolé, il l'est effectivement, et son activité intellectuelle est bien loin de la France qu'il devine à travers les descriptions de Rebeyrol.

Au début de l'année 1946, un épisode vient éclairer de façon significative le caractère tourmenté et l'absence de confiance en soi qui le caractérisent Le 5 janvier, il écrit à Robert David qu'un Italien, Russo, lui a demandé un article littéraire pour un journal milanais ; or, explique-t-il, je n'ai rien à dire, à part peut-être sur Michelet, ce qui ne les intéresse pas. En outre, je ne sais pas écrire, je souffre d'agraphie, je ne brille que dans la parole... Nous avons déjà souligné cette panique chez lui devant l'acte d'écrire, cette conviction — qui n'est en rien une pose — qu'il ne peut produire que des textes « bêtes ». Mais deux jours plus tard, le 7 janvier, Barthes a rédigé cinq versions différentes d'un article sur Camus, et il envoie son texte définitif à David, tout en précisant qu'il est insignifiant... En l'espace de quarante-huit heures, il est ainsi passé de la certitude de son incapacité à écrire un article imprudemment promis, à la rédaction de ce même article ; on retrouvera tout au long de sa vie ce type d'alternance.

Les phases d'espoir et de désespoir se succèdent donc. Il passe encore à Leysin le mois de janvier 1946, désespéré par la prolongation de cet enfermement. Dans ses lettres quotidiennes à David, il explique tout ce qu'il attend, tout ce qu'il espère, de leurs retrouvailles : une vie nouvelle, des relations privilégiées, une amitié exemplaire. Parfois celui-ci, qui écrit peu, lui donne un coup de téléphone et Barthes, chez qui le sentiment amoureux est exacerbé par l'éloignement, est enchanté de ce qu'il appelle ces « téléphonages ». Mais les choses changent lentement et de nouvelles formes de relations se mettent en place. David, qui est régulièrement reçu par Mme Barthes, qui a pour elle beaucoup d'affection, est en train de devenir quelqu'un « de la famille »...

Le 26 janvier, enfin, Barthes reçoit une lettre de sa mère qui change tout : le docteur Brissaud est d'accord pour son retour et va écrire en ce sens à la direction de la clinique Alexandre. Barthes prépare alors son départ avec fébrilité. Il y a, bien sûr, les malles à remplir, les fiches et les livres à emballer. Il y a aussi les amis et les relations à quitter. Nous l'avons vu, les banquiers bernois qui avaient accueillis à Leysin les étudiants français, non seulement leur assuraient un pécule mensuel mais les faisaient aussi inviter de temps en temps dans des familles suisses. Barthes entame donc une sorte de « tour de Suisse » pour prendre congé des gens qui l'ont reçu — les Sigg à Berne, les Chessex et les Milhit à Lausanne — avec l'arrière-pensée d'emprunter un peu d'argent pour faire ses achats avant de rentrer en France. C'est avec Heidy Sigg, une jeune fille un peu amoureuse de lui, nous l'avons dit, qu'il décide d'aborder la question. Alors qu'ils se promènent ensemble dans les rues de Berne, il se demande comment lui présenter la chose, n'ose pas, hésite, puis décide qu'il devra présenter son problème financier avant d'arriver à tel coin de telle rue... Racontant plus tard la scène à David, il se comparera évidemment à Julien Sorel, dans *Le Rouge et le Noir,* lorsqu'il se fait le serment de prendre pour la première fois la main de Mme de Rénal avant que ne sonne le dernier coup de dix heures du soir.

La comparaison, bien convenue, peut avoir une plus large valeur : Barthes qui s'est révolté contre le rôle de petits pauvres que voulaient, selon lui, leur faire jouer les banquiers suisses qui les recevaient, ne songe-t-il pas aussi au statut social de Julien Sorel ? Ne se souvient-il pas de la tirade du jeune homme, à la fin du livre (chapitre XLI), devant le tribunal qui va le condamner à mort : « Je vois des hommes qui (...) voudront punir en moi et décourager à jamais cette classe de jeunes gens qui, nés dans une classe inférieure et en quelque sorte opprimés par la pauvreté, ont le bonheur de se procurer une bonne éducation, et l'audace de se mêler à ce que l'orgueil des gens riches appelle la société » ? Et n'y a-t-il pas dans la révolte feutrée de ce pupille de la nation comme un écho de celle du fils d'un scieur de planches imaginé par Stendhal ? Lorsque la culture littéraire est à ce point imbriquée dans les menus événements de la vie quotidienne, tous les rapprochements sont légitimes...

Ce n'est que fin février qu'on le libère du sanatorium, presque guéri de sa tuberculose et presque marxiste. Avant de rejoindre Paris, il va à Lausanne et s'offre avec l'argent emprunté à Heidy Sigg des vêtements : un manteau de loden, un pantalon, une cravate, des chaussures. Il achète aussi des cadeaux pour sa mère, Henriette, pour ses amis, conscient qu'il trouvera en France les privations, la pénurie de l'après-guerre. Le 27 février, après avoir passé la journée à Lausanne, il prend le train de nuit pour Paris. Et il retrouve sa mère et son frère, l'appartement de la rue Servandoni où ils vivent désormais, la rue de Seine où il allait, enfant, faire les courses, dont il connaît par cœur toutes les boutiques et où il aime flâner. Il retrouve aussi les amis, en particulier Robert David avec qui il passe encore quelques mois d'été en post-cure, au sanatorium des étudiants de Neufmoutiers-en-Brie, en Seine-et-Marne, puis il regagne définitivement la capitale. Mais la maladie sera toujours présente dans son univers, concrètement bien sûr, dans son corps, par la difficulté qu'il a dans les premières années à respirer, à reprendre son souffle après un léger effort, comme tous les tuberculeux, mais de façon imaginaire aussi, dans son esprit. En 1975, jetant un regard sur le passé, il reviendra sur cette maladie qui, dit-il, n'a maintenant plus rien à voir avec ce qu'elle était alors : « J'ai débarqué dans cette maladie à un moment où elle frappait le sujet qui en était atteint d'un tabou très fort, qui était le tabou de la contagion. D'autre part, c'était une maladie très longue, très lente, et dont on ne pouvait pas surveiller soi-même le devenir car en fait on ne souffrait pas. Sauf dans des cas très graves, on se sentait bien, c'est seulement le médecin qui vous décrétait malade. Il fallait vivre avec cette espèce de décision médicale supérieure au-dessus de vous pendant des années... » Le sanatorium ? « On y fait, dit-il, deux expériences fondamentales. La première, c'est l'expérience de l'amitié. On vit avec des gens de son âge pendant des années, souvent on cohabite dans la même chambre avec deux ou trois d'entre eux, on les voit tous les jours, et ce qui vous soutient c'est l'affectivité profonde qui se développe dans ce milieu-là (...) La seconde expérience, bien sûr, c'est celle de la lecture. Que faire d'autre ? On lit. C'est une époque où j'ai beaucoup lu, où j'ai lu surtout des classiques, français ou étrangers, où j'ai commencé à écrire un petit peu pour la revue des étudiants qui étaient en sanatorium qui s'appelait *Existences*. C'est en sanatorium que j'ai lu toute l'œuvre de Michelet sur laquelle j'ai travaillé ensuite, ça a donc été très important pour moi [7]. »

En fait il a tendance à minimiser beaucoup l'importance de cette période dans sa formation intellectuelle. Michelet et la technique de la fiche, la Grèce et la pratique du fragment en écriture, Camus et la réflexion sur « l'écriture blanche » : Barthes a fait beaucoup plus que commencer « à écrire un petit peu », il a balisé son territoire, il a mis au point bon nombre de ses techniques de travail, il a esquissé bien des idées à venir comme on rédige un brouillon, donnant à voir une caractéristique fondamentale de son personnage ; c'est un homme aux idées précoces mais à la gestation lente, un homme de cheminement... Il a, en quittant le sanatorium, au moins deux ébauches de livre dans ses cartons, le *Michelet,* bien sûr, ainsi que *Le Degré zéro de l'écriture,* et nous avons vu que la volumineuse correspondance avec Robert David, sans parler d'autres correspondances ultérieures que nous ne connaissons pas, est en partie porteuse des *Fragments d'un discours amoureux.* Surtout, ce retard pris dans ses études, le fait qu'il n'ait pas pu entrer à l'École normale supérieure, passer l'agrégation, devenir professeur ou diplomate, comme

94

Rebeyrol, tout cela aura été paradoxalement sa chance : ✓ obligé de trouver une autre voie il deviendra, après bien des difficultés, Roland Barthes.

Il ne peut pas, bien entendu, savoir que la tuberculose lui a évité un destin peut-être médiocre, que le sanatorium lui a donné un bagage inestimable, et il préfère ne conserver de cette période qu'un profond ressentiment face à la maladie ; il restera ainsi toujours, dans sa tête, un « vieux malade » et allèguera souvent la fatigue pour refuser un travail ou pour expliquer un retard dans la livraison d'un texte promis. Pour l'heure il est libre, même si des noms de lieux, Bedous, Saint-Hilaire, Leysin, la rue de Quatrefages, Neufmoutiers, résonnent pour lui comme pour un « taulard » les noms des centrales successives dans lesquelles il a été détenu.

Taulard, tubard, il y a plus qu'une rime entre ces deux mots.

IV

PARIS-BUCAREST

C'est donc en 1946 qu'il quitte définitivement le sanatorium et que commence, selon lui, « la vie productive[1] », celle de l'écriture. L'assertion est doublement fausse. Tout d'abord parce qu'il a écrit *avant* cette libération de la maladie, comme nous l'avons vu. Philippe Roger[2] souligne que dans les sept ou huit articles de la période de sanatorium, on trouve bien des amorces du Barthes à venir : « Gide bien sûr, Camus et Michelet, mais aussi Racine (...), Loyola, La Rochefoucauld (...) et Edgar Poe ; Nietzsche encore et Goethe rapproché de Montaigne. » Mais, curieusement, il semble que Barthes tente de laisser ces articles dans l'ombre. A Maurice Nadeau, il dira n'avoir jamais rien écrit, « même un article[3] ». Plus tard il répond à Bernard-Henri Lévy lui demandant s'il a écrit en sanatorium : « Tout juste deux articles, l'un sur le *Journal* de Gide et l'autre sur *L'Étranger* de Camus, qui fut le germe du *Degré zéro de l'écriture*[4]. » Pourquoi cette discrétion, alors que dans cette micro-société qu'était le sanatorium il a lu les poètes et les romanciers les plus récents, qu'il a créé une sorte de bouillon de culture, une discussion quasi permanente autour de thèmes que nous dirions aujourd'hui être ceux de « la modernité » et que surtout il a publié ses premiers textes ? Faut-il y voir un tel rejet de cette période que rien de valable ne pouvait, à ses yeux, en être issu ?

En outre l'assertion selon laquelle la « vie productive » commence après le sanatorium est également contestable parce que lorsqu'il a, avec réticence, à fournir des éléments biographiques, Barthes mêle quelques dates (naissance, mort du père, baccalauréat, etc.) à de nombreuses précisions sur sa « carrière » et sur sa maladie, soulignant du même coup l'importance qu'elle a occupée dans sa vie. Chaque fois qu'il aura à parler de son adolescence, de ses années de formation, il parlera de cette manière de vivre particulière qu'était la tuberculose, donnant souvent l'impression qu'il ne peut être compris que par les initiés, le « club des tuberculeux » en quelque sorte. Dans la « chronologie biographique » qu'il établit à la fin de *Roland Barthes par Roland Barthes,* la liste des dates s'arrête en 1962, lorsqu'il est nommé directeur d'études à l'École pratique des hautes études (l'ouvrage est pourtant publié en 1975), et la maladie occupe plus d'un tiers des références alors qu'il embrasse dans cette liste quarante-sept ans de sa vie et que, même en comptant très large, la tuberculose lui en a volé un sixième : de mai 1934 à la rentrée universitaire de 1935, puis d'octobre 1941 au milieu de l'année 1947, selon ses propres indications. Et il commente : *Une vie : études, maladies, nominations.* « Le reste, écrit-il en utilisant une opposition étrange, est dans le texte mais non dans l'œuvre. » Cette insistance, encore, à vouloir faire admettre que « je est un autre », en quelque sorte, à vouloir faire croire qu'il est inutile de chercher, qu'il n'y a rien à trouver dans une vie...

La réinsertion

De retour à Paris, après ces longues années de sanatorium, Roland Barthes est amer, incertain. Si l'on additionne le séjour à Bedous, en 1934-1935, les deux séjours à Saint-Hilaire, puis celui à Leysin, il a donc passé près de huit ans à se soigner, enfermé dans une liberté illusoire, loin de tout ce qui bouge dans le monde culturel, du moins le croit-il. Il a, en effet, beaucoup lu, tout Michelet, Proust, les premiers textes de Sartre et de Camus, il a aussi beaucoup discuté, en particulier avec Fournié, et s'est donné un embryon de culture marxiste. Qu'est-ce que ces années lui ont, à ses yeux, apporté ?

« Une forme de culture, sûrement. L'expérience d'un " vivre ensemble " qui se caractérisait par une excitation intense des amitiés, l'assurance d'avoir ses amis près de soi, tout le temps, de n'en être jamais séparé. Et aussi, beaucoup plus tard, ce sentiment bizarre d'être perpétuellement cinq ou six ans moins âgé que je ne le suis en réalité [5]. »

Il y a dans cette dernière phrase comme l'impression d'années mises entre parenthèses, d'un temps suspendu. Il lui faut songer à son avenir, à se réinsérer au sortir du sana, comme un prisonnier au sortir de centrale. Retrouver un poste dans l'enseignement ? Impensable croit-il, l'Éducation nationale ne confiera jamais des enfants à un ancien tubard, même s'il est médicalement guéri.

En fait un tuberculeux guéri pouvait tout à fait, s'il satisfaisait à des contrôles réguliers, devenir enseignant, et deux au moins de ses camarades de sanatorium, François Ricci et Robert David, ont suivi cette voie. Mais il ne semble pas que Barthes ait fait la moindre démarche en ce sens, et l'on peut plutôt penser qu'il avait décidé de considérer sa maladie comme une entrave, comme un frein. On peut avancer aussi une autre hypothèse, attestée par d'anciens tuberculeux de cette époque : ces contrôles, d'abord de trois mois en trois mois, puis bi-annuels, étaient l'occasion de telles crises d'angoisse — l'obsession de la « rechute » — qu'ils déclenchaient parfois de véritables « mimes » de maladie, avec fièvres, douleurs et toux. Tout était bon pour y échapper.

Il lui faut aussi terminer ce travail qu'il a entrepris sur Michelet et dont il ne sait quelle forme exacte il va lui donner. Ses réflexions portent maintenant sur la méthode, qu'il voudrait neuve, résolument descriptive. A force de lire Michelet, il a été frappé par certaines constantes dans les idées et les expressions, constantes qu'il a soigneusement mises en fiches, et il pense qu'il suffirait de dresser un tableau de la thématique de Michelet pour faire un ouvrage profond et novateur. A Neufmoutiers, il a lu les trois volumes de l'*Histoire du XIXe siècle,* la dernière œuvre de

Michelet, et *La Sainte Famille* de Marx, texte qu'il a trouvé lourd, ennuyeux. Se souvenant de ses discussions avec Fournié, il compare souvent les querelles de clochers et de tendances des commentateurs marxistes à des disputes entre sectes protestantes mais il explique cependant à ses amis — Rebeyrol, David — que, politiquement, le marxisme lui paraît être un instrument de description du monde réel irremplaçable, qu'il a l'espoir d'une société originale, où tout serait spirituellement possible : il pense alors qu'il n'y aura de vraie liberté intérieure que dans une société vraiment socialiste.

Il a donc retrouvé, à Paris, l'appartement de la rue Servandoni dans lequel sa mère, Henriette, vit depuis plus de dix ans, depuis leur retour de Bedous. Il a retrouvé son frère Michel et les habitudes familiales, une partie d'entre elles du moins. Il a retrouvé aussi les problèmes d'argent, et les angoisses concernant son avenir. Un jour de l'automne 1946, dans les rues de la capitale, il rencontre François Ricci, son ancien compagnon de sanatorium, et lui confie sa détresse, lui demande s'il n'aurait pas les moyens de l'aider à trouver un travail. Ricci, alors étudiant en philosophie, ne peut, bien sûr, rien pour lui mais il garde le souvenir d'un Barthes désemparé : celui qui, à Saint-Hilaire, était perçu comme une sorte de vedette un peu mystérieuse, comme un intellectuel initié aux grands courants de l'avant-garde, lui apparaît abattu, presque pitoyable.

Philippe Rebeyrol a pour sa part quitté la France ; il a été nommé attaché culturel en Roumanie. De Bucarest, il laisse entendre à Roland qu'il aurait peut-être une place pour lui dans ses services. Celui-ci le presse de questions, alléguant qu'elles viennent de Brissaud, le père de leur ami commun de lycée, le médecin qui le suit depuis plus de dix ans et qui ne le laissera partir, affirme-t-il, qu'après avoir obtenu certaines précisions : quelles seraient les conditions de travail ? Combien serait-il payé ? Maman pourrait-elle venir ? Comment seraient-ils logés ? etc. Rebeyrol lui répond, le rassure sur tout, lui explique que le poste en question est celui de bibliothécaire, qu'il s'agit d'une grande et belle bibliothèque dont la responsable doit partir d'ici une dizaine de mois, que le logement sera assuré, que sa mère pourra venir... Il lui fait parvenir de l'argent aussi, et Roland se sent libéré, rassuré. L'argent que lui envoie Philippe va lui permettre de se débarrasser des menus travaux de rédaction qu'il avait été obligé d'accepter, de fastidieuses tâches alimentaires, et de se consacrer entièrement à son travail sur Michelet, qui stagne. L'espoir revient : dans dix mois il aura donc un emploi, et d'ici là il va pouvoir utiliser pleinement son temps, revenir à Michelet, abandonné depuis deux ou trois mois. Nous sommes en décembre 1946 et son avenir immédiat semble désormais assuré : Bucarest à l'automne prochain, Bucarest c'est-à-dire la fin des problèmes financiers les plus aigus, la tranquillité pour Henriette, et pour lui une occupation agréable, parmi les livres.

Il va donc se consacrer à Michelet sur qui, c'est décidé, il fera une thèse. Mais d'un coup, il se pose de graves problèmes. La lecture des ouvrages achevée, les opérations de classement thématique sur plus d'un millier de fiches terminées, il tente de considérer l'œuvre et son propre travail avec un peu de recul — et tout s'écroule comme un château de cartes. Il pensait jusque-là tenir la bonne approche, avoir une lecture originale à proposer, et reviennent ses incertitudes et ses doutes au moment de passer à la rédaction : il a soudain l'impression que toute une partie de ce qu'il croyait avoir trouvé n'a que peu d'intérêt, et est en fait très contestable. A-t-il vraiment quelque chose à dire sur le sujet ? En février, cependant, et malgré ses craintes, il trouve quelqu'un qui accepte de diriger sa thèse : le professeur René Pintard le reçoit à la Sorbonne et, lui semble-t-il, commente sans aucune restriction et même avec un certain enthousiasme son projet. Pintard est un littéraire, spécialiste de la littérature française des xviie et xviiie siècles, auteur d'une thèse sur « le libertinage érudit dans la première moitié du xviie siècle », et rien ne le destine à patronner un travail sur Michelet. Mais qu'importe, il a trouvé les idées de Barthes intéressantes, l'espoir revient, et avec lui le « travail productif », même si le sujet de thèse ne sera jamais déposé. Encore cette alternance presque cyclothymique de périodes euphoriques et de périodes d'abattement qui restera, on l'a vu, un trait dominant de son caractère.

C'est à cette époque qu'il commence à se plonger dans la vie intellectuelle parisienne, qui est alors en pleine effervescence. Les nouvelles publications se multiplient, *L'Arche, Combat, Les Lettres françaises, Les Temps modernes ;* le débat politique et philosophique est vif, en particulier autour de l'existentialisme et des thèses de Sartre concernant l'engagement de l'écrivain. S'inspirant de la phénoménologie de Husserl et de Heidegger, le philosophe développe une théorie de la liberté de l'homme, l'homme condamné à être libre, l'homme obligé de se choisir en chaque instant de sa vie, l'homme responsable de ses choix : « L'existence précède l'essence », cette formule qui fera fortune résume cette idée toute simple que rien n'est donné par l'existence, sinon l'existence elle-même. L'essence reste à construire.

Barthes ne peut être que passionné par cette atmosphère, lui qui se considère alors comme sartrien et marxiste et se donne pour projet de marier ces deux approches à propos de la littérature : « engager » l'écriture, justifier Sartre d'un point de vue marxiste. Mais il sort de « sana », il a trente-deux ans et même s'il voit à l'horizon cette possibilité de poste en Roumanie — qui en toute hypothèse l'éloignera de Paris —, il lui faut en outre, en attendant cette réinsertion, trouver une façon de gagner sa vie : l'argent avancé par Rebeyrol a été dépensé beaucoup plus vite qu'il ne le pensait... Il a retrouvé avec plaisir Georges Fournié, qui à Leysin l'avait initié à Marx et à Trotski, Fournié qui, avant la guerre, militait au POI, le Parti ouvrier internationaliste, avec un jeune homme fou de politique et de littérature, Maurice Nadeau. En juillet 1947, Nadeau, chargé au journal *Combat* de la page culturelle, passe avec sa famille ses vacances dans la grande villa louée par les Fournié à Soisy-sous-Montmorency, dans un parc près de la forêt : les médecins ont en effet recommandé à Georges de ne pas vivre à Paris. L'endroit est magnifique, la maison, qui appartient au comte de Las Cases, spacieuse et agréable, même si elle est assez éloignée de la capitale où Jacqueline doit aller tous les jours travailler. C'est là que Fournié parle pour la première fois de Barthes à Nadeau, qui se souvient de l'événement avec une particulière précision :

« A Leysin, dit un jour Fournié — que sa femme et ses amis continuent d'appeler Philippe, du nom de militant dont il usait dans la clandestinité —, j'avais comme voisin de lit un gars très sympa, prof ou quelque chose comme ça, dont ce n'était pas le premier séjour en sana. En dehors des heures de cure, nous passions nos journées à discuter : à propos des livres que nous lisions, à propos de politique. Un intellectuel de bonne famille, tu vois le genre. Aucune idée sur l'URSS, Staline ou Trotski, mais très intéressé par ce que je lui disais de Marx, du matérialisme historique... »

« Un type charmant, ajoute Jacqueline, très sensible, d'une grande délicatesse... Je n'étais pas toujours présente à leurs discussions, mais si Philippe n'avait pas eu Roland... Parmi tous ces malades, il avait quelqu'un avec qui discuter. »

« Bref, coupe Philippe, Roland est rentré chez sa mère, à Paris. Je voudrais vous l'amener[6]. »

Nadeau n'a guère envie de rompre la quiétude des vacances, mais Fournié est convaincant et les amis conviennent finalement d'un rendez-vous. Nadeau est déjà à l'époque une figure marquante du monde littéraire. C'est lui qui, fin octobre 1945, a rendu compte dans *Combat,* le journal créé par Albert Camus, de la fameuse conférence de Sartre, « L'existentialisme est un humanisme », lui aussi qui, dans le même journal, a salué en *L'Âge de raison* du même Sartre « le chef-d'œuvre du roman contemporain ». Sartre, Camus, deux des références principales de Barthes, qui prend donc un beau matin, en compagnie de Fournié, le train en gare du Nord, jusqu'à Enghien, puis un tortillard à impériale qui les laisse à Soisy, un chemin un peu raide ensuite, qui grimpe jusqu'à la villa. Essoufflé par la côte, fatigué, un peu intimidé aussi, l'invité découvre les lieux et fait la connaissance de ses hôtes. Nadeau se souvient d'un Barthes timide, réservé :

« Roland n'est pas démonstratif. Il parle assez lentement,

d'une voix ronde, avec des inflexions qu'il souligne d'un sourire. On le sent économe de ses gestes. Des yeux clairs, un beau regard. Sympathique mais secret. »

Il déclare à Nadeau qu'il lit ses articles, ceux de Sartre, de Camus. Conversation littéraire. Barthes dit son admiration pour Queneau, Prévert, Bachelard. Il a, ajoute-t-il, dévoré *L'Être et le Néant,* avoue ignorer les surréalistes puis parle de son projet de thèse sur Michelet, qu'il a lu et relu, et qui le fascine. L'après-midi se passe sur la pelouse, les deux convalescents se sont mis à l'ombre, où ils se reposent, échangent des souvenirs. Au moment du départ, Nadeau, toujours à l'affût de jeunes talents, demande à Barthes :

« Aimeriez-vous écrire quelques articles pour ma page de *Combat ?* Sur Michelet par exemple... »

Combat est à cette époque un journal prestigieux. Né en 1941, dans la clandestinité, le journal était alors réalisé par Georges Bidault, Claude Bourdet, Jacqueline Bernard, Pascal Pia et Henri Frenay, le rédacteur en chef. Lorsque celui-ci, en 1943, part pour Londres, il est remplacé par Pia qui, à l'automne, introduit Camus dans l'équipe. Conçu à Paris, imprimé à Lyon, diffusé dans des conditions difficiles, le journal connaîtra cinquante-huit numéros clandestins. Peu à peu, Camus y prend des responsabilités importantes. En 1944 c'est lui qui s'occupe de recruter des auteurs (il introduit Sartre dans l'équipe), maintient les relations avec l'imprimeur, met au point la maquette dans son appartement de la rue Vaneau, organise la diffusion... Survient la Libération, et les titres du journal ponctuent la succession des événements. 21 août : « Le combat continue. » 23 août : « Ils ne passeront pas. » 24 août : « Le sang de la liberté. » 25 août : « La nuit de la vérité », etc. Non signés, les éditoriaux sont le plus souvent dus à Camus, parfois relayé par Pierre Herbart ou Albert Ollivier. On polémique sur tout, on débat de tout : la peine de mort, l'épuration, les intentions politiques de De Gaulle... Le journal passe donc ainsi de la phase clandestine à la phase publique de son existence. Car *Combat* doit continuer, pense l'équipe, il faut construire une presse libre dans sa pensée comme dans ses attaches financières, une presse qui ne cède pas au goût du sensationnel mais apporte une « information critique », une « information contrôlée », en bref un journal qui poursuive l'œuvre de la résistance. Camus propose un sous-titre, aussitôt adopté : « De la résistance à la révolution ». Cette volonté d'honnêteté et de transparence vaudra à *Combat* un réel succès dans les milieux intellectuels, succès également explicable par l'impressionnante brochette de ses collaborateurs : on y trouve en effet les signatures d'André Malraux, de Jean-Paul Sartre (il y a, en 1944, publié des reportages sur la Libération, « Un promeneur dans Paris insurgé »), d'André Gide, de Raymond Aron, d'André Breton. C'est dans *Combat* que Camus a, en novembre 1946, rompu de façon éclatante avec le communisme stalinien (« Ni victimes ni bourreaux »). Le journal tire alors à plus de cent mille exemplaires et jouit d'une réputation flatteuse. Pour le grand public, le titre *Combat* renvoie à Albert Camus, même si c'est en fait Pascal Pia qui dirige l'entreprise, Camus se contentant maintenant de passer de temps en temps faire un éditorial...

Malgré cette image de marque flatteuse et un énorme succès d'estime, le journal connaît cependant un certain nombre de problèmes financiers qui vont très vite avoir une incidence importante sur l'équipe dirigeante. Claude Bourdet, l'un des fondateurs du journal pendant la Résistance, avait été arrêté, puis déporté. A la Libération, il n'avait pas repris sa place à *Combat,* et travaillait à la radio. Face aux difficultés du journal, Pascal Pia cherche une solution. On pense à une reprise par *La Voix du Nord,* de Gaulle ferait même des propositions, mais rien n'aboutit et Pia, épuisé, laisse la place ; le 2 juin 1947, les fondateurs abandonnent leurs parts à Claude Bourdet, qui sera le garant politique de la continuité du journal, et qui cède la moitié des parts à un homme d'affaires, Albert Smadja, déjà propriétaire d'un quotidien à Tunis. *Combat* est financièrement sauvé et continue sa route, mais sans Camus et sans Pia. Au cours d'une réunion, devant l'ensemble des rédacteurs, Smadja assure qu'il n'interviendra pas dans la conception des articles, et ne s'occupera que de la gestion. Ce qui sera effectivement le cas durant les premiers mois.

Le Degré zéro : première...

« Aimeriez-vous écrire quelques articles pour ma page de *Combat* ? Sur Michelet par exemple. »

C'est donc dans ce journal que Maurice Nadeau avait proposé au jeune invité d'écrire. Roland Barthes ne peut qu'en être honoré et avoir envie d'accepter cette offre, d'ajouter sa signature à celles d'une longue liste de collaborateurs prestigieux. Un peu intimidé, il ne dit pourtant ni oui ni non, explique qu'il est dans l'incertitude concernant son avenir, qu'il lui faut trouver du travail, bref qu'il y pensera... Mais, quelques semaines plus tard, Nadeau reçoit au journal un texte manuscrit, qu'il lit et trouve un peu ardu, « au-dessus du niveau de *Combat,* qui était pourtant un journal d'intellectuels » ; il le met de côté pour y réfléchir, et puis l'égare et ne se souvient même plus aujourd'hui de son contenu. Arrive un deuxième texte au titre étrange, *Le Degré zéro de l'écriture*. Gêné d'avoir perdu le premier envoi, Nadeau lit celui-ci immédiatement, le trouve également difficile d'accès mais décide cependant de le publier en le faisant précéder d'un « chapeau », un avertissement de sa main :

« Roland Barthes est un inconnu. C'est un jeune, il n'a jamais publié, même un article. Quelques conversations avec lui nous ont persuadé que cet enragé du langage (depuis deux ans, il ne s'intéresse qu'à cette question) avait quelque chose de neuf à dire. Il nous a remis l'article ci-dessous, qui n'est pas, de loin, un article de journal, tant la pensée en est dense et sans pittoresque extérieur. Nous pensons que les lecteurs de *Combat* ne nous en voudront pas de l'avoir tout de même publié [7]. »

Nadeau exagère-t-il en parlant d'un intérêt exclusif de Barthes pour le langage ? Celui-ci ne l'a-t-il entretenu que d'une partie de ses travaux ? Ce qui est sûr, c'est que depuis deux ans il s'intéresse surtout à Michelet. Mais il est vrai qu'il deviendra par la suite un « enragé du langage » et que

105

Nadeau fait preuve ici d'une belle intuition. L'article (comme ceux qui suivront, « Responsabilité de la grammaire » le 26 septembre 1947 et trois ans plus tard, du 9 novembre au 16 décembre 1950, « Triomphe et rupture de l'écriture bourgeoise », « L'artisanat du style », « L'écriture et le silence », « L'écriture et la parole », « Le sentiment tragique de l'écriture ») est perçu par beaucoup de lecteurs comme difficile, obscur. Difficile, le style de Barthes ? On trouve dans la version définitive du *Degré zéro* un exemple d'une grande simplicité, qui illustre très clairement le propos de l'auteur en même temps qu'il montre son humour. Le roman, explique-t-il, se caractérise par deux attributs : l'usage du passé simple et celui de la troisième personne (il, elle) ; une phrase du genre *la marquise sortit à cinq heures* serait ainsi la forme archétypique du style romanesque, de la distance du narrateur face à son récit. Et c'est pourquoi, poursuit Barthes, Agatha Christie a pu tromper ses lecteurs dans son célèbre roman policier *Le Meurtre de Roger Ackroyd* (on y découvre à la fin que le coupable est celui qui raconte l'histoire, le chroniqueur des faits et gestes d'Hercule Poirot). Tous cherchaient le meurtrier parmi les personnages décrits par le narrateur, derrière les « il » ou les « elle » propres au roman, alors qu'il se cachait en fait sous le « je » du narrateur lui-même. C'est de la rupture de code que naît l'énigme.

Comme souvent dans les textes de Barthes, la pensée est en fait lumineuse même si le travail de la langue, le vocabulaire particulier, la masquent un peu. L'écriture, explique-t-il, est le lieu du choix pour l'écrivain, un lieu doublement déterminé par la norme. La langue dont il a hérité de la société et le style qui lui est propre, qui participe de son corps, de ses pulsions. L'écriture est donc « un acte de solidarité historique », formule que l'on peut traduire en termes sartriens : *l'écriture est un lieu d'engagement*. Et il y a dès lors différents types d'écritures, correspondant à différentes insertions sociales : on adopte une écriture comme on adopte une mode vestimentaire, pour manifester son appartenance à un groupe. Écriture policière, écriture bourgeoise, écriture-travail, Barthes passe en revue ces différentes possibilités et en privilégie deux : *l'écriture parlée,* celle de Raymond Queneau, et *l'écriture blanche,* celle de Camus dans *L'Étranger.*

La première notion, celle d'*écriture parlée* parle, oserait-on dire, d'elle-même et n'importe qui ayant lu *Zazie dans le métro* comprend à quoi elle se réfère. Au point que l'on oublie la date de ce roman : 1959. Écrite douze ans avant donc, l'analyse de Barthes s'appuie sur les premiers romans de l'auteur, comme *Pierrot mon ami* ou *Loin de Rueil,* et sur les *Exercices de style,* et il est assez étonnant qu'à travers ces textes il pressente un Queneau en train de naître et qui explosera dans *Zazie.* Quant à l'écriture blanche, il s'agit de ce « style de l'absence qui est presque une absence idéale du style » ; l'exemple principal en est *L'Étranger* d'Albert Camus, sur lequel Barthes, on s'en souvient, a déjà publié un article, dans la revue des étudiants de Saint-Hilaire-du-Touvet, article dont la conclusion développait exactement la même image : « style du silence, silence du style... voix blanche ».

Ici se pose un problème. Ces « Réflexions sur le style de *L'Étranger* », qui sont donc à l'origine du *Degré zéro,* ont été publiées en juin 1944. Or Jean-Paul Sartre avait consacré à ce roman un long article en février 1943, « Explication de *L'Étranger*[8] », et l'on peut se demander si Barthes n'y a pas trouvé une partie de ses idées. Albert Camus, on le sait, a écrit son roman au passé composé, et ce choix est au centre de l'analyse de Barthes, en même temps que l'idée d'une écriture du silence, d'une écriture neutre, blanche. Sur ces deux points, la comparaison des articles de Sartre et de Barthes est éclairante, comme on verra ci-dessous (il convient cependant de souligner que Sartre appelle *passé défini* ce que Barthes appelle *passé simple*) :

SARTRE	BARTHES
« La première partie de *L'Étranger* pourrait s'intituler, comme un livre récent, *Traduit du silence.* »	« L'écriture et le silence. »

« Une phrase de *L'Étranger* c'est une île. Et nous cascadons de phrase en phrase, de néant en néant. C'est pour accentuer la solitude de chaque unité phrastique que M. Camus a choisi de faire son récit au parfait composé. Le passé défini est le temps de la continuité... »

« Le passé simple est donc finalement l'expression d'un ordre. »

« Créer une écriture blanche, libérée de toute servitude à un ordre du langage. »

« M. Camus en écrivant *L'Étranger,* peut croire qu'il se tait : sa phrase n'appartient pas à l'univers du discours. »[9]

« Une sorte de langue basique, également éloignée des langages vivants et du langage littéraire proprement dit. »[9]

Il est d'ailleurs possible de poursuivre la comparaison entre le même article de Sartre et un texte que Barthes publiera plus tard, en 1954, et sur lequel nous reviendrons. Sartre note en effet que la nuit n'a pas de place dans l'univers de *L'Étranger* : « *L'Étranger* nous offre une succession de vues lumineuses », « l'été perpétuel d'Alger, voilà sa saison ». Et l'article que publiera Barthes en 1954 s'intitule précisément : « *L'Étranger,* roman solaire. » Sartre poursuivait : « Celui qui a écrit ces lignes est aussi loin que possible des angoisses d'un Kafka. Il est bien tranquille au cœur du désordre... L'homme absurde est un humaniste, il ne connaît que les biens de ce monde. » Or, déjà en janvier 1946, dans un article destiné à une revue milanaise et non publié, Barthes développait le thème du soleil chez Camus, expliquant qu'il donnait à l'homme un calme profond, une nécessaire lucidité. Il semble bien que ces passages ne soient pas le produit d'une rencontre de hasard. Alors, plagiat ? Réminiscence plutôt, qui constituerait une des premières manifestations d'une tendance que nous retrouverons souvent chez lui, à prendre ici ou là des idées, des bribes théoriques, pour les assembler avec son propre ciment et construire ainsi sa pensée propre.

On trouve d'ailleurs dans ce premier livre, qui verra donc le jour quelques années plus tard, une autre illustration de ce mode de fonctionnement. Voici les premières lignes du texte :

« Hébert ne commençait jamais un numéro du *Père Duchêne* sans y mettre quelques " foutre " et quelques " bougre ". Ces grossièretés ne signifiaient rien mais elles signalaient. Quoi ? Toute une situation révolutionnaire. Voilà donc l'exemple d'une écriture dont la fonction n'est plus seulement de communiquer ou d'exprimer, mais d'imposer un au-delà du langage qui est à la fois l'histoire et le parti qu'on y prend. »

Signifier, signaler : ces deux verbes n'ont bien entendu aucun sens technique ou théorique particulier dans le domaine linguistique, mais ils annoncent un couple théorique à venir, celui qui opposera dénotation à connotation et que Barthes utilisera plus tard, à partir des *Mythologies*. Or ce couple, repris à la logique scolastique, sera surtout illustré en son sens moderne par le linguiste danois Louis Hjelmslev que Barthes ne peut pas connaître à l'époque : ses *Omkring sprogteoriens grundlaeggelse,* publiés en 1943, seront traduits en anglais en 1953 et la version française, *Prolégomènes à une théorie du langage,* date de 1968 (il existe bien un compte rendu détaillé de l'ouvrage publié en 1946 par André Martinet dans le *Bulletin de la Société de linguistique de Paris,* mais il est douteux que Barthes ait lu à cette époque des revues aussi spécialisées). Ne disposant pas des concepts nécessaires, il utilise donc de façon presque intuitive des verbes courants *(signifier, signaler)* qu'il remplacera bien plus tard par une distinction formalisée, comme on utilise les vêtements de quelqu'un d'autre...

Revenons donc à la rencontre avec Maurice Nadeau, qui est à l'origine de ces premiers articles. Les deux hommes sont devenus amis, Barthes invite Nadeau et sa femme, chez sa mère bien sûr, et Nadeau se souvient d'un salon vieillot :

« Nous y reçoit sa mère, une " grande dame ", simple, cultivée, amicale. A son tour elle nous rend visite. L'avenir de Roland la préoccupe. Acceptera-t-il de s'établir, de se marier ? Elle le sent si proche d'elle, si fragile, si différent de son frère ! »

Ce thème reviendra souvent dans les discussions entre Mme Barthes et Mme Nadeau : quand donc Roland trouvera-t-il du travail ? Quand donc se mariera-t-il ? Quelques mois plus tard, Henriette Barthes est rassurée sur un des deux points : le poste que Philippe Rebeyrol annonce depuis quelques mois, le poste de bibliothécaire à l'Institut français de Bucarest, s'est enfin libéré, et la candidature de Roland est acceptée. Pendant tout le mois de novembre, il s'occupe d'obtenir les visas nécessaires : visa bulgare, visa yougoslave, visa interallié pour Trieste, visa suisse. En effet les médecins lui interdisent l'avion — de peur qu'il ne fasse un pneumothorax « spontané », la pressurisation des avions étant, à l'époque, moins sûre que maintenant — et il va lui falloir traverser en train une partie de l'Europe pour rejoindre le lieu de son premier travail d'après le sanatorium : la Roumanie. La mère et le fils partent donc, laissant en sous-location l'appartement de la rue Servandoni à Robert David, qui l'occupera pendant toute leur absence.

Une petite ville en Roumanie

La Roumanie... En 1940, à l'avènement du roi Michel Ier, le maréchal Ion Antonescu s'était proclamé *conducator*, l'équivalent roumain du *führer* allemand ou du *duce* italien et, s'appuyant sur la « Garde de fer » à caractère nettement fasciste, il menait fermement le pays et l'alignait aux côtés des Allemands. L'Institut français de Bucarest, annexe de l'université de Paris, avait été, pendant toute cette période de pouvoir totalitaire, un lieu de rencontre intellectuel brillant et animé où l'on venait respirer quelques bouffées d'air pur : on y suivait des conférences, on y écoutait des

110

concerts. L'un d'entre eux réunit par exemple un jour George Enesco au violon et Dinu Lipatti au piano. « Roumains et Français se retrouvaient ainsi pour sentir leur liberté » raconte Jean Mouton, le prédécesseur de Philippe Rebeyrol dans ce poste [10]. En effet, contrairement aux instituts français traditionnels, qui s'apparentent parfois un peu à des boutiques où l'on vend de la culture française, celui-ci, de par ses liens avec deux universités, celle de Paris et celle de Bucarest, a une vie intellectuelle beaucoup plus excitante et apparaît, dans cette atmosphère de fascisme rampant, comme un pôle de liberté. Parmi les nombreux enseignants français, Pierre Guiraud, professeur au lycée français, futur linguiste de renom, qui pour l'heure fait surtout du renseignement au profit des Britanniques, et le philosophe Charles Singevin qui aura plus tard, en Égypte, une grande importance dans la formation intellectuelle de Barthes.

Mais la situation politique va très vite basculer. Après la bataille de Stalingrad, le roi reprend en main les rênes du pouvoir, fait arrêter le dictateur Antonescu et opère un renversement des alliances : un gouvernement d'union nationale, regroupant socialistes et communistes, prépare le passage du pays sous l'influence soviétique.

Lorsque Barthes arrive, en 1947, le roi Michel est donc encore sur le trône, il a même été fait héros de l'Union soviétique. Au premier étage des locaux de l'Institut français, au-dessus de la bibliothèque et des bureaux, où habitent déjà Rebeyrol et sa jeune femme, on aménage une grande pièce disponible, dans laquelle on dresse des cloisons, pour loger Roland et Henriette, qui l'a suivi dans ce déplacement. La mère et le fils s'installent, vaille que vaille. Et ils commencent une vie de « Français à l'étranger » : invitations, relations mondaines... Le soir, dans le petit appartement, on discute souvent autour d'un repas improvisé avec Philippe Rebeyrol bien sûr, l'ami de toujours, mais aussi avec de nouveaux amis, Charles Singevin et Jean Sirinelli, un jeune helléniste qui est à la fois directeur des études à l'Institut et professeur à l'université, suppléant du titulaire de la chaire de français. Barthes lui montre ses paquets de fiches

111

sur Michelet et impressionne son interlocuteur par sa très grande familiarité avec l'auteur de l'*Histoire de France*. Il en parle comme de l'intérieur, connaissant ses passions, ses humeurs, mêlant des considérations sociologiques à des détails sur ses rapports au café, au tabac, ou encore à la maladie lorsqu'il décrit Michelet se tâtant le pouls pour compter les battements de son cœur... « J'ai toujours eu envie d'*argumenter* mes humeurs [11] » écrira-t-il beaucoup plus tard. Peut-être est-il sensible aux humeurs de Michelet pour des raisons semblables, parce qu'il voit dans ces petits détails de la vie quotidienne le point de départ d'une analyse. Il en improvise parfois une théorisation : l'*humeur* comme il l'entend n'a rien à voir avec l'idée de « bonne » ou de « mauvaise » humeur, elle n'a rien de social mais concerne l'être intérieur dans sa totalité, viscères et cerveau. Ce qu'il développe, dans ces discussions qui assurent sa réputation de brillant causeur, c'est une sorte d'*ontologie* de l'humeur qui restera un de ses thèmes favoris. Pour Sirinelli, il présentait une forme d'intelligence « qui n'avait rien de coupant, qui épousait la forme des choses au lieu de les couper en rondelles », il avait surtout une richesse du cœur, une ouverture aux autres assez rares.

Très vite, le nouveau pensionnaire de l'Institut fait des conférences. Et il commence par une série de quatre causeries sur la chanson française, agrémentées d'écoute de disques. L'une d'entre elles, dont le titre un peu sibyllin pour le public roumain — *La môme Piaf et Yves Montand* — étonne d'abord, aura un vif succès : elle était consacrée à un aspect de la chanson populaire française dont, bien sûr, on n'avait pas encore entendu parler en Roumanie où bien peu de gens savaient qui était la « môme Piaf ». Un peu plus tard, dans une autre conférence, il parlera de Charles Trenet et plus tard encore, changeant radicalement de genre, de Voltaire, expliquant que, quoique historien, Voltaire vient avant le siècle de l'histoire qui sera le XIXᵉ. Mêlant l'érudition à la vulgarisation, parlant de façon savante tout en restant accessible au grand public, il expérimente sans le savoir un style, celui qu'il utilisera plus tard dans les *Mythologies,* un style qui naît du lieu dans lequel il parle.

112

Aurait-il enseigné à l'université qu'il aurait été obligé d'emprunter une autre forme, de se plier au moule du discours universitaire classique, alors que là, dans cet Institut et devant ce public, cultivé mais non spécialisé, il met au point dans l'oralité ce qui sera ensuite son mode d'écriture. D'une certaine façon, après l'échec de la première voie qu'il s'était imaginée (la rue d'Ulm, l'agrégation, etc.), c'est ici, dans ces conférences, qu'il commence à explorer la seconde voie, celle qu'il suivra ensuite tout au long de sa vie.

Il découvre aussi Bucarest qui, quoique capitale du pays, est alors une petite ville, lorsque l'on vient de Paris. Il sort, achète des vêtements brodés qu'il envoie aux amis restés en France (en particulier à Jacqueline Fournié, qui vient d'accoucher d'un fils), rencontre des garçons aussi, dans les cours de français qu'il donne à l'Institut. Ses collègues, le voyant discuter inlassablement avec ses étudiants, après les cours, admirent sa conscience professionnelle : « C'est un apôtre de la pédagogie », dira l'un d'eux... Mais, surtout, il se consacre à l'organisation de la bibliothèque de l'Institut, qui compte plus de trente mille ouvrages et qui est très fréquentée par les intellectuels roumains. La situation politique est encore ambiguë, les choses peuvent évoluer de différentes façons, et c'est le plan Marshall, en 1947, qui va accélérer les événements ; le rideau de fer tombe entre l'Europe de l'Est et l'Europe de l'Ouest. Après quelques jours d'hésitation, Staline a en effet décidé de refuser l'aide américaine, et a imposé la même position aux États satellites. La Roumanie bascule irrémédiablement. Sur les murs de Bucarest, des affiches du « parti des travailleurs » exigent le départ du roi Michel, tandis que les manifestations se succèdent. Se sentant incapable de s'opposer au mouvement, le monarque cédera aux pressions, abdiquera en décembre 1947 et la république populaire sera proclamée au début de l'année 1948[12].

C'est donc dans un pays dont l'idéologie officielle est le marxisme que se retrouve le nouveau bibliothécaire de l'Institut français, ce qui ne le gêne pas puisqu'il a confié à son ami Philippe qu'il est « marxiste », que du point de vue politique il ne peut que « penser marxistement » ; à ses yeux, cette théorie est la seule qui permette d'analyser efficacement les situations sociales. Pour Charles Singevin, alors professeur à l'Institut français, il était trotskiste et passait pour communiste. Quant à Rebeyrol, il se demande encore comment Barthes a pu conserver ses convictions dans cette dictature qui s'installe et qui, en particulier, manifeste une extrême intolérance face à l'homosexualité. En effet la situation devient très vite pénible. La France est considérée comme un pays impérialiste, assimilé aux États-Unis, et les autorités tentent d'établir une sorte de cordon sanitaire autour de l'Institut. Les Roumains francophiles, cultivés, qui avaient l'habitude de le fréquenter, s'éloignent peu à peu, craignant les représailles, et demandent à leurs amis français de ne plus leur téléphoner. « Si j'avais voulu compromettre quelqu'un, l'envoyer en prison », raconte Rebeyrol, il m'aurait suffi à cette époque de lui téléphoner chaleureusement : les écoutes téléphoniques et la police auraient fait le reste. » Il devient pratiquement impossible d'exercer une action culturelle ; ainsi une conférence prévue sur Alfred de Musset doit-elle être supprimée, on en interdit une autre de Pierre Emmanuel, tout ceci relevant, aux yeux des autorités, de la « culture atlantique ». Par contre Dominique Desanti, journaliste à *L'Humanité,* est accueillie sans aucun problème...

Une dernière initiative française sera acceptée par les autorités et connaîtra d'ailleurs un énorme succès : la venue de Louis Aragon et d'Elsa Triolet. Devant un stade bourré d'ouvriers roumains qui ne comprennent pas un mot de français et applaudissent cycliquement, sur ordre, Aragon parle pendant deux heures sur le thème « Elsa et moi » et conclut, grandiloquent : « Elsa est ma femme et je l'aime... » Deux jours après, il fait à l'Institut français une conférence pour laquelle Philippe Rebeyrol a quelques problèmes : les autorités exigent en effet de contrôler la liste des invités... Les possibilités d'action culturelle diminuent donc chaque jour un peu plus. Tant que le roi Michel était encore là, avant le plan Marshall, il y avait certaines possibilités de jeu ; ainsi l'ancien secrétaire général du parti communiste, Patrascanu, devenu ministre de la Justice, avait organisé un jour, chez lui, un petit déjeuner réunissant Philippe Rebeyrol et Anna Pauker, ministre des Affaires étrangères. Le jeune attaché français avait pu y plaider la cause de la culture française... Mais la situation devient intenable après le départ du souverain. Il y avait à cette époque, en Roumanie, quelque deux cents professeurs français, contre une poignée d'Anglais et d'Espagnols, et cette présence était perçue par le pouvoir comme impérialiste. Rebeyrol, qui connaît le goût de Barthes pour les garçons, ignore cependant tout des détails de sa vie privée, que ce dernier ne lui racontera que plus tard, et il en aura des sueurs froides rétrospectives ; obligé de se cacher pour rencontrer ses amis, Roland aurait risqué à tout moment de mettre en péril la situation de l'Institut s'il n'avait été, déjà, d'une extrême prudence et d'une extrême discrétion. La tension monte, au point que Mme Rebeyrol part fin 1948 pour la France, où elle accouchera de son premier enfant. Et les hostilités éclatent en janvier 1949. Une campagne d'insultes commence tout d'abord dans la presse, qui dénonce cette « eau saumâtre de la culture atlantique » coulant à l'Institut français, ce fief de « marionnettes marshallisées » où l'on tente de diffuser une « culture coloniale ». Tous les Français sont accusés d'être des espions, mais le dossier de police est en fait vide, et cette campagne ne reflète que la volonté officielle de rupture. « S'ils avaient trouvé quoi que ce soit sur les mœurs de Roland, pense Rebeyrol, cela aurait été étalé dans la presse. » Le pouvoir impose la fermeture du lycée français, puis celle de l'Institut, dont il a en outre l'intention d'occuper les locaux.

Le Quai d'Orsay réagit avec vigueur et assimile le consulat roumain à Paris à l'Institut français de Bucarest : si vous vous emparez de nos murs, nous ferons de même avec les vôtres. Cette position ferme sauve le bâtiment, mais tous les professeurs sont expulsés. En février, Philippe Rebeyrol regagne à son tour Paris, laissant Barthes en arrière-garde, avec quelques fonctionnaires ; pendant trois mois encore, dans cette maison désertée, il rangera les dossiers, classera, expédiera les affaires courantes... Il tente de

donner les livres de la bibliothèque à des Roumains francophiles, mais ceux-ci se méfient ; il cherche alors une solution pour les léguer à une bibliothèque universitaire mais
se heurte partout à une sorte de mur d'indifférence et
d'ironie.

En outre, il ne sait pas ce que sera son propre sort, une fois
rentré en France : contractuel, il risque fort de se retrouver
sans travail. Il songe un temps à rester à Bucarest ; si
l'Institut doit fermer, l'ambassade, elle, demeure, et il
pourrait, pense-t-il, en être l'attaché culturel puisqu'il en
occupe de fait les fonctions. Puis on lui laisse espérer un
poste à Rome, mais cette possibilité avorte. C'est une
période difficile, faite d'alternances d'espoirs et de décep-
tions, de problèmes professionnels auxquels s'ajoute la
maladie, une jaunisse... Dans ses rapports réguliers à
Philippe Rebeyrol, intitulés « nouvelles de l'Institut », il
tient un compte rigoureux des petits problèmes quotidiens
(Faut-il payer les vacances des collaborateurs en francs ou en
monnaie locale ? Que faire des disques, du projecteur de
cinéma ? De la voiture ?) et des grands problèmes politiques
(Quel est l'avenir de la culture française en Roumanie ?)
Tout ceci débouche finalement sur une décision abrupte des
autorités roumaines : les fonctionnaires de l'Institut « impérialiste » français sont expulsés à la fin du mois de juillet
1949. Sans qu'on en comprenne la raison Barthes, lui, n'est
pas sur la liste, ce qui ne l'arrange guère : à Paris Rebeyrol et
Sirinelli ont en effet trouvé le moyen de recaser leurs
collaborateurs de Bucarest en Égypte et s'il restait trop
longtemps en Roumanie il risquerait de rater cette solution
de rechange. Ce n'est que deux mois plus tard qu'il sera
ajouté à la liste des indésirables. Le 22 septembre, il organise
un dernier concert et adresse au public encore fidèle, avant
de lui faire écouter l'*Orphée* de Glück, quelques mots en
guise d'adieu. Il explique que personne ne le remplacera,
qu'il n'y aura plus d'attaché culturel français en Roumanie,
et que disparaît ainsi la présence de l'université française aux
côtés de l'université roumaine. Puis, après avoir rappelé
d'une façon qui pourrait paraître un peu démagogique mais
qui est sans doute totalement sincère (après tout, il n'a plus

116

rien à sauver) qu'il est lui-même fermement attaché « aux méthodes critiques du matérialisme dialectique », il se lance dans une curieuse entreprise de défense de la culture française en des termes inspirés du marxisme : « Cette fonction critique de la science, lit-on dans le texte dont Rebeyrol a conservé une copie, de l'érudition, de la pensée française s'est exercée à l'échelle historique pendant des siècles, par l'intermédiaire de millions et de millions d'intellectuels et de professeurs français, de Montaigne à Valéry, de Gerson à Marc Bloch. Il y a là un fait historique massif à proportion duquel la fermeture d'une bibliothèque ou le départ d'un attaché culturel sont des faits historiquement dérisoires. Aussi, c'est l'esprit absolument serein que j'envisage l'avenir de cette maison ; ce qui importe, c'est ce qu'elle véhicule ; et cela est porté, est défendu par l'histoire même. L'histoire ne pourra jamais marcher contre l'histoire. »

Cette expérience d'un pays socialiste, de la vie quotidienne derrière le rideau de fer aura-t-elle été amère pour le « marxiste » Barthes ? Il est difficile de le savoir. Il dira plus tard à des amis que jamais il n'a été aussi heureux qu'à Bucarest, mais il faisait allusion à des souvenirs sentimentaux. A la veille de quitter le pays, il écrit par exemple à Jean Sirinelli : « Je suis désespéré de quitter ce pays où j'aime », et Sirinelli pense bien sûr à une femme : signe, encore une fois, de la discrétion de Barthes sur sa vie privée, mais aussi de son ambiguïté puisqu'il ne cache rien, ne ment pas (il n'a pas parlé de femme), mais n'exhibe rien non plus...

Toujours est-il qu'il va arriver à Paris en septembre 1949 : et que, malgré ses craintes, son avenir immédiat est assuré. Rebeyrol et Sirinelli, au Quai d'Orsay, ont réglé le problème des « expulsés » comme on les appelle, plaçant la majorité d'entre eux en Égypte. Certains, comme l'ancien secrétaire général de l'Institut français de Bucarest, Louis Delamare, le futur ambassadeur de France qui sera en 1981 assassiné à Beyrouth, et Paule Priet, directrice de l'école primaire de Bucarest partiront quelques temps plus tard pour le Caire. Dans l'immédiat, Charles Singevin et Roland Barthes sont

117

pour leur part nommés à Alexandrie, où Roland se rend sans sa mère, qui demeure à Paris avec Michel, pour la première année du moins : peut-être, pense-t-il, le rejoindra-t-elle plus tard.

V

D'ALEXANDRIE AU DEGRÉ ZÉRO

Alexandrie, étrange « comptoir » franco-britannique, présentait en 1949 une situation doublement coloniale dans laquelle on aurait pu dire, pour aller vite, que les Anglais représentaient la police et les Français la culture. Il était alors tout à fait inutile aux étrangers de faire l'effort d'apprendre l'arabe : le français et l'anglais permettaient de survivre. Les Égyptiens cultivés parlaient tous un français parfait et envoyaient leurs fils au lycée français, leurs filles chez les religieuses. Les enseignes des magasins, des restaurants, des cinémas étaient bien sûr rédigées en arabe, mais « sous-titrées » en français ; depuis le milieu du xixᵉ siècle en effet, le français a ici, comme dans tout le Proche-Orient, remplacé l'italien comme « lingua franca » quotidienne. En outre commençait d'apparaître dans cette société cosmopolite un certain sentiment anti-anglais : les grecs aisés, fils de marchands d'huile, faisaient de la philosophie ou des mathématiques dans la langue de Descartes, et la préféraient à celle de Shakespeare, par une sorte d'anti-impérialisme ; on manifestait sa sympathie pour le nationalisme égyptien en adhérant à la culture française, façon de marquer son opposition aux administrateurs britanniques, qu'on disait froids et pleins de morgue. Le monde francophone paraissait beaucoup plus séduisant. Le chanteur Georges Moustaki, dont le père tenait une librairie française, se souvient de l'ambiance d'alors : « Après la guerre nous sont parvenus les premiers films français, les premières chansons françaises, et cela nous a passionnés. Il faut dire que nous vivons un antagonisme permanent avec les anglophones. Pendant toute la guerre, les élèves des institutions anglaises avaient les films américains, la musique américaine, et nous n'avions rien de semblable. Cela leur donnait une sorte de supériorité insupportable... C'est pourquoi, après la guerre, nous étions enchantés d'avoir l'équivalent, d'avoir nous aussi " notre culture ". C'était d'ailleurs n'importe quoi, *Le Comte de Monte-Cristo* aussi bien que les films de Cocteau, Piaf ou Félix Marten, Trenet ou Jean Drejac... »

La bourgeoisie écoute le piano les yeux fermés

Al Iskandariyah, comme on l'appelle en arabe, ressemblait plus à Bordeaux ou à Marseille qu'à une ville d'Orient quand, à l'automne 1949, y arrivent les Français expulsés de Roumanie... Parmi eux, Roland Barthes et Charles Singevin qui, avant ses dix ans en Roumanie, a déjà passé dix ans en Pologne, et continuera toute sa vie une carrière à l'étranger : après l'Égypte, l'Italie. Ils y trouvent Algirdas Julien Greimas qui les a précédés de quelques semaines, un Lituanien qui n'a pas encore la nationalité française (il sera nationalisé en 1951), qui a étudié à Grenoble avant la guerre et qui deviendra le grand spécialiste français de la sémantique structurale et de la sémiologie. Tous trois sont lecteurs de français à l'université, c'est-à-dire qu'ils donnent tout simplement des cours de langues et, parfois, des cours de littérature.

En fait, l'arrivée de Barthes avait été problématique. Les autorités égyptiennes, ayant trouvé trace dans le dossier du nouveau lecteur de ses antécédents médicaux, en particulier de son pneumothorax, avaient émis des réserves : n'était-il pas contagieux ? C'est Greimas qui était intervenu pour qu'il ne soit pas refoulé, mais il n'avait pu lui éviter l'obligation d'une visite médicale mensuelle pour vérifier que le mal ne gagnait pas... Une humiliation propre à raviver sa conscience aiguë de ce que sa maladie lui donnait comme handicap. Ces difficultés côté égyptien se doublèrent très vite de difficultés

120

avec la colonie officielle française, de tonalité vichyssoise. (La flotte française avait été bloquée dans le port d'Alexandrie à partir de l'armistice de 1940 et pendant toute une partie de la guerre, et il en restait quelques traces...) Roland Barthes commet en effet une faute de « goût », ou plutôt un faux pas, lors de sa première conférence publique. Traitant de la musique, il a une formule qui fera mouche, une formule tout à fait dans son style à venir : « L'aristocratie du XVIIIe siècle, dit-il, écoutait la musique les yeux ouverts, alors que la bourgeoisie ferme aujourd'hui les yeux pour écouter le piano. » Et ce mot de *bourgeoisie*, que nous retrouverons plus tard au centre de ses réflexions théoriques, mais qui n'est alors pour lui qu'un fourre-tout commode, à mi-chemin entre le concept flaubertien et le concept marxiste, fait frémir l'assistance ; on murmure dans les salons. On le classe dès lors comme dangereux révolutionnaire. Tuberculeux pour les uns, communiste pour les autres, il se trouve coincé entre deux intolérances, et se rapproche d'autant plus du couple Greimas, Anna et Algirdas — dont l'étrange prénom est bien vite transformé en Guy — et du couple Singevin qu'il a donc déjà connu à Bucarest mais dont il est maintenant devenu un intime.

Chez les Greimas, il ne parle que peu de lui ; quelques allusions mélancoliques à « une fiancée » restée en Roumanie (du moins est-ce le terme dont se souvient Greimas, mais il est probable que Barthes n'a pas précisé le sexe), des souvenirs de sanatorium aussi, lorsqu'il découvre que Greimas, qui a étudié à Grenoble avant la guerre, connaît Saint-Hilaire-du-Touvet, où il est venu rendre visite à un de ses amis, un Lituanien comme lui, Ralys, qui y était en même temps que Barthes. Rien de plus... Barthes habite quelque temps dans une banlieue résidentielle, à Sidi Bishr, au bord de la mer, puis s'installe tout près de l'appartement des Singevin et mange dorénavant chez eux midi et soir, tous les jours. A table, les discussions sont plutôt insignifiantes, Mme Singevin se souvient surtout d'un Barthes se plaignant sans cesse des conditions de vie, du manque d'argent, de son frère qu'il doit entretenir, des tracasseries administratives auxquelles il est sans cesse confronté... La chambre qu'il occupe étant trop petite, il installe chez eux le piano qu'il a loué, et donne le soir quelques leçons de musique aux filles de la maison. Il s'intègre ainsi à l'une des coteries de la ville, celle des universitaires, qui coexiste avec la coterie des professeurs de lycée, celle des médecins et celle des milieux d'affaires (le Crédit lyonnais, la Société générale et le Comptoir d'escompte ont à Alexandrie des sièges actifs et prospères). Ces différents groupes français ne se fréquentent guère, se jalousent plutôt.

Après le dîner, il sort régulièrement avec ses nouveaux amis, traîne avec eux dans les cafés, rit, discute. On les appelle tous « la mafia roumaine » ou encore « la bande à Singevin ». Charles Singevin était, raconte Greimas, leur maître à penser. Il le décrit comme « chef de bande ». « Beau parleur », « humoriste », « enthousiaste », il aurait exercé « une influence considérable sur l'un et sur l'autre ». Philippe Rebeyrol, pour sa part, ne pense pas que Singevin ait été un « maître à penser » pour Barthes : « Si Roland a eu un maître à penser, c'est Greimas. » Mais Singevin, de dix ans leur aîné, a en effet une culture plus large, plus éclectique aussi que la leur. Il organise d'ailleurs un « cercle de philosophie » qui se réunit tous les mercredis chez un jeune médecin, André Salama, qui a été trois mois l'élève de Heidegger, à Fribourg. Lors de ces réunions hebdomadaires, Singevin leur fait partager ses connaissances : l'école de logique polonaise, Husserl...

Barthes a lu Sartre, Nietzsche, Greimas est plutôt adepte de Merleau-Ponty, qui lui paraît avoir mieux compris les problèmes du langage. Et l'on discute des heures entières. Singevin et Barthes sont lecteurs à l'université, au département de français ; Greimas a un titre plus présentable, il est maître de conférences, et enseigne l'histoire de la langue française. En fait, les étudiants étant très souvent en grève, par protestation contre la corruption du régime du roi Farûq, on travaille en moyenne trois mois sur douze, sept à huit heures par semaine, et comme le niveau des étudiants ne nécessite pas des cours très longuement préparés, il reste bien du temps pour les loisirs et la philosophie. Certains vont à la plage, jouent au tennis. Et puis il y a aussi les jeunes filles de la bourgeoisie, sorties des écoles de religieuses ou du lycée français, les soirées dansantes, au cours desquelles Barthes se distingue : excellent danseur, charmeur, il chante de sa voix basse à l'oreille des femmes — en particulier un succès récent de Prévert et Kosma, *Les Feuilles mortes*, il joue du piano, la musique du cœur, Debussy, Ravel, Bartok, et celle de l'esprit, Bach, Scarlatti. « La musique et les chansons étaient mêlées à la philosophie et aux grands débats épistémologiques » se souvient Greimas. La musique, il est vrai, continue de jouer un grand rôle dans la vie de Barthes, et il fait parfois montre d'une certaine tendance dogmatique dans ce domaine. Il déteste par exemple Richter qui, jouant des sonates de Beethoven, a d'insupportables variations de tempo et tape, dit-il, comme un sourd sur le clavier. Il adore Schumann, déteste Chopin, parce qu'il impose au pianiste la virtuosité. Mais, le plus souvent, alors que d'autres vont à la plage ou jouent au bridge, Barthes se met en quête de rencontres. « Il était obsédé », raconte aujourd'hui Mme Singevin. Un soir que Charles était fatigué, elle était allée avec Roland au cinéma. « Tout se passait très normalement, jusqu'au moment où un jeune homme est venu s'asseoir derrière nous. Il a alors commencé à se retourner sans cesse, à le regarder. Et à minuit, lorsque nous sommes sortis, il m'a plantée là, sur le trottoir, en m'expliquant qu'il avait quelque chose à faire... »

Mais peu de gens sont au courant de sa vie privée. Il brille surtout par sa parole, ses formules condensées, qui lui font la réputation d'un homme à l'intelligence aiguë, difficile à comprendre parfois, et d'un excellent conférencier, même si certains lui reprochent sa façon un peu solennelle de parler, son onction. La vérité est, en fait, qu'il déteste parler en public, mais personne ne semble s'en apercevoir. En dehors des réunions hebdomadaires dans lesquelles Singevin préside aux débats philosophiques, Barthes et Greimas discutent à perte de vue. Barthes, qui vient d'avoir trente-quatre ans, parle de sa publication du « degré zéro » dans *Combat* dont, quarante ans plus tard, Greimas se souvient comme « d'un article sur le passé simple ». De deux ans plus jeune, Greimas, spécialiste d'ancien français, s'intéresse fortement à la lexicologie, et parle de la thèse qu'il a soutenue sur le vocabulaire de la mode. Comme devant Maurice Nadeau deux ans plus tôt, Barthes fait allusion à son projet de thèse sur Michelet, montre ses fiches, fait lire à Greimas quelque cent cinquante pages qui deviendront plus tard le *Michelet par lui-même*. « C'est très bien, commente Greimas, mais vous pourriez utiliser Saussure. » « Qui est Saussure ? », demande Barthes. « Mais on ne peut pas ne pas connaître Saussure » répond l'autre, péremptoire. Et Barthes, très réceptif déjà à la linguistique naissante en France, laisse Michelet de côté et se met à lire Saussure, le fondateur genevois de la linguistique moderne, puis dans la foulée, et toujours sur les conseils de Greimas, Roman Jakobson, le linguiste russe émigré aux États-Unis, le linguiste danois Brøndal : il s'initie au structuralisme naissant. Pour un « enragé du langage » selon la formule de Nadeau, qui ne « s'intéresse qu'à cette question », l'ignorance de Saussure peut sembler étrange. Mais il faut comprendre que Barthes s'était intéressé avant tout à la littérature, au style ; c'est Greimas qui va lui montrer qu'il a besoin, pour ses analyses, de l'instrument linguistique.

L'influence de son nouvel ami est telle que Charles Singevin aura cette formule : « Barthes a trouvé le chemin de Greimas, comme saint Paul le chemin de Damas »... Sur ce point, il faut d'ailleurs noter une certaine contradiction. Les témoignages de Greimas et de Singevin sont en effet formels : c'est à Alexandie, entre 1949 et 1950, que Barthes a lu pour la première fois Ferdinand de Saussure. Mais il raconte pour sa part avoir découvert le linguiste genevois en 1951[1].

Au cours de leurs longues discussions, son ami lui parle de « métaphore » et de « métonymie », il enregistre, même si ce n'est que plus tard, en 1963, que travaillant sur La Bruyère il repense à ces discussions et « s'emballe pour ce couple[2] ».

Cependant, malgré cette vie intellectuelle intense et novatrice, malgré la richesse des conversations avec Greimas, Barthes ne se plaît guère à Alexandrie. Il a d'abord été enthousiasmé par le climat, qui lui rappelle Biarritz, par les civilisations successives qui ont marqué ces lieux. Un voyage en Haute-Égypte, jusqu'à Assouan, le ravit. Mais, très vite, il déchante. Le milieu alexandrin lui semble « bas, conformiste, vaniteux, hostile à toute intelligence et à toute sensibilité », et il est, selon lui, impossible d'envisager un long séjour dans ce pays ingrat. Il aimerait bien, cependant, y passer deux années mais cela, même, n'est pas certain. En effet, l'affaire de sa tuberculose n'est pas vraiment réglée. Il a été convoqué en décembre devant une commission égyptienne qui lui a refusé le statut officiel de lecteur. Depuis lors les choses traînent, il est bien sûr payé mais n'arrive pas, malgré ses efforts, à obtenir sa nomination ni aucune décision précise pour l'année suivante. Tout ceci lui paraît d'autant absurdement tâtillon que l'Égypte n'aurait pas à assumer les frais d'éventuels problèmes de santé, qu'il est couvert pour cela par la France, mais rien n'y fait et sa mauvaise humeur s'en accroît...

Étrange vie dans une étrange ville. Ces « expatriés » s'imaginent tous à Alexandrie « provisoirement », espérant un poste ailleurs, en France de préférence, et si possible à l'Université, mais pour cela, il faut soutenir une thèse. Or le travail sur Michelet n'avance toujours pas, et Barthes se désespère de n'y voir qu'une sorte d'essai, sans la nécessaire validité théorique d'un travail de recherche. Il sait qu'il lui faut donner à l'ensemble sa dimension universitaire, mais il n'a sur place accès à aucun livre, aucune bibliothèque sérieuse, il craint donc d'être très vite bloqué par manque de sources et de références et, du coup, ne fait pas grand-chose. Dans les discussions avec ses amis, il explique que ses problèmes tiennent aux rapports entre la méthode historique et la méthode structurelle, qu'il n'est pas question pour lui de concevoir la critique structurelle, celle qu'il estime avoir déjà réalisée dans ses fiches, comme autre chose qu'une introduction nécessaire mais non suffisante à la critique historique. Mais voilà : comment réaliser cette jonction, cette complémentarité?

Il se trouve donc très vite à nouveau angoissé et se désintéresse du pays ; il n'apprendra pas un mot d'arabe (malgré son goût pour la linguistique, il ne s'intéressera d'ailleurs jamais vraiment aux langues vivantes, se contentant de lire avec difficulté l'anglais), il ne se penchera pas sur les trésors de l'archéologie égyptienne. Ce désintérêt ne lui est d'ailleurs pas propre : « On ne s'intéressait pas à ces choses-là, raconte Greimas. Nous discutions philosophie, mathématiques. Nous étions là sans être là, et ce n'est que plus tard, après 1956 et l'affaire du canal de Suez, que par anti-impérialisme nous avons commencé avec Singevin à fréquenter des Égyptiens. Mais Roland était parti depuis longtemps[3]. » Les considérations financières ne sont pas toutefois étrangères à ce désintérêt : les lecteurs sont mal payés et passent beaucoup de temps à faire des petits travaux complémentaires. Barthes, par exemple, arrondit ses fins de mois en enseignant dans un collège de jeunes filles, le *Pensionnat de la mère de Dieu* — une sinécure qu'après son départ il léguera à Greimas.

En outre, ce premier contact avec le tiers monde apporte une grande désillusion à ces jeunes intellectuels frottés au marxisme mais, somme toute, assez naïfs. Singevin, leur tête pensante de l'époque, aura cette formule : « Nous pensions en arrivant qu'il fallait apprendre à nos étudiants la langue et la culture françaises, c'est faux, la seule chose que nous puissions faire pour eux était de leur donner le sens de l'historicité. » Ils ont l'impression que, pour les étudiants, rien ne bouge de toute éternité, que l'histoire est pour eux un concept tout à fait inutile. Et tous s'étonnent que les habitants d'Alexandrie ne sachent même pas qui était Alexandre le Grand, celui qui donna son nom à leur ville.

Greimas et Singevin, faute de poste ailleurs, resteront à Alexandrie jusqu'en 1958. Barthes, pour sa part, supporte de moins en moins son séjour et compte sur ses amitiés pour se recaser en France. De toute la bande, il est le seul à avoir des relations bien placées à Paris et donc des chances de se faire « appuyer ». Philippe Rebeyrol, qui s'est retrouvé après leur séjour en Roumanie à l'Institut français de Londres, a conservé des amitiés au ministère des Affaires étrangères et lui obtient un poste aux relations culturelles ; Roland va pouvoir rentrer à Paris... C'est le jour de son départ que

126

Greimas entend pour la première fois parler de son homosexualité :

« Il était d'une telle discrétion sur sa vie personnelle... Les
Singevin, qui l'avaient connu déjà en Roumanie, le savaient
mais n'avaient rien dit. Le matin de son départ, je me suis
proposé pour l'aider à faire ses valises. Je vais donc chez lui,
où je n'étais jamais allé encore, nous emballons ses affaires
et, au même moment, Mme Singevin passe en visite chez
nous et raconte à ma femme : " Vous ne savez pas,
Roland... " Affolement de ma femme, me sachant chez lui :
" Mon Dieu, que va-t-il arriver à mon cher époux ! " Je
reviens donc chez moi et suis accueilli par des questions
auxquelles je ne comprenais bien entendu rien[3]. » Anecdote
caractéristique de la façon ridicule dont on percevait, à
l'époque, l'homosexualité, caractéristique du type d'imaginaire qu'elle pouvait déclencher, et qui explique sans doute
l'extrême discrétion de Barthes ; ils sont nombreux, parmi
ses relations, à n'avoir su que très tard que ses goûts sexuels
le poussaient vers les garçons.

Les années de bureaucratie

Barthes quitte donc l'Égypte à la fin de l'année universitaire 1949-1950 sans déplaisir, même s'il a quelque regret de
quitter cette vie insouciante. Il laisse à Anna Greimas toutes
ses partitions : il n'aura pas en France, pense-t-il, les moyens
de s'offrir un piano...

Le voilà donc à la Direction générale des relations
culturelles du ministère des Affaires étrangères, où il s'occupe des missions, de la pédagogie du « français langue
étrangère ». Il vit donc « chez Maman », au cinquième étage
du 11, rue Servandoni, à deux pas de l'église Saint-Sulpice, et
s'aménage un lieu de travail au-dessus, dans une chambre de
bonne. Plus tard, il pourra faire percer dans le plafond une
trappe qui, par une échelle, le reliera au foyer maternel.
Pour l'heure il doit, pour se rendre à sa bibliothèque,
descendre cinq étages puis prendre l'escalier de service et
remonter six étages. Plus tard encore, beaucoup plus tard, il

prendra un appartement au deuxième étage afin de ne pas fatiguer Henriette. La grand-mère, Noémie Révelin, habite toujours place du Panthéon, où il va la voir de temps en temps. Il en parle toujours aux amis avec une légère ironie qui masque sans doute le ressentiment. Elle possède par exemple une édition originale du Littré que convoite Roland : « Comment, demande-t-il en riant à Greimas, revenu à Paris pour les vacances, la persuader de me prêter ou de me donner le Littré ? » Mais le fond de ses sentiments est toujours le même ; il reproche amèrement à Noémie de n'avoir pas fait profiter sa fille Henriette de son opulence...

Dès les premiers mois de présence au ministère, Roland s'ennuie. Il songe un temps à repartir à l'étranger, cherche à Paris une autre solution, a l'impression de tourner en rond, en quête d'une issue, comme un poisson pris à la nasse. Surtout, après ses journées de bureaucrate, il a du mal à travailler pour lui. Il fait tout de même quelques fiches, écrit quelques pages de temps en temps, mais tout cela ne lui paraît guère brillant. Et puis ce Paris qu'il aime tant, qu'il avait retrouvé avec plaisir au retour de Roumanie, ce Paris qui lui manquait tant à Alexandrie, lui semble maintenant profondément ennuyeux. Les soirs où il se sent trop las pour avoir des idées et les écrire, ce qui lui arrive souvent, il se trouve embarrassé de ses soirées, ne sachant qu'en faire, qui voir. En bref, il se sent redevenir « grognon », comme dans son enfance.

En juillet 1951, il traverse ce qu'il appelle sa « crise annuelle d'indécision — ou de re-décision ». On lui parle d'un poste éventuel de lecteur à Cambridge : Georges Matoré, le lexicologue auquel l'a envoyé Greimas, lui laisse miroiter une autre possibilité, celle d'un projet de gros dictionnaire auquel il pourrait collaborer, mais la solution britannique lui conviendrait mieux. Bien sûr, le travail n'est pas très bien payé, assez cependant pour qu'il puisse faire vivre Henriette, et les avantages intellectuels le séduisent : temps libre, travail intéressant, atmosphère confortable, loisir d'apprendre l'anglais, proximité de Paris, longues vacances, standing de l'université... Mais arrive le mois d'octobre et Roland est toujours à Paris, toujours dans le même bureau du même ministère : il a finalement refusé de partir en Angleterre. A Noël, il est encore là, et rêve, dit-il à ses amis, de départ, de départ vers un pays chaud avec un métier qu'il aimerait et qui lui laisserait des loisirs ; lui qui s'ennuyait tant à Alexandrie rêve maintenant d'une réplique de cette ville. Pourtant, on lui a proposé un poste de lecteur à Bologne, qu'il a refusé, comme il a refusé quelques mois auparavant le poste de Cambridge. A ceux qui lui demandent pourquoi, alors qu'il se plaint sans cesse de sa situation parisienne, il n'a pas profité de ces possibilités offertes, il répond en citant le poète latin Lucrèce : « Ceux qui voyagent changent de ciel, non d'âme. » En fait, il va avoir trente-six ans, n'a pas de métier sûr, mais il a décidé que son avenir devait se jouer à Paris, que c'était là qu'il fallait trouver une solution avant que l'âge ne rende le problème insoluble. Il s'est donc engagé dans différents petits travaux. Sous la direction de Georges Gougenheim, rencontré grâce à Matoré, il participe d'une part aux travaux préparatoires à ce qui deviendra le *Dictionnaire du français fondamental,* « basic french » dirait-on aujourd'hui. Il s'agit d'une enquête par enregistrement destinée à établir la liste des mille puis des deux mille mots les plus fréquents en français parlé, ce qui permettra de réaliser un dictionnaire du « français de base » pour les élèves étrangers, de nourrir aussi le vocabulaire des méthodes de « français langue étrangère ». Barthes trouve dans sa participation à cette équipe un complément de salaire, bien sûr, mais il semble en même temps réellement enthousiasmé par l'entreprise. Lui qui, grâce à Greimas, a découvert la linguistique sous son aspect théorique, touche maintenant du doigt le côté concret du travail de description. Et il pense qu'il y aura là une enquête de tout premier ordre, qui permettra d'aller très loin dans la voie linguistique. Il parle avec excitation des développements possibles du travail, de ses débouchés sur une connaissance *des* langues françaises, des français sociaux... En fait ses intérêts, ses enthousiasmes, semblent à cette époque le pousser vers une branche de la linguistique qui existe à peine, et qui va prendre une importance considérable : la sociolinguistique.

Il a d'autre part le projet vague d'un ouvrage sur la

connaissance de la France contemporaine, pour les éditions Hachette, projet qui n'aboutira jamais ; enfin, il songe à reprendre ses articles sur l'écriture publiés dans *Combat* pour en tirer un petit livre, une sorte de plaquette. Mais cette dispersion sur différents projets repousse au second plan la fameuse thèse sur Michelet, et cet abandon, qu'il espère momentané, n'est pas étranger à sa mauvaise humeur. En outre, il s'ennuie de plus en plus aux relations culturelles. Il s'y occupe des docteurs *Honoris Causa,* des congrès d'enseignants, il préside même aux destinées du « bloc portatif », cette sorte de trousse du parfait pédagogue imaginée par les services culturels, et qui comprenaient manuels et tableaux. Même si tout cela lui laisse quelques loisirs, il préférerait autre chose, considérant qu'il n'a aucunement le temps de travailler pour lui... En mai 1952, en dépit de son vœu de rester à Paris, il croit tenir une possibilité intéressante : il est question pour lui d'une mission pédagogique au Liban, pour l'Unesco, projet vague tout d'abord, puis qui se confirme ; il est le candidat de la Direction et se voit déjà à Beyrouth, admirablement payé, à faire un travail somme toute intéressant. Hélas, tout va basculer au dernier moment : le délégué du Liban à l'Unesco qui doit décider en dernière instance, « religieux fort hypocrite » dira Barthes, a choisi, sans doute pour des raisons de politique intérieure, un autre candidat. Et le revoilà condamné à demeurer encore dans le même bureau...

En fait, il a retrouvé à Paris avec plaisir Maurice Nadeau, qui a quitté *Combat* dont Claude Bourdet a été congédié par Smadja, en février 1950. Avec Gilles Martinet et Roger Stéphane, Bourdet a créé un hebdomadaire, *L'Observateur politique, économique et littéraire,* vite devenu *France-Observateur,* et a confié à Nadeau la responsabilité du supplément littéraire. Y écrivent Georges Limbour, sur la peinture, et bien sûr Roland Barthes. C'est ainsi qu'en janvier 1953 il présente dans cet hebdomadaire les résultats d'une enquête sur « la littérature et la gauche », enquête à laquelle a répondu Edgar Morin avec qui il entame une relation amicale qui débouchera plus tard sur une collaboration professionnelle. Et lorsqu'en 1953 Nadeau crée avec Maurice

130

Saillet *Les Lettres nouvelles,* c'est tout naturellement qu'il accepte d'y collaborer. On lui demande une chronique régulière, sur les sujets qu'il choisira, la linguistique s'il le veut, ses recherches, bref il a toute liberté. Le seul problème, répond Barthes, c'est sa santé ; il ne sait pas s'il aura la force d'envoyer régulièrement et à date fixe des articles. Il vient de publier dans la revue *Esprit,* en octobre 1952, « Le monde où l'on catche », un texte ironique consacré à cet Olympe particulier que constituent les dieux du ring, expliquant qu'il ne s'agit pas là d'un sport mais d'un spectacle dans lequel tout est signe, tout est signifié. Il décide donc de poursuivre dans cette veine.

Mois après mois, régulièrement, Nadeau lui téléphone, rappelant les délais d'impression ; Barthes obtempère, et se succèdent ainsi vaille que vaille les « petites mythologies du mois » qui, réunies en 1957 en volume, assureront sa notoriété. Elles constituent une sorte de chronique des années cinquante en même temps qu'un révélateur de l'homme Barthes. Il y traitera de l'affaire Dominici, du *Jules César* de Mankiewicz, de *Sur les quais* de Kazan, de la publicité qui commence à être envahissante, pour *Persil* et *Omo* en particulier, de l'abbé Pierre, de Poujade, de Billy Graham, du catch, du tour de France, de la DS 19, du Guide bleu, etc., bref l'époque s'y trouve comme photographiée par un objectif critique. « Le propre des *Mythologies* expliquera-t-il plus tard dans un entretien télévisé, c'est de prendre systématiquement en bloc une sorte de monstre que j'ai appelé la " petite bourgeoisie " (quitte à en faire un mythe) et de taper inlassablement sur ce bloc... » En fait, à travers les textes, on suit une évolution très nette : décrivant d'abord les allégories au travers desquelles la société parle d'elle-même, il en vient peu à peu à décrire ses mensonges ; le « mythe » tente, selon lui, d'imposer une lecture distordue du réel. Ainsi, lorsque Pierre Poujade attaque violemment les intellectuels, Barthes y voit-il une façon de « charger l'adversaire des effets de ses propres fautes, (d')appeler obscurité son propre aveuglement et dérèglement verbal sa propre surdité[4] ». La sémiologie, ou du moins « sa » version de la sémiologie — que certains linguistes critiqueront plus

131

tard — devient peu à peu pour lui une arme, un instrument de critique sociale.

Nadeau se souvient des difficultés qu'il a eues pour « imposer » Barthes, pour le faire reconnaître. Certains en effet, parmi lesquels Maurice Saillet un collaborateur de Nadeau, lui reprochent son jargon, alors que d'autres comme Georges Limbour, adorent sa langue, son style voltairien. Ce qui est sûr, c'est que l'on retrouve dans ses cibles, dans les thèmes de ses interventions et dans les médias attaqués *(Elle, Paris-Match...)*, cette *bourgeoisie* qui, disait-il à Alexandrie, écoute le piano les yeux fermés. On trouve également dans son projet l'idée de la sémiologie comme instrument critique dont il parlait là-bas avec Greimas, dont ils parlent toujours. Chaque été, en effet, les Greimas reviennent d'Égypte et passent leurs vacances dans un hôtel de la rue Servandoni, et les discussions reprennent de plus belle. Ils vivent alors dans un enthousiasme permanent, la sémiologie naissante les séduit à la fois par son exigence de scientificité et par ses justifications idéologiques, et Barthes rappellera plus tard cet état d'esprit dans sa leçon inaugurale du Collège de France : « Il m'a semblé (vers 1954) qu'une science des signes pouvait activer la critique sociale, et que Sartre, Brecht et Saussure pouvaient se rejoindre dans ce projet[5]. » De fait, si le mot *sémiologie* a été avancé au début du siècle par Saussure dans son *Cours de linguistique générale*, et défini par lui, de façon programmatique, comme « une science qui étudie la vie des signes au sein de la vie sociale », cette science n'existe toujours pas et Barthes va bientôt se trouver, au milieu des années soixante, au centre d'un immense débat théorique qui l'opposera, nous le verrons, aux linguistes orthodoxes.

Pour l'instant, c'est la *connotation*, cette notion empruntée au linguiste danois Hjelmslev, qui leur permet le passage entre le scientifique et le politique ; c'est dans les connotations comme le montrera plus tard la postface aux *Mythologies* (« le mythe aujourd'hui ») que Barthes situera l'idéologie, dans ce qui n'est pas dit explicitement mais affirmé implicitement avec d'autant plus de force. A cette époque où il commence à mettre en place son système théorique, il se pose de plus en plus de problèmes politiques : son « marxisme » devrait le pousser à jouer, face au parti communiste, le rôle classique de « compagnon de route », mais il est, comme toujours, hésitant, pusillanime, et explique ses doutes à Philippe Rebeyrol, maintenant en poste au Caire, lorsqu'il passe par Paris. Il lui parle de ses préoccupations au sujet du « parti », déclare qu'il est las de voir les intellectuels paralysés par le communisme, incapables de se situer par rapport à lui. Surtout, l'impuissance des intellectuels de gauche le désole, et devant tant de gens qu'il estime mais qui ont constamment des avis si contraires sur toutes choses il a l'impression d'errer.

Le Degré zéro, dernière

Malgré ces hésitations politiques et ces difficultés à faire admettre ses analyses, Barthes est cependant en train de passer lentement du stade confidentiel au stade public. On commence à remarquer ses articles, à en parler. Et s'il veut quitter le ministère des Affaires étrangères, s'il cherche à obtenir une bourse du CNRS, ce n'est pas seulement qu'il s'ennuie au bureau, mais aussi qu'il a de plus en plus de projets d'écriture, et a besoin d'horaires plus libres. L'été précédent, Greimas avait organisé une expédition à la maison de campagne du vieux maître Charles Bruneau, auteur célèbre d'une *Histoire de la langue française,* « pour vendre Roland Barthes ». Bruneau, qui était la gentillesse même, lui promet de tout faire pour lui obtenir un poste de stagiaire de recherche en lexicologie au CNRS, où il pourra travailler sur un nouveau projet de thèse, puisque Michelet est en plan : encore un espoir, encore une attente...

Mais les choses vont cependant pour lui de mieux en mieux. Il écrit dans *Esprit,* dans *Les Lettres nouvelles,* il s'est aussi engagé pour un Michelet dans la collection « Écrivains de toujours » et *Le Degré zéro* doit paraître au Seuil en février ou mars 1953. Quelques mois plus tôt, en effet, Raymond Queneau a tenté, en vain, de faire publier chez Gallimard *Le Degré zéro de l'écriture.* Jean Cayrol et Albert

Béguin ont pris le relais et le livre, dont le titre (mais le titre seulement) est tiré de l'article de *Combat* de 1947, et le contenu des articles de 1950, auxquels il a ajouté quelques inédits, a été accepté par le Seuil. Petite maison d'édition issue de la résistance, à coloration catholique, le Seuil c'est à la fois la revue *Esprit* créée par Emmanuel Mounier et dirigée par Jean-Marie Domenach, et *Le Petit Monde de Don Camillo,* qui s'est vendu à plus d'un million d'exemplaires et assure l'intendance. Ce sont aussi Francis Jeanson, qui s'illustrera un peu plus tard dans les réseaux de soutien au FLN, Jean Cayrol donc, Chris Marker, le cinéaste de *Lettre de Sibérie* qui a créé la collection « Petite Planète ». Bref une petite équipe très soudée, qui est loin de pouvoir alors faire concurrence au « grand » Gallimard, mais qui est beaucoup plus proche du terrain, de la vie politique. Ainsi, on y publiera *Peau noire, masques blancs* de Frantz Fanon, les textes de Léopold Sédar Senghor, futur président de la république du Sénégal et chantre de la négritude, ou encore un livre contre la torture. Certains n'apprécient pas ces options et l'OAS plastiquera plusieurs fois les locaux. Le Seuil ce sera aussi plus tard le premier livre de Gabriel García Márquez traduit en français *(Cent Ans de solitude)* ou celui de Soljenitsyne *(L'Archipel du Goulag)...*

A la fin du mois de novembre, ayant enfin obtenu du CNRS la bourse tant attendue, Barthes quitte le ministère. Il va se consacrer à la lexicologie, dépouille à la Bibliothèque nationale des textes sur le commerce en 1830, fait des fiches en vue d'un nouveau projet de thèse concernant le vocabulaire de la question sociale. Il change aussi de vie, rencontre grâce à Jean Cayrol des gens nouveaux, qui gravitent autour des éditions du Seuil. Et il s'interroge toujours sur la politique. En février 1953, après avoir assisté à un congrès organisé par la revue *Esprit,* il explique à Rebeyrol qu'il y aura encore bien des combats à mener, car l'obscurantisme, pense-t-il, s'épaissit de plus en plus autour de leur génération. Et de citer les procès Slansky et Rosenberg, de fustiger Eisenhower, Franco. Il raconte aussi ses accrochages avec son ami Jean Sirinelli, qui est devenu catholique et qui, selon

Barthes, n'est nullement gêné par le fait que Franco le soit aussi...

C'est à cette époque qu'il reçoit et corrige les épreuves du *Degré zéro de l'écriture.* A la relecture, il trouve son livre « faible », un adjectif qu'il applique décidément bien souvent à sa propre production, appréhende d'être vulnérable à la critique, qu'il prévoit sévère. Mais il va, avec ce premier livre, entrer dans la maison d'édition à laquelle il sera fidèle toute sa vie. La volonté de fidélité est d'ailleurs une marque constante de son caractère et, au moment où sort son livre, il n'oublie pas ses débuts dans *Combat :* dans sa dédicace à Nadeau, il indique que ce livre « lui revient de droit » et signe « avec l'amitié fidèle de ton vieux copain ». Il n'oublie pas non plus les conversations d'Alexandrie et envoie le livre à Greimas avec quasiment la même dédicace : « Mon cher ami, ces quelques préoccupations communes vous reviennent de droit, augmentées de ma fidèle et grande affection. » Il n'est pas facile d'être original au moment des signatures...

Malgré ses craintes, ce premier livre d'un jeune inconnu est plutôt bien accueilli par la presse. Maurice Nadeau, fidèle bien sûr à sa « découverte » de 1947, lui consacre huit pages dans *Les Lettres nouvelles,* concluant : « Une œuvre dont il faut saluer les débuts. Ceux-ci sont remarquables. Ils annoncent un essayiste qui tranche aujourd'hui sur tous les autres[6]. » Du côté des amis toujours, *France-Observateur* rend compte de l'ouvrage en trois pages[7] tandis que Guy Dumur en dit le plus grand bien dans *Médecine de France...* Mais il n'y a pas que les amis à réagir favorablement. Dans *Le Monde,* Dominique Arban donne un compte rendu certes élogieux mais en même temps étrange du *Degré zéro,* dont on peut se demander ce qu'elle en a compris :

« On voit que ce petit livre vient à son heure. Même on s'étonne qu'il n'ait pas été écrit plus tôt. Il peut créer un peu de compréhension entre auteurs et lecteurs. Un trop vaste public aujourd'hui se détourne, faute de comprendre, d'une profonde expérience poétique poursuivie par quelques-uns dans une solitude héroïque[8]. »

Barthes mode d'emploi de la poésie moderne ?... Quoi qu'il en soit, il s'agit du *Monde* et l'article est louangeur.

Dans *Carrefour,* c'est Roger Nimier qui traite du « remarquable essai de M. Barthes », rendant compte dans un même article du *Degré zéro* et du premier livre de Bernard Frank, *Géographie universelle,* en utilisant assez subtilement le premier pour analyser le second[9]. Surtout, J.-B. Pontalis lui consacre sept pages des *Temps modernes,* la revue de Jean-Paul Sartre. Un article sérieux, intelligent et peu complaisant : « La rigueur des distinctions et l'assurance parfois agaçante du ton paraissent dissimuler quelque embarras dans la pensée de Barthes » note-t-il, avant de se demander s'il faut « se contenter de reprocher à la perspective de Barthes son schématisme et faire confiance à la méthode qu'il voudrait promouvoir » et de conclure « un grand écrivain est présent parmi nous autrement que comme un mobilier d'époque, une organisation économique ou même une idéologie[10] ». Pas la moindre allusion cependant au fait que la notion barthésienne d'écriture pourrait correspondre à celle, sartrienne, d'engagement, pas le moindre renvoi à une quelconque convergence philosophique. Mais, encore une fois, ce premier livre jouit d'un excellent dossier de presse.

Ce qui ne rend pas pour autant son auteur plus heureux. Dans ses lettres, dans ses confidences aux amis, il est volontiers amer. Il se plaint de son salaire, qui n'est guère élevé, presque une bourse... « Maman » gagne peu d'argent avec ses reliures, Michel, le demi-frère, est toujours à leur charge, toujours instable, passant de la peinture à l'étude de l'hébreu, et Barthes est obligé, pour arrondir les fins de mois, de donner des cours au Centre de civilisation française de la Sorbonne, d'enseigner le français aux étudiants étrangers. Il y est mal à l'aise, se sent rejeté par les universitaires bien établis, et invoque encore sa maladie qui l'a empêché de préparer Normale supérieure, de présenter l'agrégation... Son nouveau projet de thèse, sur le vocabulaire de la question sociale en France vers 1830, n'avance pas. Et, surtout, il a le sentiment qu'on abuse de lui, qu'il lui faut payer socialement son entrée, pourtant encore bien timide, dans le monde des revues et des livres ; il a l'impression de se laisser dévorer. Le milieu des lettres le fascine mais ses rites le déconcertent et il ne se sent pas sûr de lui. Certaines rencontres, pourtant, le marqueront pour longtemps. Celle de Violette Morin par exemple, femme d'Edgar Morin et comme lui sociologue, avec qui débute une très longue amitié qui durera près de vingt-cinq ans. Plus tard, ils travailleront ensemble, autour de la revue *Communications,* pour l'heure ils se voient souvent à l'occasion d'un repas, d'un spectacle. En particulier, Roland emmène parfois Violette à la salle Wagram, aux cours publics d'interprétation d'Alfred Cortot. Muni d'une partition et d'un crayon, il griffonne sans cesse, prend des notes, souligne, s'essayant ensuite à jouer la pièce comme le maître le conseillait.

A trente-huit ans, il entre donc dans ce monde nouveau pour lui en débutant timide, et il se construit un personnage, une psychologie à laquelle il restera fidèle. Tous les témoignages convergent sur un point : il s'habitue à trop promettre, un article ici, une conférence là, comme s'il se jetait avec boulimie sur toutes les propositions, quitte à ne pas toujours pouvoir tenir ses promesses puis à se plaindre, à se plaindre de tout, du travail, de sa santé, des « casse-pieds », du climat. A trente-huit ans, il décide sans doute de rester fidèle à ses humeurs, ou du moins de ne pas lutter contre elles, de rester le « grognon » qu'il était enfant. A trente-huit ans, il va renouer aussi avec une passion de son adolescence, celle du théâtre.

VI

LES ANNÉES THÉÂTRE

En juillet 1953, meurt Noémie, la grand-mère de la place du Panthéon. Roland, qui se trouvait en vacances en Hollande, revient à Paris en urgence et se trouve confronté à différentes formalités administratives dont il veut décharger sa mère. Il va, bien sûr, y avoir héritage : un peu, beaucoup d'argent ? A Greimas, il parle de ses scrupules d'homme de gauche s'imaginant futur millionnaire. A Philippe Rebeyrol, il explique qu'il ne peut mesurer encore les modifications que cet héritage va apporter à la situation familiale ; il est malaisé à évaluer et le sera plus encore à convertir afin de réaliser les changements dont il rêve pour leur vie, changements modestes mais précis, et pour lesquels il a besoin d'argent plus que des biens immobiliers et industriels dont il pense hériter. Son principal objectif est bien sûr d'assurer à Henriette une vie douce et sans fatigue et sa première préoccupation est donc d'agrandir leur logement. Et puis il y a l'appartement du Panthéon, qui n'appartenait pas à la grand-mère mais dont elle leur laisse le bail : qu'en faire ? Ils ne veulent l'habiter à aucun prix mais Roland voudrait en prendre possession, l'utiliser comme monnaie d'échange dans les tractations qu'il voit venir. Il y a aussi la fonderie ; il ne songe évidemment pas à en reprendre la charge et son objectif est donc de la vendre. Mais il sait que cela prendra du temps.

Comme toujours, il a tendance à voir des problèmes ou des ennuis dans ce qui lui arrive de meilleur. Il confie aux

138

amis que ces changements dans leur situation financière les angoissent tous trois (lui, sa mère, son frère). Et comme souvent, il se plaint de ses difficultés à travailler ; il avance trop lentement à son gré l'ouvrage sur Michelet promis aux éditions du Seuil, qu'il croyait facile, excitant à faire, et qui lui donne en fait beaucoup de mal et peu de plaisir.

En attendant, et malgré ce qu'il a déclaré à plusieurs reprises, il s'installe dans l'appartement de la place du Panthéon, dont les fenêtres dominent le parc du lycée Henri-IV, un appartement lugubre, trop grand, d'un luxe bourgeois glacé, dans lequel ni lui ni sa mère ne se plaisent. Il propose en vain à Greimas, qui chaque été rentre en vacances à Paris, de partager les lieux. L'occupation sans doute légèrement revancharde de ces murs dans lesquels flotte encore l'ombre de Noémie ne dure que quelques mois. On y reçoit les amis, les Greimas donc, les Singevin, les Fournié, les Nadeau, Bernard Dort, d'autres encore, et tous se souviennent d'un décor bourgeois passablement compassé. Avec plus de plaisir, Roland récupère aussi la voiture de la grand-mère, une vieille Panhard somptueuse et démodée qu'il utilise le soir, pour sortir dans Paris.

La succession va être longue et conflictuelle : l'héritage de Noémie doit en effet être partagé entre Henriette et Philippe Binger, les enfants du premier lit, et le fils qu'elle a eu de son deuxième mari, l'oncle Révelin. Il faut d'abord faire une évaluation des avoirs, puis négocier avec les deux autres héritiers, et l'installation place du Panthéon répond à cette stratégie de négociations, pour se donner donc une monnaie d'échange, car les murs, certes, ne leur appartiennent pas mais le bail, dans ce quartier, vaut de l'or. Très vite cependant, le propriétaire décide de récupérer les lieux, et l'on retourne au printemps 1954 rue Servandori où d'ailleurs Michel, le frère, était resté. Roland, au moment de se débarrasser des meubles de la grand-mère, vend à Jean Sirinelli une grande bibliothèque en bois, donne aux Fournié deux magnifiques fauteuils, qui trônent toujours dans la maison de vacances de Jacqueline.

Théâtre populaire

C'est à la même époque, en 1953, que commence l'aventure de *Théâtre populaire.* A l'origine de l'entreprise, Robert Voisin qui, aux éditions de l'Arche, publie les pièces que Vilar monte au TNP et qui a l'idée de la revue. Voisin a lu quelques articles que Barthes a consacrés au théâtre dans *Les Lettres nouvelles.* Il le contacte et avec lui, Guy Dumur, Jean Duvignaud, Morvan-Lebesque, un peu plus tard Bernard Dort, il met sur pied le projet d'une revue qui défendrait une certaine idée du théâtre. Dort, qui termine ses études à l'ENA, est un fou de scène ; il lui consacre des articles dans *Les Temps modernes,* fréquente Arthur Adamov, écrit aussi dans *L'Express,* toujours sur le théâtre, et sur le roman dans les *Cahiers du Sud,* une revue fondée en 1923 à Marseille et dirigée par Jean Ballard. Les deux hommes deviennent très vite amis, discutent, sortent ensemble, vivent une période de connivence intellectuelle très forte, évoluent de la même manière, et surtout soir après soir découvrent ensemble des pièces. Leurs rapports ne sont pas dénués d'ironie, de petites polémiques quotidiennes. Tous deux fument le cigare, mais Dort apprécie les *Toscani,* d'un tabac italien populaire, alors que Barthes, lorsqu'il en a les moyens, préfère les havanes, invoquant pour se justifier les havanes de Brecht. Il fumera longtemps des *Punch Culebras,* ces cigares à la forme vrillée, étrange, et ce n'est que beaucoup plus tard, au milieu des années soixante-dix, qu'il changera de marque, expliquant en riant que Lacan s'était mis à fumer les mêmes et qu'il ne voulait pas paraître l'imiter. Mais peut-être y avait-il, derrière cette décision, une autre raison : Barthes était à cette époque allé consulter Lacan, qui avait refusé de le prendre en analyse...

La nourriture aussi les sépare. Dort aime les abats, « vous mangez comme un athlète grec », lui dit Barthes qui apprécie plutôt la blanquette de veau, les sauces, la crème, tout ce qui est « nappé ». Ce souvenir de Dort sur les « abats » correspond assez bien à ce que Barthes écrivait en 1944 dans la

140

revue des étudiants en sanatorium, dans un fragment intitulé « Acrocôlia » :

« Au restaurant du Grand-Alexandre, il semble se perpétuer une tradition de la Grèce antique : manger des acrocôlia, c'est-à-dire de la tripaille, tout ce qui tremble, rougeoie (puis verdit), à l'intérieur des bêtes. Les anciens Grecs aimaient beaucoup ces viandes compliquées et décadentes ; ils ne mangeaient pas de rôtis avec plaisir, mais leur préféraient des cervelles, des foies, des fœtus, des ris et des mamelles, toutes ces viandes molles et éphémères, qui ne cessaient peut-être pas de les allécher quand elles commençaient à se corrompre [1]. »

Encore une fois, on a l'impression que tout le style de Barthes est là, dans ce texte de jeunesse, ainsi que tout son rapport à la nourriture... Plus tard, lorsque ses revenus le lui permettront, il se fera livrer chez lui du bordeaux, du lalande de Pomerol, fréquentera quelques bons restaurants, le Falstaff, Bofinger, mais il n'aimera pas Lipp où l'on mange, dira-t-il, aussi mal qu'à la Coupole. Il est en fait tout prosaïquement gourmand et redoute en même temps de grossir, se lançant parfois dans des cures sauvages, calculant minutieusement les calories ; il a l'impression qu'il faut, pour paraître intelligent, être maigre... « J'ai eu des problèmes qui intéressent je crois beaucoup de gens. Quand j'étais adolescent, j'avais une morphologie de maigre (...). Et puis à un moment mon corps a muté, je me suis mis à engraisser, et j'ai fait là l'expérience d'un nouveau corps, d'un corps qui devait se débattre avec un certain embonpoint. C'est très intéressant, il n'y a rien de plus passionnant à vivre qu'un régime d'amaigrissement, on le sait bien puisqu'on en parle au fond chaque semaine dans combien d'hebdomadaires (...) Pour les femmes c'est vouloir être belle ou vouloir être jeune, pour l'homme peut-être aussi cela, il peut y avoir de la coquetterie, mais c'est aussi vouloir être intelligent. On conçoit que les gens maigres, émaciés, aigus sont finalement plus intelligents que les gens empâtés [2]. » Robert David, qui se souvient de sa voracité, raconte qu'un soir où sa femme avait préparé un couscous, Roland avait pratiquement avalé toute la graine dans son assiette avant que l'on ait apporté le reste, les légumes et le bouillon... Edgar Morin trouve, lui, remarquable la façon dont il mangeait chez lui, lorsque sa mère le servait comme un enfant et qu'il engloutissait « de façon animale, biologique. Il y avait quelque chose de très intense, dévorateur... » Quant à Violette Morin, elle aura, pour décrire son rapport à la nourriture, une belle formule : « A table, il était comme un lézard avec sa langue. Au cours d'un dîner, entouré de huit ou dix personnes qu'il ne connaissait pas, il se servait avec sa fourchette, piquait dans le plat, deux fois, trois fois, avec la vitesse d'un lézard... » Mais elle raconte aussi que lui qui aimait tellement prendre au petit déjeuner de grosses tartines beurrées, avec beaucoup de confiture, se trouvait parfois obligé de peser chaque matin la mince tartine et le peu de beurre qu'il s'accordait, calculant avec un air de souffrance extrême les calories auxquelles il avait droit...

Bernard Dort sourit de ces alternances de régimes et d'accès de gourmandise. Mais il est surtout fasciné, et parfois exaspéré, par l'art de vivre de Barthes, par son goût du confort, détachés pourtant, dit-il, de tout contexte bourgeois. Ses préférences culinaires, vestimentaires aussi, des pull-overs bien sûr, mais des pulls de cachemire ou d'alpaga, dans les teintes vert d'eau ou jaune, souvent troués par les braises du cigare, l'agacent un peu. Mais Barthes ne supporte pas qu'on lui reproche quelque chose, il apprécie également le « nappé » dans les rapports humains et fait grief à Dort de son agressivité, la chose qu'il déteste le plus au monde, dans sa grande crainte de l'hystérie.

Ensemble, ils parlent aussi beaucoup de musique, de Schumann surtout. Dort se souvient des disques que Roland lui a offerts — Debussy, Schumann, ainsi que du chant choral allemand. Il ne l'entend toutefois que peu jouer du piano, sait seulement qu'il joue parfois à quatre mains, en particulier avec le philosophe Vladimir Jankélévitch.

En fait, la chose ne s'est produite qu'une fois, un jour que Violette l'a présentée à son ami Vladimir. Il y a, chez le philosophe, deux pianos. « On m'a dit que vous jouiez, monsieur Barthes, nous allons faire un duo. » Et de lui imposer d'autorité d'improviser autour d'un air de Gabriel Fauré, alors que Barthes aime par-dessus tout déchiffrer les partitions. Il obtempère cependant, mais dira ensuite à son amie : « J'espère qu'il ne touchera pas le piano tout de suite car j'ai tellement transpiré que j'ai mouillé tout le clavier. »

Mais c'est encore et toujours le théâtre qui l'unit à Dort. C'est lui qui emmène un jour Roland à Lyon pour une représentation de deux pièces d'Adamov, montées par Roger Planchon. Surtout, ils assistent fin mai 1954 à la présentation de *Mère Courage* que donne le Berliner Ensemble au Festival international de Paris. Une révélation ! Barthes trouve avec une étonnante rapidité, pour définir ce choc, la formule qu'il réutilisera bien des fois : « Brecht est un marxiste qui a réfléchi sur le signe. » Pour les deux amis, Brecht fournissait au marxisme l'esthétique qui lui manquait. Surtout, Barthes y voit un théâtre « anti-hystérique » ; ici pas d'identification du spectateur aux personnages, Brecht donne au public les moyens de la critique. « Jamais, écrira-t-il, *Mère Courage* ne compromet totalement le spectateur dans le spectacle. » Lui qui a détesté l'interprétation que Maria Casarès a donnée de *Phèdre,* jouant le rôle comme si elle était personnellement concernée, est séduit par le jeu de l'acteur qu'implique le théâtre de Brecht, par ce qu'il appelle le « gestus social brechtien ». Il fait à cette époque lire Marx à Dort, en particulier *Le Programme de Gotha,* Dort en retour lui fait découvrir Robbe-Grillet dont il a lu *Les Gommes* dès leur parution, en 1953, puis *Le Voyeur* en 1955, *La Jalousie* en 1957 — Robbe-Grillet qui deviendra bientôt pour eux le principal argument littéraire contre Camus : le promoteur d'un roman « objectif ». Ce « romancier objectif » écrira plus tard avec beaucoup d'humour que Barthes, « à qui personne ne saurait donner des leçons de ruse », l'utilisait en fait dans sa propre démarche :

« Aux prises avec ses démons personnels, il cherchait à toute force, pour les braver, un degré zéro de l'écriture auquel il n'a jamais cru. Ma prétendue blancheur — qui n'était que la couleur de mon armure — venait à point nommé pour alimenter son discours. Je me suis donc vu sacré " romancier objectif ", ou pire encore, qui essayait de l'être mais qui, par manque du moindre métier, ne parvenait qu'à être plat [3]. »

Ainsi Barthes n'aurait jamais cru au « degré zéro de l'écriture »... L'affirmation est bien sûr surprenante et mériterait une plus longue analyse, mais Alain Robbe-Grillet se refuse aujourd'hui à en dire plus : « J'ai déjà écrit et dit tout ce que j'avais envie de raconter sur Roland. Je n'aime pas faire, à la légère, des confidences que je souffre ensuite de voir imprimées [4]. »

Cette passion pour le théâtre et pour le nouveau roman ne laisse guère de temps pour le dernier projet de thèse sur le vocabulaire de la question sociale en 1830. En janvier 1954, alors qu'il doit rédiger pour le CNRS un rapport de recherche, Barthes panique : que dire et comment le dire ? A Philippe Rebeyrol il décrit, une fois de plus, ses problèmes et ses doutes ; il n'a personne pour l'aider, explique-t-il, car Matoré est invisible depuis un an, jamais disponible. En plus, il n'a pas vraiment confiance en lui, et n'est pas loin de penser finalement que sa lexicologie est un peu un leurre, qu'elle ne lui permet en rien d'analyser de façon profonde son objet d'études. La thèse, ce boulet qu'il traîne depuis des années, semble donc encore au point mort. Il est presque tenté, pour la circonstance, d'en revenir à une recherche traditionnelle, mais après le succès du *Degré zéro de l'écriture* et l'écho recueilli par certains de ses articles, il est conscient qu'une telle démarche ne serait pas comprise, paraîtrait aberrante. Il est maintenant du côté de l'innovation et ne peut plus en sortir.

Il a en outre l'impression qu'au fur et à mesure que le temps passe, sa fragilité interne ne fait que s'accroître et qu'elle reste pourtant inféconde puisqu'il ne l'exprime pas littérairement ; il pense avoir une sensibilité de littéraire alors qu'il se veut théoricien. « Je me sens ferme intellectuellement et absolument fragile existentiellement », dira-t-il à Rebeyrol.

Il bâcle cependant un rapport de recherche qu'il estime lui-même lamentable, espérant que ses professeurs lui demanderont d'abandonner l'entreprise : lui-même n'ose pas franchir

144

le pas. Il a terminé au début de l'hiver son *Michelet,* qui sort au printemps, s'intéresse de plus en plus à la sociologie du spectacle, continue à écrire des articles et... à s'occuper de la succession de Noémie Révelin qui tire en longueur. Le livre, fruit des lectures de sanatorium, mise en forme des centaines de fiches alors rédigées, sort aux éditions du Seuil avec un écho bien moindre que celui obtenu par le *Degré zéro.* Encore une fois les amis se mobilisent, surtout ceux de *Théâtre populaire :* Jean Duvignaud dans *La Nouvelle NRF,* Bernard Dort dans *Critique* (avec ce titre qui peut paraître étrange, « Vers une critique totalitaire », et qui reprend en fait cet adjectif de Sartre dans la « présentation » des *Temps modernes,* qui avait tant marqué Barthes à l'automne 1945). Mais *Le Monde,* qui avait soutenu le *Degré zéro,* prend ici ses distances. Sous un titre qui annonce nettement la couleur (« Un Michelet extravagant ») on trouve une ironique mise en pièces — non signée — du style de Barthes, de ses formules (« l'eau-poisson », « le lisse », « la mort-sommeil » et surtout « la femme-fraise des bois »...), préfiguration de la querelle qui, dix ans plus tard, l'opposera à Picard. Et pour conclure, ceci : dites ce que vous voulez, « mais Seigneur, dites-le en français ! Vous verriez alors que vos découvertes sont des lieux communs, à quoi des étiquettes comiques ajoutent la fausse science [5]. » Une exécution !

Pourtant ce livre, celui dont on parle le moins lorsque l'on traite de l'œuvre de Barthes, a justement pour celle-ci une extrême importance, tant par sa méthode que par sa forme. On se souvient qu'en janvier 1945, il avait déjà rédigé un millier de fiches sur Michelet, fiches qu'il a traînées avec lui en Roumanie, en Égypte, partout, les combinant comme on combine des cartes pour faire une réussite, recherchant une organisation, des correspondances. De 1942 à 1954, douze ans de travail pour un livre d'à peine une centaine de pages ! Mais ces années ne sont pas perdues car Barthes y a trouvé son style et sa méthode. La méthode consiste donc à rédiger chaque jour des fiches, sur tous les sujets possibles, à les classer, à les combiner de différentes façons, jusqu'au moment où apparaîtra une structure, une thématique. Et le *Michelet* est caractéristique de cette démarche. L'ouvrage, à

145

première lecture, déroute. Il s'ouvre sur l'évocation des « migraines » de Michelet, enchaîne très vite sur des thèmes surprenants, « Michelet malade de l'histoire », « Michelet marcheur », « Michelet nageur », « Michelet prédateur », bref tout semble justifier l'article ironique du *Monde*. A y regarder de plus près, on se rend compte que le texte est comme constitué par un éclatement de fiches, dont le recto serait des citations de Michelet et le verso le commentaire de Barthes : le *Michelet* n'est pas un texte suivi mais une succession de fragments, finis à peine commencés, des fragments qui justement pourraient le plus souvent tenir sur le dos d'une fiche, en commentaire de citations. Ainsi, un court texte de Barthes, « l'eau-poisson », est-il suivi, quelques pages plus loin, sous le titre « eau ou poisson », d'extraits de Michelet qui lui font écho[6], et l'on retrouve la même dualité autour de différents thèmes : « narcoses-sorcière », « Marat-crapaud », « la rose et le taureau », « la femme-fraise », etc. Car la démarche consiste à mettre en valeur la *thématique* de Michelet. On en trouve d'ailleurs une sorte de mode d'emploi, dans une demi-page qui ouvre le livre et dans quatre pages qui le closent. Ceci, précise Barthes en ouverture, n'est ni une histoire de la pensée de Michelet ni une histoire de sa vie, mais la tentative de « retrouver la structure d'une existence... une thématique... un réseau organisé d'obsessions[7] » Et il revient à la fin de l'ouvrage sur ce mode de lecture : « L'histoire de Michelet est ainsi recouverte d'un réseau de thèmes. Le discours de Michelet est un véritable cryptogramme, il y faut une grille, et cette grille, c'est la structure même de l'œuvre[8]. »

Au moment où s'achève ce long parcours, où ce qui faillit être une thèse se termine en petit livre, il est permis de s'interroger sur les raisons de cette longue passion, sur ce qui, en Michelet, attirait Barthes. La thématique, comme il le laisse entendre, dans le livre même ? Certes. Un rapport ethnologique à l'histoire de France, comme il l'écrira plus tard[9], précisant qu'il a lui-même dans les *Mythologies,* « ethnographié » la France ? Sans doute. Mais aussi peut-être une chose plus inattendue, plus secrète : la dualité d'un visage. Une petite note, à la fin du livre, précise que

« Michelet n'écrivait rien sur personne sans consulter autant de portraits et de gravures qu'il pouvait. Il a toute sa vie mené une interrogation systématique des visages passés [10]. » Ce que ne dit pas la note, c'est que Barthes a soigneusement imité cette façon de faire de Michelet. Il a collectionné tous les portraits disponibles, les reproductions de toiles de Couture, de Belloc, de Flameng, d'une lithographie de Lafosse, d'une photographie enfin, et s'est longuement interrogé sur elles, cherchant l'homme derrière ses images. Le portrait de Couture, où l'on voit Michelet assis devant sa table de travail, l'air un peu méprisant, supérieur, l'avait ravi. Il commentait pour ses amis cette flamme noire dans les yeux, ce visage de sorcière, cet air démoniaque, et expliquait qu'il avait choisi de travailler sur cet homme parce qu'il lui paraissait, à travers ses portraits, aux antipodes de son propre caractère ; c'est la méchanceté supposée de Michelet qui l'attirait. Et puis, en décembre 1945, était arrivée la photo, dont Robert David lui avait envoyé au sanatorium de Leysin la reproduction en carte postale. Michelet est plus âgé, il a le visage plus rond que sur les portraits, une certaine douceur dans les yeux. Et Barthes est d'abord gêné par cette apparente bonté qui vient démentir les tableaux, déconcerté par cette contradiction, le dit à ses amis. Où est le vrai Michelet, du côté du bon ou du démoniaque ? Il va du portrait à la photo comme il manipule ses fiches, recherchant une organisation, cherchant à comprendre, et l'on retrouvera quinze ans plus tard comme un écho de ces deux images d'un même homme lorsqu'en 1959, préfaçant une réédition de *La Sorcière,* il rappellera que Satan était, pour Michelet, l'un des aspects de Dieu [11]...

Entre-temps Barthes a perdu son poste au CNRS, le poste de stagiaire qui lui avait été attribué pour deux ans n'est pas renouvelé. Ses difficultés à rédiger un rapport de recherches cohérent ne sont pas étrangères à cette décision. Bien que lui-même ait dit son souhait de quitter le CNRS, il en est très marqué, voyant une fois de plus s'éloigner toute possibilité de carrière universitaire, et l'incident ravive cette blessure narcissique qui mettra longtemps à se cicatriser, cette frustration dans ses rapports avec l'institution. Mais, surtout, il se retrouve à nouveau confronté à des problèmes de fin de mois. Il songe, avec l'appui de Georges Friedmann, à demander un autre poste au CNRS, dans la section de sociologie cette fois, mais cela ne peut se faire avant un délai d'au moins un an. C'est Voisin qui tire Roland d'embarras en l'engageant aux éditions de l'Arche, comme conseiller littéraire. Désormais éditeur, il sera l'homme de *Théâtre populaire,* la cheville ouvrière de la revue, qui durcit à cette époque ses positions brechtiennes, quitte à perdre en cours de route certains des fondateurs comme Duvignaud et Morvan-Levesque. Jacqueline Fournié se trouvant à l'époque sans travail, il la fait embaucher par Voisin comme secrétaire de direction et ils cohabiteront plusieurs mois dans les locaux de la rue Saint-André-des-Arts où Roland travaille tous les après-midi ; le matin il reste chez lui, rue Servandoni, et tente de mettre sur pied ce qu'il appelle une « sociologie de la vie quotidienne » — en fait, les analyses qui, regroupées en volume, deviendront plus tard les *Mythologies.* Il avait prévu, au début de l'hiver 1954, d'aller rejoindre Rebeyrol en Égypte, mais il n'a pu, faute de moyens financiers, s'offrir ces vacances. A l'automne 1954, il refait le même projet pour février 1955, puis l'abandonne pour les mêmes raisons promettant de venir l'année suivante, s'il obtient de nouveau une bourse du CNRS.

Au printemps de 1955, enfin, près de deux ans après la mort de Noémie, la succession est réglée. Tout au long de cette période l'oncle de Philippe Rebeyrol, Pierre Davy, conseille la famille Barthes sur la façon de placer l'argent qui lui revient de Noémie. Roland ne tarit d'ailleurs pas d'éloges sur « l'oncle Pierre » qui lui est un soutien inestimable, et sans lequel il serait perdu. Davy est en effet courtier, il sert d'intermédiaire entre différentes banques et sa connaissance du monde de la finance est miraculeuse pour la mère et les deux fils qui suivent scrupuleusement ses conseils et lui confient leurs avoirs. La somme qui revient à Henriette est ainsi en partie placée, sur les conseils de « l'oncle Pierre », mais quelques années plus tard celui-ci fera de mauvaises affaires et les Barthes perdront beaucoup d'argent... Le reste permettra d'acheter l'appartement de la rue Servandoni, et de financer les travaux qui relieront, par une trappe et une échelle intérieure, le cinquième étage à la bibliothèque où Roland passe une partie de ses journées. Désormais, il change de lieu par l'échelle et, chaque fois qu'il n'a pas envie de descendre, il se fait envoyer dans une sorte de corbeille ce dont il a besoin : nourriture, courrier... Ainsi garde-t-il avec « Maman », en même temps que l'éloignement vital nécessaire, une très grande proximité, car c'est elle qui est au centre de la vie familiale. Lorsque Nadeau ou Jacqueline Fournié viennent en visite, Roland fait une apparition puis retourne travailler, Michel, son frère, est absorbé par sa peinture — à laquelle il est revenu —, et c'est Henriette qui offre le thé et fait la conversation. Reste le problème de la villa « Etchetoa », à Hendaye, qui ne sera réglé que plus tard, lorsqu'en juillet 1957 Henriette rachètera aux enchères la maison de sa mère que convoitait son demi-frère...

Barthes et Dort sont à cette époque les vrais patrons de la revue *Théâtre populaire*. Leur découverte de l'année sera *Le Cercle de craie Caucasien,* que le Berliner Ensemble vient jouer à Paris, au théâtre Sarah-Bernhardt. Brecht et Adamov représentent pour eux une sorte de réalisme non dogmatique qui les comble. Mais l'année 1955 va surtout être marquée par deux affrontements : l'affaire *Nekrassov* et la polémique avec Camus.

La pièce de Jean-Paul Sartre, *Nekrassov,* déclenche un véritable scandale. Prenant ostensiblement position en faveur du parti communiste, attaquant violemment la presse de droite et sa propagande anticommuniste, en particulier à travers le personnage de Jules Palotin, directeur du *Soir à Paris,* caricature transparente de Pierre Lazareff et de *France-Soir,* Sartre se met à dos l'immense majorité des médias ; les critiques de *Paris-Match,* de *L'Aurore,* ou du *Figaro,* se précipitent pour cogner à bras raccourcis sur Sartre. Plus surprenante est la réaction de *L'Express.* C'est Françoise Giroud qui va écrire l'article que cet hebdomadaire consacre à la pièce, et elle l'assassine. Elle n'a pas pour fonction d'écrire sur le théâtre, mais elle est liée à Lazareff. Aussi, raconte Simone de Beauvoir, elle « se fit inviter à la couturière et prit de vitesse la critique dramatique de

L'Express, Renée Saurel, qui démissionna. Elle éreinta avidement *Nekrassov*. Tous les journaux, ou à peu près, l'imitèrent [12]. » En fait, c'est Dort qui est alors responsable du théâtre à *L'Express* et qui y a fait entrer Renée Saurel. Et tous deux, pour marquer leur refus du coup de force de Françoise Giroud, démissionnent en chœur. Quant à la principale intéressée, Françoise Giroud, elle a gardé la mémoire d'un incident mineur :

« J'ai très peu de souvenirs à ce sujet. Je me rappelle seulement que j'étais à l'une des premières représentations et que j'ai trouvé la pièce franchement mauvaise, la carica-ture de Pierre Lazareff " à côté de la plaque ", et la fameuse phrase sur le désespoir de Billancourt franchement comique. Mais à l'époque, on ne touchait pas à Sartre sans réunir toutes les foudres sur sa tête. Sartre était sacré et seules des perles pouvaient tomber de sa plume. A dire le contraire, on était aussitôt classé parmi les salauds de droite vendus à l'impérialisme. Néanmoins, j'ai publié ces quelques lignes dans *L'Express*. Elles ont fait un peu de bruit. Voici tout ce que je peux vous dire [13]. »

Simone de Beauvoir, fidèle mémorialiste des heurs et malheurs de Sartre, poursuit son commentaire :

« Une pièce peut braver les critiques quand elle a les faveurs de l'orchestre ; c'est le cas du théâtre d'Anouilh : il plaît aux riches. Mais *Nekrassov* s'en prenait précisément aux gens qui assurent les bonnes recettes ; ceux qui vinrent s'amusèrent mais se firent une loi de dire à leurs amis qu'ils s'étaient ennuyés. La bourgeoisie digère, sous prétexte de culture, bien des avanies : cette arête-là lui restait dans la gorge. *Nekrassov* n'eut que soixante représentations. »

Rares sont les voix, donc, qui s'élèvent en faveur de la pièce. Celles de Jean Cocteau, de Gilles Sandier, et de Roland Barthes, dont l'article est dans le droit fil de ses attaques précédentes contre la bourgeoisie, cet « ennemi » un peu mythique sur lequel nous reviendrons [14].

« *Nekrassov* va libérer chaque soir, pendant un temps que je souhaite le plus long possible, des Français comme moi qui souffrent d'étouffer sous le mal bourgeois » et plus loin :

« " J'ai mal à la France ", disait Michelet, c'est pour cela que *Nekrassov* m'a fait du bien. »

A-t-il vraiment aimé la pièce (dont les qualités ne sautent pas aux yeux aujourd'hui) ou bien a-t-il plus simplement voulu courir au secours d'un auteur qu'il estimait depuis longtemps et qu'il jugeait attaqué par la « bourgeoisie » ? Bernard Dort dit aujourd'hui que lui-même et Barthes avaient vraiment apprécié *Nekrassov*, y voyant « la naissance d'une comédie satirique française dans la lignée de Brecht ». Mais on peut penser que Barthes était surtout à la recherche de cibles. Pierre Poujade, qui a fondé en 1953 l'UDCA (Union de défense des commerçants et artisans) est à la même époque en pleine ascension et s'avance vers un succès électoral en janvier 1956. Dans *Les Lettres nouvelles*, Barthes publie une chronique au vitriol, « Poujade et les intellectuels », reprise plus tard dans *Mythologies*, et sa défense de *Nekrassov* comme son attaque de Poujade constituent une fois de plus sa façon particulière de choisir son camp, résolument anti-« bourgeois ».

Suis-je marxiste ?

Et arrive la polémique avec Camus, polémique que Barthes, cette fois, n'a pas souhaitée. Lui, qui a souvent déclaré n'écrire que sur commande, se voit justement commander, après la publication du *Degré zéro*, deux textes sur Camus, pour deux revues du même genre, le *Bulletin du club du livre français*, et le *Bulletin du club du meilleur livre*, toutes deux destinées aux membres de ces clubs de vente de livres par correspondance. « *L'Étranger*, roman solaire » paraît en 1954 [15] et « *La Peste* : annales d'une épidémie ou roman de la solitude ? » en 1955 [16]. Camus, qui a lu le deuxième article avant sa publication, réagit dans le même numéro de la revue, Barthes lui répond par une lettre publiée deux mois plus tard, en avril [17]. Le contenu de la polémique est intéressant, car Camus, sans le savoir peut-être, pousse Barthes à se situer philosophiquement. Barthes reprochait en effet à *La Peste* son absence de « solidarité »,

151

critiquait le livre d'un point de vue moral, et Camus répond non sans habileté en deux points. D'une part, explique-t-il, il y a de *L'Étranger* à *La Peste* une évolution vers la solidarité justement, un passage de la révolte individuelle vers la révolte collective. Le reproche tombe donc à côté de la cible. D'autre part, pour me reprocher un refus de l'histoire, il faut préciser l'idée qu'on se fait de l'histoire, pour critiquer ma morale encore faut-il préciser la sienne.

Or cette question renvoie d'évidence à la polémique qui oppose Camus à Sartre, à leur rupture, née de l'analyse divergente qu'ils faisaient du phénomène stalinien et de l'URSS. En mai 1952, dans *Les Temps modernes*, Francis Jeanson avait sévèrement critiqué *L'Homme révolté*. Camus avait répondu en août : « Je commence à être un peu fatigué (...) de censeurs qui n'ont jamais placé que leur fauteuil dans le sens de l'histoire. » Dans le même numéro, Sartre portait l'estocade : « Votre morale s'est d'abord changée en moralisme, aujourd'hui elle n'est plus que littérature, demain elle sera peut-être immoralité. » Camus est donc exaspéré par ces procès qu'on lui fait cycliquement, en même temps qu'il a pris une certaine habitude de ce genre de débat. « De quel lieu parlez-vous ? » demande-t-il en substance à Barthes, pour traduire son intervention en langage contemporain, et encore, « êtes-vous pour le réalisme en littérature ? » Et celui-ci, coincé par l'art de la polémique de Camus, sommé de faire son choix par cette mise en demeure, choisit la fuite en avant (mais peut-il faire autrement ?), s'engage et répond qu'il parle du point de vue du matérialisme historique. Cette affirmation, en partie tactique, était sans doute la seule possible face aux questions de Camus, mais elle va bien sûr avoir quelques retombées. Dans la *Nouvelle NRF*, Jean Guérin se demande si Barthes, l'auteur des « petites mythologies du mois », est marxiste. Et, dans *Les Lettres nouvelles,* celui-ci répond dans un article au titre évocateur (« Suis-je marxiste ? ») que cette question a des relents de maccarthysme [18]. Mais l'adhésion théorique est faite qui, ajoutée au combat pour Brecht, à la défense aussi du « nouveau roman » — considéré comme littérature « réaliste », « objective », plus tard « objectale » — va donner de

Barthes une image qu'il aura peut-être du mal à assumer. Il était jusqu'ici perçu comme « de gauche » par le choix des journaux dans lesquels il écrivait, il l'est maintenant de manière déclarée.

Barthes marxiste ? Cette adhésion est, selon lui, ancienne, puisqu'il se définit à la fin de la guerre, à la sortie du sanatorium, comme « marxiste et sartrien » et qu'à Bucarest, face à son ami Rebeyrol, il se définit encore comme ne pouvant penser, dans le domaine politique, « que marxistement ». Or, on peut douter à la fois de sa formation marxiste et de ses positions sartriennes. Notons tout d'abord que, révélé par ses articles dans *Combat,* il fait partie, au début des années cinquante, d'un groupe considéré comme anticommuniste par les tenants du stalinisme, à un journal dans lequel, dès février 1948, Claude Bourdet appelait à l'union des forces de gauche « des révolutionnaires non staliniens, des esprits progressistes de toutes tendances ». On peut, bien sûr, être marxiste sans être pour autant zélateur du parti communiste, mais les polémiques de Barthes ne se sont pas jusqu'ici situées, et ne se situeront jamais, dans le champ clos de la rhétorique marxiste. Ainsi, dans le *Degré zéro,* lorsqu'il s'attaque avec férocité à Roger Garaudy et André Stil, deux piliers particulièrement orthodoxes du parti communiste, il ne fait absolument pas référence à leur interprétation du marxisme mais à leur conception de la littérature (« évidemment il faut faire la part de la médiocrité ; dans le cas de Garaudy, elle est immense… », écrit-il) et il conclut simplement que l'idéologie stalinienne a imposé une sainte terreur de toute problématique de l'écriture, et pousse donc à choisir l'écriture bourgeoise, moins dangereuse que sa mise en question… Rien dans tout cela qui puisse lui valoir l'étiquette de spécialiste ès sciences marxistes. Edgar Morin qui, lui, avait été exclu du PCF en 1951 et avait une incontestable culture marxiste considère que Barthes adhérait à ce « marxisme-vulgate des intellectuels, qui avaient peut-être lu quelques pages de Marx, ou plutôt de Sartre… »

Mais, se réclamant publiquement face à Camus du marxisme, comme il l'a déjà fait une fois, mais dans un contexte très différent, dans son dernier discours à l'Institut français avant de quitter Bucarest, Barthes sort d'une réserve qu'il s'est toujours imposée, en bien des domaines. Ce qu'il déteste le plus au monde, nous l'avons vu, c'est de s'afficher. A ses amis, il dit souvent sa haine de l'agressivité, de l'hystérie, qu'il découvre en particulier derrière les discours militants trop affirmés ; fasciné par la notion d'engagement sartrien, il est en même temps affolé par les traductions concrètes de cet engagement et il ne pratique que peu les meetings, les manifestations, la foule... Camus l'aura donc amené à sortir de sa réserve, pour une des rares fois de sa vie.

En juillet 1955, il rejoint pour quelques jours Philippe Rebeyrol que des problèmes de santé obligent à un séjour de repos dans les Basses-Alpes, près de Barcelonnette. Il ne lui souffle mot de cette polémique avec Camus, de ce texte qu'il vient d'écrire pour se revendiquer marxiste. Par contre, il le traîne assister au passage du Tour de France. « Mais qu'as-tu à faire avec cela ? » lui demande son ami. « Cela me passionne, c'est extraordinaire, c'est très intéressant du point de vue sociologique », répond Barthes. En fait, il prépare l'une de ses « mythologies » : « Le Tour de France comme épopée ».

Greimas pour sa part est toujours en Égypte et aimerait bien rejoindre l'Europe. Or, en cette année 1955, un poste de lecteur de français naguère occupé par Georges Dumezil est déclaré vacant à Uppsala, en Suède. Il se porte candidat, mais en vain : c'est un agrégé de philosophie de vingt-neuf ans, assistant à la faculté des lettres de Lille, qui l'obtient, Michel Foucault, que Barthes rencontrera quelques mois plus tard, à Noël 1955, par l'entremise d'un ami commun, Robert Mauzi. Bien des choses rapprochent Barthes et Foucault, leurs idées, leur rapport critique à l'idéologie dominante et, bien sûr, leur homosexualité. Plus de choses encore, peut-être, les séparent : Barthes est plutôt réservé, n'aime pas les éclats, l'exhibitionnisme, alors que Foucault est tout à l'opposé de ce caractère. Les deux hommes, cependant, deviennent amis. Ils dînent souvent ensemble lorsque Foucault est de passage à Paris, sortent ensuite dans des boîtes de Saint-Germain-des-Prés, se retrouvent pour les vacances, le plus souvent au Maroc, jusqu'à la brouille qui les séparera et sur laquelle nous aurons à revenir.

Les Mythologies

L'année 1956 commence par un défi à soi-même : Barthes refuse désormais de se laisser dicter leur loi par ses poumons malades, qu'il appelle dédaigneusement « le mou », il décide que ses problèmes pulmonaires sont maintenant terminés et qu'il peut se remettre au chant classique. Il reprend donc contact avec Charles Panzera, avec qui il avait déjà pris des cours en 1941, et retravaille avec lui chaque vendredi à partir de la fin du mois de janvier. Mais l'expérience sera de courte durée : Barthes ne retrouve pas sa voix, incrimine bien sûr une fois encore sa maladie, son âge aussi (il vient d'avoir quarante ans) et il décide en avril, avec une certaine tristesse, de mettre un terme à ces leçons. Au moins lui restera-t-il une compréhension profonde de la musique et du chant, explique-t-il à Panzera, mais il sait que pour sa part il ne pourra jamais chanter d'une façon qui le satisfasse.

Et il va à la même époque lentement s'éloigner de *Théâtre populaire*. Il a retrouvé un poste au CNRS, comme attaché de recherche, en sociologie cette fois-ci, et surtout il réfléchit à l'édition qu'il prépare pour le Seuil des « petites mythologies du mois » qu'il a continué à donner à la revue de Nadeau. Sur les cinquante-quatre textes, deux seulement ne viennent pas des *Lettres nouvelles*, le premier consacré au catch et publié, nous l'avons dit, en 1952 dans *Critique*, et « l'écrivain en vacances » qui est sorti dans *France-Observateur* en septembre 1954. Cet ensemble compose donc *Mythologies*. Il lui faut cependant rédiger un texte additif pour donner au recueil une unité, une direction. Mais quel texte : une préface, une postface ? Et quel ton adopter ? Durant l'été 1956, il en discute avec Bernard Dort, invité à passer des vacances dans la maison d'Hendaye, au bord de la plage, sur la route de Saint-Jean-de-Luz. Bernard se baigne tous les jours avec délectation, sort de l'eau pour boire les « kirs », vin blanc et liqueur de cassis, que lui prépare Mme Barthes, tandis que Roland qui n'aime ni le soleil ni la mer écrit sa postface. Il a d'abord la tentation de parler de lui : après tout, la bourgeoisie, il l'a connue par sa propre famille, par son propre comportement même, et il songe avec un sourire ironique à clore le livre par une « mythologie de Roland Barthes ». Dort l'y encourage, un peu par provocation. Il a toujours pensé que Roland n'était pas le théoricien qu'il croyait être et avait plutôt l'étoffe d'un grand romancier bourgeois. « Mais le roman qu'il aurait pu écrire l'était déjà, c'était *A la recherche du temps perdu.* » La postface sera finalement un texte théorique, « le mythe aujourd'hui », dans le prolongement des discussions d'Alexandrie avec Greimas, texte qui marque son entrée en sémiologie, comme on entre en religion. Mais les cinquante-quatre études qui précèdent, écrites au gré de l'actualité entre 1952 et 1956, relèvent d'un tout autre genre. Dans les événements sur lesquels il réagissait, il cherchait, et dénonçait la distorsion idéologique, la tentative de faire passer comme naturel ce qui est en fait profondément culturel, ou de faire prendre pour inné ce qui est acquis. En bref, il se livrait à une chasse aux fausses évidences, à ce qu'il nommera lui-même le ce-qui-va-de-soi : « Le départ de cette réflexion était le plus souvent un sentiment d'impatience devant le " naturel " dont la presse, l'art, le sens commun, affublent sans cesse une réalité qui, pour être celle dans laquelle nous vivons, n'en est pas moins parfaitement historique : en un mot, je souffrais de voir à tout moment confondues dans le récit de notre actualité Nature et Histoire, et je voulais ressaisir dans l'exposition décorative de ce-qui-va-de-soi, l'abus idéologique qui, à mon sens, s'y trouve caché [19]. »

Ainsi le *mythe* est-il à prendre au moins en deux sens : il est d'abord, comme le veut son étymologie grecque, une légende, un récit symbolique de la condition humaine, et il est ensuite un mensonge, une *mystification,* et dans les articles qui se succédaient chaque mois, Barthes montrait à propos d'un film, d'une publicité ou d'un discours un « mensonge » social, un travestissement idéologique. Au cours de cet été 1956, au moment d'écrire sa postface, il se trouve cependant confronté à un problème : entre ces différentes descriptions conçues d'abord indépendamment les unes des autres et ensuite regroupées en un livre, quel est le lien ? Il est d'abord tout simplement de répétition, d'accumulation. Répétition des mythes décrits bien sûr, et répétition du sens que l'on en dégage. Au fur et à mesure que les textes se succèdent, apparaît ainsi la cible préférée du descripteur de mythe, la bourgeoisie — singulièrement la petite-bourgeoisie : « Le mythe petit-bourgeois du Nègre » (page 170 : « Bichon chez les Nègres »), « Ce que la petite-bourgeoisie respecte le plus au monde, c'est l'immanence » (page 96 : « Quelques paroles de M. Poujade »), « J'ai déjà signalé la prédilection de la petite-bourgeoisie pour les raisonnements tautologiques » (page 109 : « Racine est Racine »), « Promotion bourgeoise de la montagne » (page 136 : « Le guide bleu »), « Puisqu'il y a désormais des voyages bourgeois en Russie » (page 147 : « La croisière du Batory »), etc.

C'est dans cette redondance même qu'il trouvera la solution. En effet, pense Barthes, les choses répétées font du sens. Et les mythes-allégories, puis les mythes-mensonges, s'insèrent alors à ses yeux dans un code, celui qui permet à la bourgeoisie d'émettre son idéologie. Encore faut-il se donner les moyens de le décrire, et ni Sartre, ni Brecht, ni même Marx ne suffisent ici. C'est là l'origine de la postface, « le mythe aujourd'hui », et simultanément l'origine de l'intérêt de Barthes pour la sémiologie. Devant passer de l'accumulation de ces petits textes de critique aiguë de l'actualité à un discours plus général, du statut de « mythologue » à celui de « sémiologue » donc, il va emprunter à Saussure et Hjelmslev, découverts grâce à Greimas, et utiliser les concepts de signe, de dénotation et de connotation : le mythe est un détournement du signe, dont la fonction première est de dénoter, parce que la connotation y parasite la dénotation. Ainsi la phrase latine *quia ego nominor leo* a-t-elle, au plan de la dénotation, un signifié (ou un sens pour parler plus simplement) : « car moi je m'appelle lion ». Mais cette phrase est souvent utilisée dans les manuels scolaires comme exemple de l'accord de l'attribut, et elle prend au plan de la connotation un autre sens : « Je suis un exemple de grammaire ». Ou encore, le critique littéraire dont la compétence est reconnue (du moins reconnue par les lecteurs de son journal) et qui écrit à propos d'un livre de l'école dite du « nouveau roman » : « je n'y comprends rien » semble, au plan de la dénotation, admettre son incompétence, mais puisque sa compétence est reconnue, il faut lire sa phrase au plan de la connotation et comprendre : « il n'y a rien à comprendre ». Dernier exemple, plus quotidien celui-ci, une couverture de l'hebdomadaire *Paris-Match* qui montre un jeune soldat noir saluant fièrement le drapeau français : « Cela, c'est le *sens* de l'image. Mais, naïf ou pas, je vois bien ce qu'elle me signifie : que la France est un grand empire, que tous ses fils, sans distinction de couleur, servent fidèlement sous son drapeau, et qu'il n'est de meilleure réponse aux détracteurs d'un colonialisme prétendu, que le zèle de ce Noir à servir ses prétendus oppresseurs... »

Il en va de même pour tous les mythes dans lesquels l'idéologie petite-bourgeoise se donne à voir, et l'entreprise du mythologue en tire son sens : faire une sémiologie de ce monde bourgeois. Mais s'il mobilise donc ici quelques concepts, Barthes s'en sert en fait pour peindre de couleurs théoriques une approche qui était déjà la sienne, une approche que l'on trouvait dès les premières lignes du *Degré zéro* que nous avons déjà citées : « Hébert ne commençait jamais un numéro du *Père Duchêne* sans y mettre quelques " foutre " et quelques " bougre ". Ces grossièretés ne signifiaient rien mais elles signalaient. Quoi ? Toute une situation révolutionnaire... » *Signifier, signaler,* dénoter, connoter, le parallélisme est parfait et apparaît dès lors ce qui sera une pratique barthésienne constante, la théorisation de sa propre pratique par investissement de concepts produits par d'autres que lui ; Barthes commence ici à détourner des concepts, il n'arrêtera jamais.

L'ensemble de ces petits textes constituent, par leur regroupement, un témoignage passionnant sur la première moitié des années cinquante, et l'on y trouve sans cesse l'écho d'une actualité qui en même temps fonctionne comme

158

révélateur d'un regard, celui de Barthes, d'un instinct analytique. Umberto Eco et Isabella Pezzini ont parlé à propos des *Mythologies* de « pages apparemment occasionnelles (mais régies en fait par un superbe instinct de système) [20] ». On ne saurait dire mieux, à condition d'admettre que l'instinct peut parfois être mis en défaut.

L'année 1954 débute par un hiver rude : moins vingt degrés à Paris, moins trente dans certaines campagnes. Et, dans la nuit du 4 janvier, un bébé meurt de froid alors que le ministre de la Reconstruction et du Logement, Maurice Lemaire, vient de rejeter le projet de cités d'urgence déposé par le sénateur MRP Léo Hamon. Se lève alors un étrange personnage, Henri Grouès, ancien moine capucin, devenu vicaire et qui a pris dans la résistance le pseudonyme de l'abbé Pierre. Révolté par la misère qui s'étale, le créateur des *Chiffonniers d'Emmaüs* lance un appel à la solidarité, à la charité, et les médias font très vite une large place à sa campagne. Un an après le début de cette campagne, en janvier 1955, Barthes publie « Iconographie de l'abbé Pierre », un abbé Pierre qu'il voit couvert d'une « forêt de signes ». A relire aujourd'hui ce texte, alors que l'abbé Pierre est à nouveau en 1990 sous les feux de l'actualité (un livre, puis un film, *Hiver 54,* ont été consacrés à sa vie), on peut trouver la conclusion de Barthes toujours recevable : « J'en viens alors à me demander si la belle et touchante iconographie de l'abbé Pierre n'est pas l'alibi dont une bonne partie de la nation s'autorise, une fois de plus, pour substituer les signes de la charité à la réalité de la justice. »

Par contre, l'analyse qu'il donne, en janvier 1954, du film de Joseph Mankiewicz adapté du *Jules César* de Shakespeare est moins convaincante. Le cinéaste y faisait une série de choix qui auraient dû intéresser le rédacteur de *Théâtre populaire :* respectant, à quelques coupes près, le texte de Shakespeare, choisissant le noir et blanc à une époque où la couleur triomphait, faisant raconter les batailles alors qu'il aurait pu les montrer, il proposait un certain type de réponse au problème du passage de la scène à l'écran. Or Barthes ne voit dans le film que la frange des acteurs, signe de « romanité », note que l'on a masqué les calvities, et enfin que tous les personnages suent : « hommes du peuple, soldats, conspirateurs, tous baignent leurs traits austères et crispés dans un suintement abondant (de vaseline). Et les gros plans sont si fréquents que, de toute évidence, la sueur est ici un attribut intentionnel. Comme la frange romaine ou la natte nocturne, la sueur est, elle aussi, un signe. De quoi ? De la moralité. » Que le lecteur de Brecht, le théoricien du théâtre, ne s'interroge pas sur la théâtralité de ce film surprend d'autant plus qu'en visionnant *Jules César* on y voit certes quelques franges mais aussi beaucoup de chauves, et que la sueur n'y saute pas aux yeux ; Barthes semble avoir largement inventé le film pour le faire rentrer dans une analyse en grande partie *a priori*. Et l'on trouverait d'autres exemples de cette distorsion en confrontant chacune des « mythologies » à l'événement qui lui a donné naissance : c'est souvent à ce prix que se constitue un système.

Le livre sort donc au début de l'année 1957. Sur sa machine à écrire, l'auteur a tapé le « prière d'insérer » que son éditeur enverra à la presse. Sur le brouillon, par trois fois, il abrège son nom en R.B., sigle que Philippe Sollers reprendra bien plus tard et qui deviendra dans le premier cercle de ses amis la façon commune de le désigner, « Erbé ». Mais pour l'heure les sigles ne sont guère à la mode : tout juste B.B. pour Brigitte Bardot... Parlant de lui à la troisième personne, comme il se doit, il se définit ainsi :

« Depuis trois ans, R.B. tente de mener dans des directions différentes une critique *engagée :* littérature dans ses essais et dans quelques articles de fond sur les romans de Cayrol *(Esprit)* et de Robbe-Grillet *(Critique)* ; théâtre, avec la fondation de la revue *Théâtre populaire* et quelques chroniques dans *France-Observateur,* vie quotidienne des Français d'aujourd'hui, dont ces *Mythologies* sont le témoignage. »

Comme il en a désormais l'habitude, il observe ensuite de très près les réactions de la presse. Dans *Le Monde,* Jean Lacroix qui assure la rubrique philosophique réagit tardivement mais signe un article plutôt bienveillant [21], tandis que la droite se réveille et découvre en Barthes un ennemi : *Rivarol*

160

dénonce ses « cornichonneries progressistes[22] » et Pol Van-
dromme dans *L'Écho du Centre* ne voit dans *Mythologies*
que « délire d'interprétation d'une part, jargon pédant
d'autre part[23] ». Jargon ? Début juillet *Mythologies* est
sélectionné par *L'Express* dans la rubrique « à lire en
vacances » et les jurés du prix Sainte-Beuve lui accorde sept
voix contre neuf à Cioran *(La Tentation d'exister)* pour leur
prix de l'essai. Et si le style de Barthes, ses analyses, peuvent
paraître, à cette époque, difficiles, elles deviendront très vite
le bien commun d'une certaine intelligentsia et semblent
aujourd'hui relever de l'évidence. Le livre, bien sûr, aura de
petites ventes, mais il se vendra longtemps, se vend encore
aujourd'hui : si l'on cite souvent le *Degré zéro de l'écriture,*
presque comme un livre culte, on lit surtout les *Mythologies.*
C'est que la France intellectuelle entre dans l'ère des
modèles et que ce livre va bien vite contribuer à la
constitution d'un nouveau « mythe » : celui du structuralisme.

Écrivain, écrivant...

Le théâtre s'éloigne de plus en plus, ou plutôt Barthes
s'éloigne du théâtre. Il n'y reviendra, en passant, que
beaucoup plus tard, lors de son voyage au Japon. Hasard,
nécessité ? Ce genre d'éloignement sera en effet chez lui
chose courante, comme s'il avait peur d'être trop lié par ce
qu'il faisait, par ses choix, et ressentait l'obligation de
« décrocher », de passer à autre chose. Toujours est-il qu'il
donne en 1960 son dernier article à *Théâtre populaire,* « Sur
la *Mère* de Brecht », publié dans le numéro du troisième
trimestre. Un mois plus tard, dans *Arguments,* il signe un
article qui illustre le nouveau cours de sa pensée et de ses
goûts, « Écrivains et écrivants[24] ».
C'est en 1956 qu'Edgar Morin, sur le modèle de la revue
italienne *Raggionamenti* à laquelle participe son ami Franco
Fortini, a lancé aux éditions de Minuit la revue *Arguments,* à
laquelle collaboreront régulièrement Colette Audry, Kostas
Axelos, François Fetjö, Pierre Fougeyrollas, Serge Mal-

let...[25]. L'idée est de créer un lieu non dogmatique, où des socialistes et des communistes, par exemple, pourraient écrire sans exclusive. Barthes est de l'équipe dès son origine. Il participera par la suite à bien des revues, appartiendra à bien des comités de rédaction, incapable qu'il est de dire non, par crainte d'être perçu comme agressif : sa tendance était à accepter, à tout accepter, puis à pratiquer une sorte d'objection de conscience, à freiner des quatre fers devant les responsabilités. Cette incapacité à refuser le mettra souvent dans des situations délicates, et il écrira d'innombrables lettres pour s'excuser de ne pas pouvoir venir à tel colloque, à tel débat, où il avait justement promis de venir. Mais il en allait très différemment d'*Arguments,* où il trouve une forme souple de marxisme, lavé de son dogmatisme stalinien. Venu là par amitié personnelle pour Edgar Morin, il y découvre une façon de faire de la politique qui lui convient. En fait *Arguments* sera son second « lieu » d'élaboration théorique, entre *Théâtre populaire* et *Communications* puis *Tel Quel*... Dans le premier numéro de la revue, il avait publié un article sur Brecht[26], puis un autre sur Robbe-Grillet[27], mais « Écrivains et écrivants » est un texte d'une tout autre importance dans l'élaboration de sa pensée. Cette distinction a tout d'abord pour lui une réalité grammaticale : l'écrivain (substantif) accomplit une fonction, l'écrivant (substantivation d'un verbe transitif, alors que pour l'écrivain *écrire* est intransitif) accomplit une activité ; le premier *écrit,* alors que le second *écrit quelque chose*. Mais surtout leur insertion sociale est différente, l'écrivain fait songer au prêtre, l'écrivant au clerc ; l'écrivant se justifie d'écrire en écrivant ce qu'il pense, l'écrivain en travaillant la langue. Ici encore la pensée a pu paraître obscure, difficile, elle relève aujourd'hui du sens commun, comme si le talent de Barthes avait été de donner forme à des idées qui, solidifiées, devenaient des évidences.

C'est à cette époque qu'il se rend pour la première fois aux États-Unis et découvre New York. Nous avons de sa réaction deux traces, l'une privée et l'autre publique. Dans le privé, il apparaît à sa mère et à son frère emballé par le modernisme, comme un enfant qui se passionne pour de nouveaux jouets, et de retour dans l'appartement de la rue Servandoni, il explique qu'il faut tout changer, remplacer les vieux appareils ménagers par des modèles électriques, sophistiqués, que le grille-pain, l'ouvre-boîtes, le four, sont médiévaux... Son enthousiasme ne durera guère et ses voyages ultérieurs, pour des colloques ou des conférences, seront moins euphoriques. D'autant moins que les Américains commencent à développer un racisme antifumeurs qui ira croissant et qu'il est incapable de faire un cours ou une conférence sans fumer... Mais il a aimé New York, ses rues, sa foule, et donne un témoignage, public cette fois, de sa réaction dans un article consacré à une exposition de Bernard Buffet[28]. Le peintre, écrit-il, a été victime d'un mythe, celui de la hauteur inhumaine, et d'un préjugé qui veut que l'on soit plus heureux à Belleville qu'à Manhattan : il a voulu voir New York comme une ville de gratte-ciel dans laquelle on vit malheureux. Cédant à cette idée toute faite il a privilégié la géométrie verticale, il « géométrise New York pour mieux la dépeupler », car « peindre New York par le haut, c'est donner une fois de plus dans le premier des mythes spiritualistes, à savoir que la géométrie tue l'homme ». Or ce n'est pas du tout cette ville qu'a vu Barthes, et il la défend avec fougue : s'il imagine bien qu'y travailler soit terrible, il pense que ce n'est pas New York qui est terrible, c'est le travail. La fin de l'article, qui est une véritable exécution du peintre, confirme ses réactions privées et son engouement pour le modernisme et les gadgets : « La désolation intentionnelle de son New York, que peut-elle signifier d'autre, sinon qu'il est mauvais pour l'homme de vivre en groupe, que le nombre tue l'esprit, que trop de salles de bains nuisent à la santé spirituelle d'un pays ? (...) Buffet dérive une fois de plus l'histoire en métaphysique, il impute implicitement le mal américain à la technique, non au reste... » Et, au centre de sa réaction, cette idée force : n'est-il pas un peu facile de limiter son analyse de la ville à l'idée toute faite que l'argent ne fait pas le bonheur, « la parole la plus réactionnaire de l'histoire de l'humanité, alibi de toutes les exploitations » ?

Ce passage est psychologiquement d'un extrême intérêt, témoignant de toutes les forces contradictoires qui traversent et travaillent Barthes à cette époque. Il y a, d'une part, son adhésion presque viscérale à la cause des pauvres, des opprimés, qui remonte nous l'avons vu à l'adolescence. Il y a, d'autre part, son adhésion déjà ancienne et récemment réaffirmée au marxisme. Et il y a, enfin, son engouement plus récent pour le modernisme. L'exposition de Bernard Buffet n'est bien sûr qu'un prétexte, au sens propre du terme, quelque chose, un événement, qui vient avant son texte et va le justifier, lui permettant de gérer ses idées peut-être contradictoires mais qu'il va dialectiser ; derrière la vision (fausse) que Buffet nous donne de New York il y a, une fois de plus, une petite mythologie à épingler, car les États-Unis ne sont pas le diable, l' « *American way of life* » n'est pas à condamner, c'est le capitalisme (même si le mot n'apparaît pas dans l'article) qui est responsable...

Mais ce voyage américain n'est qu'une parenthèse. Parallèlement, il a entamé une nouvelle recherche. Après le projet « Michelet » et celui sur « vocabulaire de la question sociale », Barthes travaille en effet maintenant sur un troisième projet de thèse, consacré celui-ci à la mode. Greimas dit avoir connu trois manuscrits de « la mode », et presque autant de directeurs de thèses potentiels. Levi-Strauss, sollicité en 1958, refuse de prendre Barthes comme thésard, le trouvant trop littéraire. Il confiera d'ailleurs plus tard à Didier Eribon : « Je ne me suis jamais senti proche de lui, et j'ai été confirmé dans ce sentiment par son évolution ultérieure. Le dernier Barthes a pris le contre-pied de ce que faisait le précédent et qui, j'en suis convaincu, n'était pas dans sa nature[29]. » Il refuse donc la thèse mais lui donne deux conseils : celui d'homogénéiser le corpus tout d'abord, de se limiter au vêtement « écrit », c'est-à-dire à la façon dont la presse parle du vêtement, et celui de lire la *Morphologie du conte*. « Lisez donc Propp. » L'entretien, qui a lieu avenue d'Iéna, ne manque pas de pittoresque : Levi-Strauss occupe à l'époque, avec quatre collaborateurs, une ancienne salle de bains dans une annexe du musée Guimet. Il reçoit son visiteur sur le palier, et s'installe avec lui dans deux fauteuils de jardin déglingués. Greimas qui l'attend dans le café du coin, voit revenir un Barthes dépité

Roland Barthes en 1963. *(Photo : Cartier-Bresson)*

Le sanatorium de Saint-Hilaire du Touvet. *(Photo : Robert David)*

Soirée costumée au sanatorium. A l'extrême droite : sous les traits de Barrès, Roland Barthes en académicien. *(Photo : Robert David)*

ci-dessus : avec Robert David dans les rues de Lausanne, en 1944. *(Photo : Robert David)*

ci-contre : dans le train pour la Suisse. Roland Barthes est à l'avant-dernier rang, au centre. *(Photo : Robert David)*

ci-dessous : l'arrivée en Suisse. *(Photo : Robert David)*

L'Institut français des Hautes Études en Roumanie. *(Photo : Philippe Rebeyrol)*

Le personnel administratif de l'Institut en janvier 1949. Roland Barthes est au second rang, le deuxième en partant de la droite. *(Photo : Philippe Rebeyrol)*

Les débuts de Roland Barthes. *Combat*, 1er août 1947. *(Photo D.R.)*

A Bucarest. Roland au milieu de ses étudiantes. Au premier rang, sa mère, la deuxième en partant de la droite. *(Photo : Philippe Rebeyrol)*

"Le degré zéro de l'écriture"

Par DOMINIQUE ARBAN

C'est au vif de notre temps que se greffe l'intelligent essai de Roland Barthes, *Le degré zéro de l'écriture* (1). Il est une réponse à la question qu'un très vaste public se pose, ce public qui n'approche qu'avec malaise ou refuse d'approcher les plus significatifs de nos écrivains d'aujourd'hui. Car, reflet d'une époque de transition, la littérature suit des chemins nouveaux, des sentiers qu'elle se fraye à mesure et qui sont parfois abrupts ; et sa démarche est souvent propre à déconcerter le lecteur.

C'est un fait : nombre de nos auteurs refusent de se servir d'un style *traditionnel*, le seul où le public se sente à l'aise. C'est

une *idéologie parmi d'autres*. Selon que l'écrivain s'est senti solidaire ou non de sa classe sociale, selon qu'il est « allé au peuple » ou au contraire s'est réfugié dans « l'art pour l'art », on a vu naître des écritures populiste, travaillée ou parlée, et la pire de toutes parce que la moins authentique, l'écriture qu'affecta « le réalisme socialiste » d'un Garaudy, voire d'un Maupassant. Les exemples que cite Roland Barthes à ce propos amusent et convainquent. Et l'on ne peut que partager son avis lorsque, nommant Flaubert et Mal-

ment aujourd'hui, et les débutants poètes savent ce qu'il en coûte en 1953 de chanter comme Lamartine : aussitôt ils voient se fermer les portes des revues, même des moins sévères. C'est que la poésie d'aujourd'hui se propose de tout autres buts ; elle assume aussi des risques plus graves, et avant tout celui de n'être comprise que de fort peu de gens. Ceux de nos lecteurs qui se tiennent éloignés de l'expérience poétique actuelle liront avec fruit le chapitre que Roland Barthes intitule : « l'Ecriture poétique. » Oui, l'instrument poétique n'est plus cette phrase articulée, plus ou moins ornée, plus ou moins rythmée. L'instrument poétique est *le mot*. Le mot qui veut saisir l'absolu de l'objet qu'il nomme, en contenir

Le premier article sur
Roland Barthes.
Le Monde, 3 octobre 1953
(Photo : D.R.)

Au moment de la parution
du *Degré zéro de l'écriture*.
(Photo : Robert David)

page de droite :
Henriette Barthes
(Photo : Robert David)

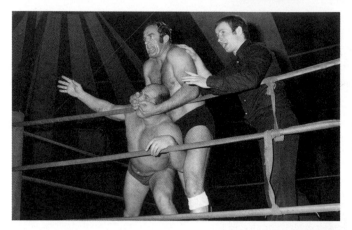

"Chaque signe du catch est doué d'une clarté totale puisqu'il faut toujours tout comprendre sur-le-champ (...) Non seulement on se sert ici de la laideur pour signifier la bassesse, mais encore cette laideur est tout entière rassemblée dans une qualité particulièrement répulsive de la matière : l'affaiblissement blafard d'une viande morte." *(Photo : Laurent Maous-Gamma)*

"Le panache petit-bourgeois consiste à (...) opposer aux procès de transformation la statistique même des égalités (...) M. Poujade est bien conscient que l'ennemi capital de ce système tautologique, c'est la dialectique, qu'il confond d'ailleurs plus ou moins avec la sophistique". *(Photo : A. Sas-Gamma)*

"Même dans l'extrême beauté, ce visage non pas dessiné, mais plutôt sculpté dans le lisse et le friable." *(Photo : Gamma)*

De **L'empire des signes,** 1970.
(Photo : Skira)

ロラン・バルト氏

遣文化使節として来日した。二十
日まで滞在し、その間東大、京
大など数力所で講演を行なう予定
である。

人文科学を駆使
バルトの名前は日本ではほとん
ど知られていない。
体=エクリチュール=の原点」が
森本和夫氏によって「零度の文

しかし、い
ティックな言
トはフランス
「問題の」批
るだろう。前
シュレ論」「
論」「批評と
これまでの著

Ce conférencier occidental, dès lors qu'il est cité par le Kobé Shinbun, se retrouve japonisé, les yeux élongés, la prunelle noircie par la typographie nippone.

De son côté, le jeune acteur Teturo Tanba, citant Anthony Perkins, y perd ses yeux asiatiques. Qu'est-ce donc que notre visage, sinon une citation ?

« Il est possible qu'Ernest vive

encore aujourd'hui :

mais où ? comment ? Quel roman ! »

à **La chambre claire,** 1980. *(Photo : André Kertész - Ministère de la Culture-France)*

A l'école pratique des
Hautes Études, 1973.
(Photo: L'Express)

"La graphie pour rien..."
(Photo: Romaric Sulger-Buël)

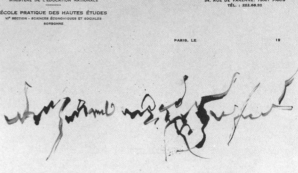

"Le plus de saveur possible..." :
séminaire aux Hautes Études, 1973
(Photo: L'Express)

La table ronde :
Roland Barthes
avec Michèle Cotta.
(Photo : L'Express)

A l'occasion de la sortie du *Plaisir
du Texte. Le Figaro,* 1973.
(Photo : D.R.)

Roland Barthes répond à
l'invitation à déjeuner du président
de la République, 1978.
(Photo : Pavlovsky-Sygma)

Au Collège de France, le 7 janvier 1978 : leçon inaugurale de Roland Barthes à la chaire de Sémiologie littéraire. *(Photos : Pavlovsky-Sygma)*

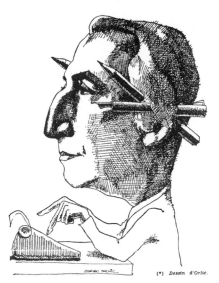

Le Monde, 14 Février 1975.
"Écrire à la machine : rien ne se trace : cela n'existe pas, puis tout d'un coup se trouve tracé (...) il n'y a pas naissance de la lettre, mais expulsion d'un petit bout de code." *Roland Barthes par Roland Barthes (Photo : D.R.)*

(*) *Dessin d'Orlic.*

Roland Barthes avec Marie-France Pisier, jouant le rôle de Thackeray dans *Les Sœurs Brontë* d'André Téchiné. *(Photo : Les Cahiers du cinéma)*

Avec Philippe Rebeyrol à Tunis. *(Photo : Philippe Rebeyrol)*

"La bourgeoisie écoute le piano les yeux fermés." *(Photo : Bassouls-Sygma)*

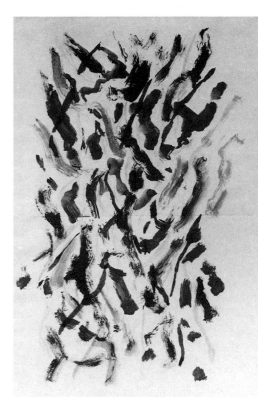

Le bleu de l'aigrette est plus pur, le rose de l'aigrette est plus allègre que le bleu et le rose de mon encre. Mais l'aigrette, parfois, s'envole et ses ailes font alors un nuage tout gris.

Aquarelle et plume de Roland Barthes. *(Photos: Romaric Sulger-Buël)*

(Photo : Julien Guideau-L'Express)

— « il ne veut pas de moi, ni de ma thèse » — mais en même temps excité par l'indication de Levi-Strauss. Vladimir Propp, folkloriste russe né en 1895 et qui enseigne l'ethnologie à l'université de Leningrad, est alors inconnu en France et son œuvre, pourtant ancienne (1928), ne sera réellement comprise et appréciée qu'avec l'avènement du structuralisme : partant de l'analyse de cent contes de fées russes, il élabore une matrice dont tous les contes seraient issus. Les deux amis se jettent donc sur la *Morphologie du conte,* dans la traduction anglaise que vient d'en faire la seconde femme de Jakobson, un texte qui, dira-t-il plus tard, « permettait de ramener sérieusement la sémiologie à un objet littéraire, le récit [30] ». De cette lecture naîtra l'idée de *narrativité,* qui fera son chemin, et celle de « modèle structural des actants » que Greimas développera plus tard dans sa *Sémantique structurale* (1966).

Reste que la thèse n'a toujours pas de directeur. Pierre Guiraud, qui avait, on s'en souvient, précédé Barthes en Roumanie et enseigne alors la linguistique à Groningue, aux Pays-Bas, suggère André Martinet, et les trois compères, Barthes, Greimas et Guiraud, se rendent un soir de l'été 1959 à Sceaux, invités à dîner chez le linguiste qui rentre d'un séjour de plusieurs années aux États-Unis. « Quelle est la partie du vêtement de la femme qui est la plus importante ? » demande Barthes au cours du repas. Martinet, retenant sans doute de la question les connotations sexuelles, répond immédiatement « les jambes, bien sûr, c'est-à-dire les bas, les chaussures ». « Mais non, reprend Barthes, du point de vue sémiologique les jambes ne tiennent pas debout. » Et d'expliquer que jambes avec ou sans bas, à couture ou sans couture, avec ou sans chaussures à talon, tout cela ne constitue pas un système très riche, tandis qu'avec le châle, on dispose d'au moins trente catégories élémentaires... Et de développer une longue improvisation sur le châle, ses différentes espèces (berthe, capette, chaufferette, étole, pèlerine), qui s'oppose à l'écharpe en ce qu'il s'appuie sur les épaules et non pas sur le cou, qui se différencie du col en ce qu'il ne tient pas au corsage... « Marqué, non marqué »,

« oppositions pertinentes », le vocabulaire de Barthes emprunte largement à celui de la phonologie, chère à son hôte. La démonstration, brillante et paradoxale, impressionne-t-elle Martinet ? Toujours est-il qu'il accepte de diriger la thèse. Mais Barthes n'accomplira jamais les démarches nécessaires au dépôt du sujet. Le projet de thèse sur Michelet était devenu un livre, *Michelet par lui-même,* le projet de thèse sur la mode deviendra plus tard un livre à son tour, *Système de la mode,* comme si ces tentations de cursus universitaire n'étaient là que pour avérer une nostalgie, et non la réalité d'un désir. En fait ces vélléités successives de thèses lui révèlent aussi un problème, celui de l'écriture. Faire une thèse, c'est se plier à un certain langage universitaire, un langage instrumental un peu terne qui permet aux chercheurs en sciences humaines de livrer le résultat de leurs travaux. Or ses goûts le poussent vers un autre style, moins convenu, plus personnel. Sentant peut-être qu'il ne finirait jamais cette thèse ni une autre, il avait déjà théorisé sa pratique, ou sa paralysie, dans une distinction devenue célèbre entre *écrivains et écrivants.* D'un côté, donc, l'*écrivance,* ce style qu'il rejette, de l'autre l'*écriture,* ce discours qui en même temps qu'il véhicule une pensée se met en cause en tant que discours.

Cette conscience que *le langage existe,* qu'il est partout et que le sujet, l'homme s'y dissout, sera le soubassement de beaucoup de ses positions théoriques ultérieures. Savoir que l'on parle, c'est déjà travailler sur l'écriture et cela fera plus tard à ses yeux l'unité du structuralisme, cela justifiera aussi sa formule célèbre selon laquelle, au contraire de ce que disait Saussure pour qui la linguistique faisait partie de la sémiologie, vaste science des signes, la sémiologie est une partie de la linguistique. La langue est toujours antérieure à l'homme, il doit faire avec, ce pourquoi Barthes dira bizarrement dans sa leçon inaugurale au Collège de France, en 1976, que le langage est fasciste, parce qu'il force à dire... S'opposant à l'attitude du scientifique, du chercheur, face au langage, il se situe donc du côté de l'écriture, contre l'écrivance : finie la thèse, il sera écrivain ou tentera de l'être.

166

Pour l'heure, l'indication de Levi-Strauss permet à Barthes de recentrer son approche de la mode sur le texte ; il ne traitera donc pas du *vêtement porté* mais du *vêtement écrit,* du texte de mode ou plutôt du « récit de mode », et ce thème devient chez lui central. C'est à cette époque qu'Olivier Burgelin, alors directeur de la Maison des lettres, vient le voir pour lui demander une conférence, sur le théâtre bien sûr, puisque c'est alors son centre d'intérêt public le plus évident. Barthes accepte la conférence, mais à la surprise de son interlocuteur, précise qu'il ne parlera pas de théâtre, plutôt de la mode. Et la conférence sera pour Olivier Burgelin une révélation : il y entendra, ou croira y entendre, « l'introduction de la pensée de l'ingénieur dans les sciences humaines, la formalisation extrême ». Avec le recul, il pense aujourd'hui que la scientificité était plus importante dans la façon dont il percevait cette démarche que dans la démarche elle-même, et il ajoute : « Barthes ne s'est jamais arrêté là, on pourrait dire qu'il n'a pas été dupe de cette scientificité », notant qu'il n'a jamais refusé une interprétation de son œuvre, sauf bien sûr si elle était insoutenable, laissant donc aux auditeurs ou aux lecteurs le droit de prendre comme ils le voulaient ce qu'ils entendaient ou lisaient. Mais il demeure que le discours qu'entend ce jour-là Burgelin lui paraît extrêmement novateur, révolutionnaire. En ce sens, Levi-Strauss a joué un rôle essentiel dans l'élaboration de ce qui demeure encore pour l'instant un projet de thèse et dont on suit l'émergence à travers la publication de quelques articles : « Histoire et sociologie du vêtement[31] », « Langage et vêtement[32] », « Tricot à domicile[33] », « Pour une sociologie du vêtement[34] », etc. Mais il faut passer de ces quelques textes *au* texte, il faut prendre le taureau par les cornes et s'attaquer au gros œuvre de *la* thèse. Au cours de l'été 1960, dans la maison d'Hendaye, il tente, avec difficulté, de rédiger. Il s'est, pour l'occasion, fait faire un pupitre, pensant qu'il écrirait mieux debout... Il rédige chaque jour, devant son pupitre, mais trouve la tâche difficile, avance très lentement et n'est pas content du *ton :* il a peur que l'œuvre ne soit très ennuyeuse et, de plus, longue à écrire, peur de se lancer dans un travail d'*écrivant...* Le *Système de la mode* est désormais sur les rails, mais il mettra quelques années encore à émerger.

Cette même année 1960 verra la première divergence avec Maurice Nadeau. *Les Temps modernes* et *Les Lettres nouvelles,* la revue de Sartre et celle de Nadeau, sont voisines dans les bâtiments des éditions Julliard, et alors que s'annonce pour septembre le procès des réseaux de soutien à la révolution algérienne, en particulier du réseau Jeanson, les deux équipes discutent de la réaction appropriée. Nadeau, Pouillon, Blanchot et quelques autres mettent au point un texte, qui passera à la postérité sous le nom de « manifeste des 121 », évidemment parce qu'il avait recueilli cent vingt et une signatures, et qui s'intitulait en fait « Déclaration sur le droit à l'insoumission dans la guerre d'Algérie ». Les signataires sont connus, mais plus longue est la liste de ceux qui, sollicités, refusèrent de signer. Parmi eux, entre Edgar Morin et Claude Levi-Strauss, Roland Barthes qui se sépare ainsi à la fois de son vieil ami Nadeau, malgré ses sollicitations, de Jean-Paul Sartre dont il admirait dans les années quarante la théorie de l'engagement, et de Bernard Dort, lui aussi signataire. C'est peut-être à partir de ce refus, pense aujourd'hui Nadeau, que leurs routes divergent, même si, nous le verrons plus loin, ils se rejoindront toujours dans les moments importants. Pour Bernard Dort, le refus de Barthes jette entre eux une ombre. Pourtant ils avaient tous deux les mêmes positions face à la guerre d'Algérie : lorsqu'en 1956 Bernard craint d'être mobilisé en Algérie, et se demande s'il ne devrait pas dans ce cas déserter, Roland le soutient moralement. Il assiste même, selon Dort, à quelques manifestations contre la guerre, lui qui a toujours détesté ces comportements « hystériques ». Nadeau, pour sa part, ne se souvient pas l'avoir jamais vu dans la rue ; il avait à la politique un rapport littéraire, les *Mythologies* lui semblant plus efficaces qu'un manifeste ou qu'une manifestation. « Il fallait signer, conclut Maurice Nadeau, il n'a pas voulu. » Mais il en veut beaucoup plus à Edgar Morin, un ami de longue date, dont il avait publié *Autocritique* et qui, non content de refuser sa signature, fera dans *France-*

Observateur un article hostile aux 121. « J'étais d'accord pour signer le premier paragraphe, sur l'insoumission, explique aujourd'hui Morin, mais pas pour la suite qui implicitement soutenait le FLN, parce qu'on assistait à cette époque à une liquidation des partisans de Messali Hadj. Le FLN se comportait face aux messalistes comme les communistes dix ans avant face aux trotskistes. » Mais Morin, qui se souvient d'en avoir parlé avec Barthes, ne sait plus s'il partageait les mêmes arguments et s'il refusa sa signature pour les mêmes raisons.

En ce début des années soixante, l'ère coloniale touche à sa fin. L'Algérie, bientôt, sera indépendante, et le « manifeste des 121 » un point d'histoire. Henriette, Roland et Michel continuent à passer leurs vacances au Pays basque. Mais la villa « Etchetoa » a les défauts de ses qualités : magnifiquement située au bord de la plage, elle est en même temps cernée par les touristes, le bruit des transistors, des voitures. Et l'on se met en quête d'un lieu plus tranquille. Ce sera Urt, un petit village sur la rive gauche de l'Adour, en amont de Bayonne, Urt où en mars 1961 Henriette achète la « maison Carboué » qui sera désormais leur lieu de vacances. Il leur faudra deux ans pour se débarrasser de la villa d'Hendaye, dernier souvenir de Noémie Révelin...

VII

L'ÉCOLE, ENFIN

Les années soixante commencent. Et pour Roland Barthes, une nouvelle vie : en 1960 il est enfin nommé chef de travaux à la VIᵉ section de l'École pratique des hautes études, en sciences économiques et sociales, puis deux ans plus tard directeur d'études en « sociologie des signes, symboles et représentations » ; il y restera dix-huit ans, jusqu'à son élection au Collège de France. Il y retrouve bien vite Olivier Burgelin qui, à la demande d'Edgar Morin, a quitté la Maison des Lettres pour venir aux Hautes Études et prendre en charge le secrétariat de rédaction de la revue *Communications,* que le « Centre d'études des communications de masse » vient de lancer. Au comité de rédaction voisinent Georges Friedmann, Claude Brémond, Violette et Edgar Morin, Roland Barthes, mais autour de la revue vont bientôt graviter des chercheurs plus jeunes qui se lancent dans « l'aventure sémiologique » — Christian Metz, Tzvetan Todorov, Jean-Claude Milner... Dans cette équipe, et parmi l'ensemble des enseignants de l'École, Barthes est sans doute celui qui prend le plus au sérieux les tâches administratives. Burgelin en est frappé, lui qui pensait voir les chercheurs se consacrer exclusivement à leurs tâches intellectuelles et prendre de haut les problèmes de paperasses. Il se souvient par exemple d'un jour où, le croisant dans un couloir, Barthes lui dit être « au comble de la joie », parce que le très sérieux responsable administratif de l'École venait de le féliciter : « Monsieur Barthes, vous êtes le meilleur directeur

170

d'études de l'École » faisant bien sûr référence non pas au contenu de son enseignement mais à sa conscience professionnelle. Et cet aspect un peu méconnu de sa personnalité, que Jacques Le Goff soulignera plus tard, est important lorsque l'on sait combien de gens ont au contraire laissé entendre qu'il n'était pas très sérieux dans son travail d'enseignant et dans son rapport aux étudiants.

En 1960 toujours, autour de Philippe Sollers, jeune romancier dont *Une curieuse solitude* (1959) a été encensée à la fois par François Mauriac et Louis Aragon, et de Jean-Edern Hallier, est créée aux éditions du Seuil la revue *Tel Quel*. Deux événements qui n'ont, semble-t-il, que des rapports de proximité géographique et chronologique. Les deux trajectoires, pourtant, vont très vite se rencontrer, et poursuivre longtemps un chemin parallèle. La première rencontre entre Sollers et Barthes a lieu en 1963, un peu par hasard, dans une petite salle du Quartier latin où Francis Ponge donnait une conférence. Barthes est assis au fond de la salle, il écoute Ponge ; à l'autre bout de la salle, Sollers. Les deux hommes se sont déjà aperçus de loin dans les couloirs du Seuil, ils se reconnaissent, c'est tout. C'est tout, mais le fait de venir écouter ce poète dont chaque texte est comme un morceau de réflexion philosophique sur le langage constitue à leurs yeux une garantie de qualité mutuelle... Barthes et Sollers ont dès lors l'un pour l'autre un préjugé favorable. Quelques jours plus tard, ils se retrouvent, en fin de journée, autour d'un cocktail informel offert par les éditions du Seuil. Sollers n'a que peu lu Barthes, *Mythologies, Le Degré zéro,* Barthes n'a pas lu Sollers ; Barthes a quarante-huit ans, Sollers en a vingt-sept ; le premier est discrètement homosexuel, le second affiche de manière ostentatoire son hétérosexualité ; Barthes se méfie de toutes les formes d'exhibitionnisme alors que Sollers adore se mettre en scène ; surtout l'un est d'origine protestante, plutôt « gibelin » dira Sollers, l'autre catholique et se voit « guelfe blanc ». Et cette distinction, si elle est due à Sollers, sera reprise par Barthes :

« Michelet opposait l'esprit guelfe (manie de la Loi, du Code, de l'Idée, monde des légistes, des scribes, des jésuites, des Jacobins — j'ajouterai : des militants) à l'esprit gibelin, issu d'une attention au corps, aux liens du sang, lié à une dévotion de l'homme pour l'homme, selon un pacte féodal. Je me sens plus gibelin que guelfe [1]. »

Bien des choses les séparent donc, mais quelque chose passe entre eux. Quelques jours plus tard Sollers envoie à Barthes, au nom de *Tel Quel,* un questionnaire auquel il répond : ce sera « littérature et signification », sa première intervention dans la revue [2], article repris la même année dans *Essais critiques.* Leurs rapports se nouent donc autour de la littérature. Et c'est encore par la littérature qu'ils vont évoluer vers l'amitié, autour de deux événements éditoriaux ; en 1965, lorsque Sollers publie *Drame* dont Barthes rend compte dans *Critique* [3] et en 1966 lorsque les ouvrages de Barthes, jusque-là publiés dans la collection « Pierres vives », passeront chez Sollers, dans la collection « Tel Quel », et d'abord *Critique et vérité,* l'intervention de Barthes dans une polémique racinienne sur laquelle nous reviendrons plus loin.

A cette époque où des liens se nouent autour des éditions du Seuil avec François Wahl, Severo Sarduy ou Sollers, d'autres se défont. Michel Foucault et Barthes se voyaient jusque-là beaucoup, presque tous les soirs. Lorsqu'en 1961 Foucault publie *Folie et déraison* (plus connu aujourd'hui sous le titre *Histoire de la folie à l'âge classique*) Roland en donne un compte rendu élogieux dans *Critique,* qu'il reprendra ensuite, en 1964, dans ses *Essais critiques* [4]. Mais leurs rencontres vont brusquement s'espacer, jusqu'à disparaître totalement. Une brouille ? Ce n'est pas l'avis de Daniel Defert, témoin privilégié pour avoir partagé la vie de Foucault jusqu'à sa mort et qui pense que celui-ci s'est simplement éloigné d'un groupe d'amis qu'il voyait presque tous les soirs pour se consacrer au travail, à la recherche : « C'était plutôt un " milieu ", et d'une façon involontaire j'ai contribué à le défaire dans les années 1963-1964 lorsque j'ai commencé à vivre totalement avec Michel Foucault, car le rythme de leurs rencontres quasi quotidiennes était incompatible avec nos heures de travail, les meilleures étant le soir fort tard. Michel Foucault, qui aimait d'abord le travail,

172

préféra moins sortir et sa période d'intense activité, l'écriture des *Mots et les Choses,* coïncida avec cette distance dans leurs rencontres amicales[5]. » Mais Philippe Sollers a une autre version et raconte qu'à la même période, dînant avec Foucault, il entend ce dernier dire du mal de Barthes. Comme il le défend, il se voit répondre : « On ne peut pas être ami à la fois avec Barthes et avec moi. » Par contre, précise Sollers, « Barthes, lui, ne m'a jamais rien dit de Foucault. L'aspect passionnel de la brouille était du côté de Foucault, qui avait un tempérament extrêmement jaloux. Et Barthes était à l'époque très célèbre, plus que Lacan, Foucault, Althusser… » Et Violette Morin a une troisième version, qu'elle tient de la bouche même de Barthes : Foucault, Jean-Paul Aron et lui étaient en vacances à Tanger, et Foucault se plaignait sans cesse, amèrement, de ne pas recevoir de nouvelles de son ami, resté à Paris. Un jour, une lettre arrive à l'hôtel. Barthes la prend, retrouve Foucault à la terrasse d'un café, entouré d'autres personnes, et la lui tend en riant, lui disant d'un air un peu ironique « qu'il a enfin écrit ». Foucault n'a-t-il pas aimé le ton ? N'a-t-il pas aimé la publicité donnée à son impatience ? Toujours est-il que « rien ne sera plus jamais comme avant entre eux »…

Quoi qu'il en soit, cette amitié avec Philippe Sollers qui se construit peu à peu est en même temps fondée, selon ce dernier, « sur une certaine organisation de la graphie », sur la « dévotion à l'écriture », sur un type de rapport à la vie ; en quelque sorte, Barthes aurait trouvé en lui un alter ego. En fait, il cultive de nombreuses amitiés, au centre desquelles Violette Morin a sans doute une place privilégiée. Ils se téléphonent tous les matins à neuf heures, se voient le soir, deux ou trois fois par semaine, Roland venant dîner chez Violette, rue Soufflot, aidant ses filles à faire leurs versions latines, parlant de tout et de rien. Pendant vingt-cinq ans d'une amitié sans faille, ils se sont téléphoné chaque matin, pour rien, pour se dire bonjour, ou pour se donner rendez-vous le soir. « Je n'ai jamais rencontré quelqu'un d'aussi soucieux de l'autre que lui, quelqu'un qui, si je partais en voyage me dise par exemple " Quand tu arriveras à Rome, téléphone-moi pour me dire que tu es bien arrivée... " » Parfois il emmène Violette dans les soirées auxquelles il est invité, et elle se souvient de son ironie, de la façon dont, en un regard, il en fustigeait le ridicule ou soulignait des intérêts inattendus : « Le plaisir d'être avec Roland dans une soirée, c'est que tout d'un coup le monde s'éclairait d'une autre manière. Ceux qu'on disait bien devenaient douteux, ceux qui étaient mal à l'aise devenaient spirituels, ceux qui étaient ternes devenaient brillants, ceux qui avaient l'air intelligent et qui parlaient beaucoup devenaient crétins... Avec Roland, dans une soirée, le monde avait les pattes en l'air. » Et elle raconte leurs éclats de rire à la limite de l'impolitesse. Alors, par exemple, que telle ou telle célébrité du moment se lançait dans un grand discours pédant, il suffisait qu'il la regarde, lui faisant un petit signe, et tous deux éclataient d'un fou rire interminable...

Cette image d'un Barthes drôle, gai, est inhabituelle car elle contraste avec bien d'autres témoignages : la plupart des gens se remémorent au contraire de quelqu'un d'un peu triste, d'un peu compassé, parfois geignard. Pourtant... Il lui arrive de dîner chez Violette avec Raymond Queneau, et c'est alors un festival de jeux de mots, de blagues. L'hôtesse se souvient en particulier d'un soir où Roland racontait à Queneau l'histoire qu'il préférait, celle d'un homme, un infirme, qui arrive à Lourdes dans sa petite voiture, va au bord de la piscine et avant de sauter dans l'eau, implore : « Mon Dieu, faites que je ressorte dans de meilleures conditions, mon Dieu, faites que je ressorte dans de meilleures conditions... » Il saute, on le ressort avec sa petite voiture, et miracle, Dieu l'a exaucé : les pneus de la voiture sont neufs...

Des Mythologies à Publicis

Il faut tenter de se replacer dans l'époque pour mieux cerner cette notoriété qui s'affirme peu à peu. En 1964, deux ans après la fin de la guerre d'Algérie, la vie politique française est marquée, à gauche, par les soubresauts qui

174

agitent les rapports entre le parti communiste et ses étudiants. Hervé Hamon et Patrick Rotman notent dans *Génération* que les « Italiens » — les contestataires de l'UEC (Union des étudiants communistes) — sont séduits lorsque Roland Barthes qualifie de « suspendu » le sens des films de la nouvelle vague : l'œuvre vise à susciter des réponses, pas à les fournir. En fait Barthes parle de sens suspendu à propos de différentes formes d'art, en particulier du théâtre de Brecht[6]. Mais la notation de Rotman et Hamon, même approximative, caractérise bien le statut que Roland Barthes est en train d'atteindre. Après *Mythologies* et *Sur Racine* (ouvrage sur lequel on reviendra) il vient de publier *Essais critiques,* et apparaît comme le porte-parole d'une critique littéraire nouvelle, d'un discours « moderne ». Dans *France-Observateur,* Renaud Matignon lui demande naïvement : « Sur quels critères vous fondez-vous pour décider qu'un livre appartient ou n'appartient pas à la véritable littérature[7] ? » Et Barthes répond que concernant la littérature il ne raisonne pas en termes de Bien et de Mal, mais que certaines œuvres lui paraissent « dangereuses » et qu'il ressent donc l'envie d'en parler.

Les contestataires de l'UEC, donc, lisent Barthes. En mars 1965, lors du congrès que les étudiants communistes tiennent à Montreuil, Roland Leroy, Pierre Juquin, Guy Hermier et quelques autres apparatchiks de choc mettront beaucoup d'énergie — et useront de méthodes expéditives — pour exclure ces jeunes gens agaçants qui ne respectent rien, surtout pas le dogme du centralisme démocratique, qui font encore référence à Nikita Khrouchtchev alors que les camarades soviétiques l'ont promptement renvoyé à la retraite, et qui regardent du côté de l'Italie, du côté du parti de Togliatti, à la recherche d'un autre modèle. Tous ces impudents seront donc exclus, à la grande satisfaction d'Hermier qui prend ainsi le pouvoir à l'Union des étudiants communistes et entame sa carrière politique... Un auteur est en partie défini par ses lecteurs : Barthes, déjà considéré comme l'un des points de référence de la critique littéraire moderne, devient en même temps dans l'imaginaire collectif

175

membre de la « bonne gauche », la gauche non stalinienne, à laquelle n'appartiennent ni Leroy, ni Juquin, ni Hermier. Se constitue ainsi lentement une image publique de Roland Barthes, comme une petite mythologie, par accumulation de traits de définition ; Barthes est marxiste, brechtien, il a collaboré à *Arguments,* donc il n'est pas stalinien, il porte sur la société un regard critique de sémiologue, il propose une lecture novatrice des œuvres littéraires... Le paradoxe est qu'au centre de cette mythologie, nous trouvons un système théorique beaucoup plus flou. Car Barthes n'est pas un homme de système, il est avant tout un homme d'intuitions, de réactions immédiates, d'humeurs, qu'il théorise ensuite au gré des rencontres et des emprunts. Il s'est jusqu'ici, au hasard des lectures, successivement réclamé de Sartre, de Marx, de Hjelmslev, de Brecht, de Saussure ; il se réclamera plus tard de Jakobson, de Benveniste, de Bakhtine, de Lacan, mais là n'est pas vraiment sa ligne directrice : il détourne tout ce qu'il touche, il l'asservit à sa propre démarche. En posant des briques les unes sur les autres, on parvient parfois, avec de la chance et du ciment, à faire un mur. Mais l'ensemble peut aussi s'écrouler au premier souffle de vent. Barthes a réussi à faire un mur, un mur novateur, avec les « briques » Sartre, Brecht, Saussure, Jakobson ou Bakhtine, parce qu'il avait un ciment, le sien, qui donnait cohérence à l'ensemble, mais il est aventureux de dire que cela constituait une « théorie » : un regard plutôt.

Le type de regard sur la société qu'il a inauguré dans ses « mythologies » passe cependant lentement dans le domaine public. *France-Observateur* devient le *Nouvel Observateur,* avec le soutien de Sartre, et dans cet hebdomadaire de la gauche non communiste, Jean-Francis Held se fait le traducteur journalistique de l'auteur des *Mythologies* en appliquant ses décodages de connotations aux voitures... Déjà, en 1964, le cinéaste Jean-Luc Godard nous donnait, dans *La Femme mariée,* un montage de « petites mythologies » relatives à l'aliénation féminine et même s'il n'avait pas lu Barthes, il est évident qu'il s'en était nourri sans le savoir. Godard excellait à capter l'air du temps et Barthes était désormais dans l'air du temps. Il récidivera en 1967 avec un autre film « barthésien », *Deux ou trois choses que je sais d'elle...* Mais c'est dans la littérature que cette influence est la plus manifeste : *Les Choses,* le roman de Georges Perec qui obtient en 1965 le prix Renaudot, est un roman profondément barthésien. Jérome et Sylvie ont vingt-quatre et vingt-deux ans, ils ont abandonné leurs études et travaillent dans une branche à la mode, la psychosociologie, les enquêtes d'opinion et de motivation. Ils aiment les objets dénichés chez les antiquaires, les vêtements anglais, les moquettes profondes, les canapés de cuir, ils lisent *Le Monde* mais, même s'ils s'en défendent parfois, c'est *L'Express* qui les représente le mieux, et plus précisément *Madame Express.* Utilisant le passé simple (clin d'œil au *Degré Zéro?*) Perec dresse ce portrait-robot des petits-bourgeois en formation :

« Ils se plongèrent avec ravissement dans la mode anglaise. Ils découvrirent les lainages, les chemisiers de soie, les chemises de Doucet, les cravates en voile, les carrés de soie, le tweed, les lambswool, le cashmere, le vicuna, le cuir et le jersey, le lin, la magistrale hiérarchie des chaussures enfin, qui mène des Churchs aux Weston, des Weston aux Bunting et des Bunting aux Lobb[8]. »

En bref Jérome et Sylvie sont des personnages des *Mythologies,* au point qu'il est évident que Perec a lu le livre de Barthes, évident qu'il s'en est d'une certaine façon inspiré[9]. Décidément Barthes, ou du moins ce que l'on croit en comprendre, est bien dans l'air du temps.

Mais si les *Mythologies* sont généralement perçues comme une critique aiguë de la publicité, si *Les Choses* sont reçues comme une impitoyable dissection de la société de consommation, le monde de la publicité ne reste pas indifférent à la sémiologie naissante. En 1963, les *Cahiers de la publicité* demandent à Barthes un article. Il leur donne un texte qu'il intitule « Le message publicitaire » et qui sera publié à la fin de l'été sous le titre de « Rêve et poésie ». L'article, qui développe une théorie extrêmement classique (la publicité est un message puisqu'elle a un émetteur, la firme qui veut lancer un produit, un canal d'émission, le support publicitaire, et un récepteur, le public), attire l'attention de Georges Péninou, le responsable du département des recherches de la plus grosse entreprise publicitaire française, Publicis. Péninou est un personnage assez particulier. Proche de la quarantaine, cet ancien étudiant en philosophie qui travaille dans la pub depuis dix ans est grand lecteur de Bachelard, de Levi-Strauss et de la revue *Arguments* dans laquelle il a découvert Jakobson et... Roland Barthes. En novembre 1964, dans la revue *Communications,* Barthes revient à la charge avec « Rhétorique de l'image », une analyse fine, intelligente, d'une affiche pour les pâtes Panzani, du rapport entre le texte et l'image (la fameuse fonction d' « ancrage » du texte qui fixe un des sens possibles de l'image : le graphisme pourrait porter plusieurs sens différents, le texte « ancre » l'un de ces sens), des connota-tions des couleurs (« l'italianité » de l'affiche parce qu'on y trouve, outre le nom de Panzani, aux consonances italiennes, les couleurs du drapeau italien)... Les publicitaires, qui jusqu'ici ont surtout été influencés par la psychanalyse, commencent à se dire qu'il se passe quelque chose du côté de la sémiologie et Péninou, qui lui n'a jamais vraiment cru aux « psy », décide d'aller y voir de plus près et s'inscrit au séminaire de Barthes. Il est immédiatement séduit par l'intelligence du déroulé, par l'art de l'incise, de la parenthèse, par les dérives de Barthes, qui analyse le code de la route, s'envole vers des directions imprévues, revient à son propos initial, invite Jean-Paul Aron pour parler « de la noblesse et du sang »... Les relations sont d'abord celles d'un élève à son maître. Mais les deux hommes ont bien des points en commun. Né dans le Sud-Ouest, à Pau, Péninou a en outre été tuberculeux et a séjourné comme Barthes au sanatorium de Saint-Hilaire-du-Touvet, quelques années après lui. Comme lui encore, il est amoureux de la littérature et, surtout, il a l'esprit analytique, programmé presque pour l'analyse structurale. Tout cela, donc, les rapproche, mais surtout aux yeux de Péninou la tuberculose : il pourrait, pense-t-il, y avoir à l'origine de sa sémiologie une tentative de compenser par l'acuité de l'analyse le souffle rare, la diminution des capacités respiratoires, l'impossibilité de dilater...

Il s'inscrit donc pour une thèse de troisième cycle sur la

178

« sémiologie de la publicité » et va très vite devenir le porte-voix de cette science nouvelle chez Publicis d'abord, puis dans l'ensemble des milieux publicitaires. Avec son enthousiasme, son don pour la vulgarisation, il sera un ferment, un catalyseur, et grâce à lui la sémiologie, qui avait éveillé la curiosité des professionnels, va devenir une discipline opératoire. Il amène un jour Barthes chez Publicis, dans les bureaux de la place de l'Étoile, pour une conférence devant un aéropage de cadres. Plus tard, il lui confiera un contrat d'études pour la régie Renault sur la sémiologie de l'automobile ; partant d'images, d'un ensemble de photos et d'affiches qu'on lui a fournies, Barthes propose une analyse de la prise en charge publicitaire de la voiture...

Et peu à peu le propos sémioclaste des *Mythologies* va être ratifié par les professionnels de la publicité. Dans les bureaux du département des recherches de Publicis, on ne se contente pas, comme à l'université, de réfléchir sur l'analyse de l'affiche Panzani et de commenter la démarche de Barthes, on analyse deux cents, trois cents, quatre cents affiches « à la Panzani », pour critiquer le travail des concepteurs, détecter les erreurs stratégiques, les impropriétés ; on étudie les systèmes de production, la façon dont le shampooing, la voiture, la lessive, les conserves, les hommes politiques ou les postes de télévision s'expriment publicitairement... Cette approche, qui emprunte autant à Jakobson qu'à Barthes, qui empruntera plus tard à Greimas, pour des fins fort différentes des leurs, a sans doute laissé un goût étrange dans la bouche de Barthes : récupération ? reconnaissance ? Le fait qu'il ait accepté le contrat de la régie Renault, qu'il ait mis, ne serait-ce qu'un moment, sa science ou son intuition au service de la vente de voitures, peut laisser penser qu'il était lui-même fasciné par ce monde que par ailleurs il critiquait.

A la même époque, une jeune Française installée en Angleterre, Annette Lavers, lui envoie un livre qu'elle vient de publier, consacré à l'image du psychanalyste dans la littérature, *L'Usurpateur et le Prétendant*. Barthes répond par une lettre extrêmement gentille, disant qu'il a lu l'ouvrage avec « grand plaisir et grand profit ». La jeune femme vient en France quelques mois plus tard, le rencontre, et lui

179

propose de traduire en anglais *Le Degré zéro* et *Éléments de sémiologie*. Il est, bien sûr, ravi de l'idée, et les deux ouvrages paraissent l'année suivante à Londres, aux éditions Cape sous le titre *Writing Degree Zero ;* il sera également publié aux États-Unis chez Hill & Wang, avec une préface de Susan Sontag, et titré *Elements of semiology.* Un an plus tard, ce sera au tour de *Mythologies,* dans lequel l'éditeur britannique demande que l'on coupe, pour faire un ouvrage moins volumineux. Consulté, l'auteur n'a qu'une exigence : surtout, ne pas enlever « le monde où l'on catche ». Cette première rencontre, qui sera suivie de beaucoup d'autres, à Paris ou à Londres, a frappé Annette Lavers sur un point un peu marginal ; Barthes lui apparaît très séduit par l'Angle- terre, au contraire des États-Unis qu'il n'aime guère (malgré le coup de foudre initial pour New York), et surtout très intéressé par ce qui peut se passer à l'étranger, par ce qu'on y pense des sciences humaines françaises, par les auteurs qu'on y connaît, qu'on y lit. Lorsqu'il ira ensuite en Angleterre et qu'elle le guidera dans Londres, elle découvrira sa façon d'approcher les villes, dont on trouvera plus tard un écho dans son livre sur le Japon, *L'Empire des signes :* il lui demandera toujours en effet de l'emmener au centre de Londres, à Piccadilly Circus : « Il n'y a que le centre des villes qui m'intéresse… »

La retraite d'Urt

Henriette a donc vendu en 1961 la maison d'Hendaye, pour en acheter une autre à Urt, à une vingtaine de kilomètres en amont de Bayonne, où Roland passe désor- mais chaque été ses vacances avec sa mère. Au volant de sa voiture, il « descend » chaque fois qu'il le peut vers le Sud- Ouest : Orléans, Tours, Poitiers, Angoulême… « Lorsque, venant de Paris en auto (j'ai fait mille fois ce voyage), je dépasse Angoulême, un signal m'avertit que j'ai franchi le seuil de la maison et que j'entre dans le pays de mon enfance [10]. » La route est bordée de tournesols en fleur qui, passé Libourne, cèdent la place à la vigne. Après Bordeaux, on traverse la forêt de pins des Landes, mêlés de chênes verts, le sol est tacheté du mauve de la fleur de bruyère. Puis viennent les champs de maïs. Arrivé à Bayonne, il prend la petite route qui remonte la rive droite de l'Adour, un ancien chemin de halage, longe le fleuve, à droite, les champs de maïs toujours, à gauche, parvient au petit pont de fer qui, au passage de la voiture fait un bruit assourdissant, un peu inquiétant, comme un bruit de train franchissant un viaduc. Le fleuve franchi, il tourne à gauche, le voilà à Urt.

Le village possède tous les attributs du Sud. Dans les rues, on s'interpelle de loin, on se salue, on plaisante, avec un lourd accent gascon, familiarité qui est tout à l'opposé de Barthe, de sa réserve. Mais il y a surtout la lumière de la vallée de l'Adour, qu'il vante régulièrement à ses amis, « la grande lumière du Sud-Ouest, noble et subtile tout à la fois ; jamais grise, jamais basse (même lorsque le soleil ne luit pas), c'est une lumière-espace, définie moins par les couleurs dont elle affecte les choses (comme dans l'autre Midi) que par la qualité éminemment *habitable* qu'elle donne à la terre. Je ne trouve pas d'autre moyen que de dire : c'est une lumière lumineuse [11]. » La voiture passe devant la boulange-rie, puis traverse la place du village, laisse la pharmacie à gauche, le bistrot à droite, passe devant l'église et tourne enfin dans la route du Campas où se trouve la maison, solide, massive, à laquelle le sol de dalles de pierre donne un aspect un peu monacal.

Maison de campagne dans laquelle il a reconstitué son environnement parisien, respectant jusqu'à la place relative du bureau, du piano... Les journées s'y écoulent, toujours semblables ou presque. Il se lève chaque matin à sept heures, se prépare du thé, jette des miettes de pain aux oiseaux dans le jardin, époussette son bureau, vide les cendriers, écoute à la radio les informations de sept heures trente — démarrage lent, attente jusqu'à huit heures où il prend avec sa mère un petit déjeuner : deux œufs à la coque, du pain grillé, du café noir sans sucre. Il sort alors pour acheter le journal local, *Sud-Ouest,* puis se met au travail jusqu'à dix heures et demie. Première pause, un café noir, premier cigare, puis travail à nouveau, jusqu'à treize heures, l'heure du déjeuner.

Une heure de sieste, il traîne jusqu'à seize heures, brûle des papiers au fond du jardin ou se prépare une boîte à fiches, puis séance de travail jusqu'à dix-neuf heures, interrompue par un thé. Il arrose alors le jardin, joue du piano, puis dîne et s'installe devant la télévision ou bien rédige des fiches en écoutant de la musique. Coucher à vingt-deux heures, lecture au lit, puis sommeil jusqu'au lendemain... Et, accumulant ces « biographèmes », Barthes commente : « Tout cela n'a aucun intérêt », sinon de marquer son appartenance de classe et de construire dans ce récit l'image mythique de l'écrivain[12]. Encore une fois, le prétendu refus du détail biographique, au moment où, justement, il décrit avec minutie son emploi du temps... Il a d'ailleurs toujours réglé ses journées avec une extrême méticulosité. Malgré la fatigue sans cesse alléguée, il fait beaucoup de choses et tient à respecter une certaine organisation. Sur des feuilles de papier, il se fait donc des emplois du temps, avec des couleurs différentes, divisant les journées en plusieurs plages, le piano, le travail, les rendez-vous, les amis. Il s'affiche des programmes de travail, des échéances qu'il tente de respecter. Dans les tranches horaires quotidiennes qu'il se réserve pour l'écriture, il rédige d'abord à la main, rature son texte, le corrige, puis le tape à la machine en le modifiant. Dans un carnet il tient un compte méticuleux de tout ce qu'il publie, livres, articles, chaque écrit étant numéroté, ce qui permettra plus tard à François Wahl d'affirmer que seul peut être considéré comme « écrit » de Barthes ce qui est consigné dans ce carnet.

Le soir, il va parfois dîner à l'auberge de la Galupe, au bord du fleuve, ou s'il a envie de prendre sa voiture il va jusqu'à Pampelune, en Espagne, mais le plus souvent il reste à la maison, devant la télévision. Et ces séances de télévision des soirées d'Urt lui posent des questions ; le langage courant qu'il y entend le pousse à s'interroger sur le « jargon » qu'il craint alors d'écrire, et la nuit, raconte-t-il, ses adjectifs le réveillent...

Parfois Violette Morin l'accompagne vers Urt, où elle passe quelques semaines de vacances entre lui et Henriette, et elle se souvient qu'il arrivait à Roland, durant le trajet,

182

d'être pris de violentes migraines, qu'il lui fallait alors s'arrêter dans le premier hôtel et dormir trois ou quatre heures avant de reprendre la route. Curieusement, alors qu'Urt est un lieu de vacances, de repos, et qu'il devrait s'y sentir détendu, il y souffre plus que de coutumes de ces *migraines,* mot qu'il préfère à *maux de tête,* mais là aussi il s'interroge : pourquoi cette préférence sémantique ? Le mot est plus beau, certes, mais il est faux car il ne souffre pas de la moitié de tête (migraine vient du latin médical *hemicrania,* emprunté au grec *hêmikrania,* « demi-crâne »). A moins que sa vérité ne soit ailleurs ; la migraine, attribut des femmes du monde et des écrivains, est socialement juste et marque encore son appartenance de classe. Ces réflexions incessantes portent le plus souvent sur les mots et les idées toutes faites, lieux communs qu'il avoue d'abord chercher en lui. Se promenant par exemple dans le village il voit un jour, à quelques centaines de mètres de distance, trois pancartes donnant le même message, différentes cependant par leur forme linguistique : *chien méchant, chien dangereux, chien de garde.* La troisième, pense-t-il, est simplement informative, légitime (le chien garde sa maison), elle donne une information objective, alors que la première est agressive, sauvage, et la seconde philanthropique, protectrice (« attention, vous risquez de vous faire mordre »). Toutes trois disent pourtant la même chose, « n'entrez pas », mais la disent différemment et révèlent trois mentalités, trois alibis de la propriété, trois imaginaires. Or la linguistique, qui ne s'intéresse qu'aux messages, ne peut pas dire grand-chose de cette division des langages, qu'il appellera « guerre des langages » dans une conférence donnée en 1973. Il y explique que son exemple est simple puisque les trois pancartes proviennent d'une même classe sociale, celle des petits propriétaires, alors que cette « guerre » est beaucoup plus manifeste dans l'ensemble de la société où s'opposent des langages qui se développent à l'ombre, ou à l'abri du Pouvoir (discours institutionnels, étatiques, idéologiques) qu'il baptise *langages encratiques* et des langages se développant hors du Pouvoir ou contre lui, les *langages acratiques.* Face à cette « guerre des langages », poursuit-il, que peut, que doit faire l'intellectuel ? Il doit d'une part s'engager, participer à l'un de ces langages, mais il ne peut pas renoncer à la jouissance d'un langage non marqué par cette référence au Pouvoir. Or la seule pratique qui puisse échapper à cette détermination, mélanger les langages, brouiller les cartes en quelque sorte, est la production de *texte,* qui ne respecte pas cette loi de séparation des discours [13]. Et la façon dont cette construction théorique prend racine dans la vie quotidienne, dans l'observation de trois façons d'annoncer qu'une maison est gardée par un chien, est tout à fait caractéristique du mode de fonctionnement de Barthes : à quinze ans de distance nous retrouvons ici le principe des *Mythologies,* une sorte d'ethnographie de la société à partir des signes qu'elle émet d'elle-même.

Sa vie est dès lors définitivement stabilisée autour de deux pôles géographiques, deux lieux, Paris et cette petite partie du Sud-Ouest. Cette double appartenance lui paraît caractéristique *du* Français : « Je m'aligne sur la situation de la plupart des Français ; dans ma vie, du point de vue local, il y a deux coordonnées, comme pour la plupart des Français, il y a Paris et puis une autre origine qui est provinciale. Tout Français est plus ou moins articulé sur ces deux lieux, Paris et le reste (...) En cela je suis un pur représentant du Français, je suis un très bon français [14]. » Et même si son nom de famille n'est plus prononcé à la gasconne (Barthès) mais à la parisienne (Barthes, comme Barthe, sans « s »), il conserve un attachement très corporel au Sud-Ouest dont il aime les odeurs, surtout après la pluie, les couleurs... Ainsi, raconte Julia Kristeva, Sollers et lui passaient leur temps à se complimenter sur leur origine commune, sur le raffinement des gens du Sud-Ouest, sur ce côté océanique, un peu anglais, qui faisait d'eux des étrangers en France. Mais s'il « sent » la région de Bayonne, il « aime » Paris, qui n'est pas pour lui le contraire de la province mais la province *plus* quelque chose, plus l'excitation du nouveau possible, avec l'idée que des choses inattendues peuvent y survenir à tout moment, et que cela est impossible en province. Paris se réduit d'ailleurs pour lui à un tout petit périmètre qui va de la

Sorbonne à Saint-Germain-des-Prés, un périmètre dans lequel il a ses *routines,* au sens étymologique du terme, ses « petites routes » : dès qu'il sort de ce quadrilatère il est, dit-il, aussi dépaysé que s'il allait dans une autre ville. Paris-Urt, l'appartement-la maison, sa vie est donc fixée autour de ces deux pôles, différents par bien des aspects, semblables pourtant sur un point, puisqu'il a pris soin d'y aménager son lieu de travail strictement sur le même plan, avec la même organisation : le bureau sur lequel il écrit avec, à gauche, le téléphone, sur le côté droit une table où il dispose ses fiches ; plus loin un plan de travail où il peut dessiner ; plus loin encore, le piano...

L'affaire Racine

C'est d'Urt qu'en juin 1965, apprenant par la presse qu'après la mort de René Julliard *Les Lettres nouvelles* sont menacées, il écrit à Maurice Nadeau : « Il y a bien longtemps que je ne t'ai vu, pour des raisons stupides d'accablement, de travail, de dispersion parisienne que tu connais. Mais je pense à toi avec affection, avec fidélité, avec solidarité... Il faut que tu saches qu'en moi un ami de la première heure est à tes côtés, et que si tu avais besoin de moi de quelque façon que ce soit, tu dois me le dire [15]. » Cette fidélité affirmée, cette façon d'écrire souvent qu'il regrette de ne plus avoir de temps à consacrer aux amis, ils sont nombreux à en témoigner. Nadeau aura connu une fausse alerte puisque Denoël reprend la revue, qui vivra encore dix ans, mais il est sensible au geste de Roland. Malgré la divergence politique au moment du « manifeste des 121 », les liens entre les deux hommes restent étroits et lorsqu'à la rentrée 1965 Raymond Picard, un professeur de littérature à la Sorbonne, spécialiste de Racine, lance son pamphlet *Nouvelle Critique ou nouvelle imposture*, Nadeau sera, une fois de plus, aux côtés de Barthes.

A l'origine du conflit, *Sur Racine,* sorti en 1963, toujours aux éditions du Seuil. Barthes y reprend en fait trois études : l'une a été au préalable publiée en 1960 en préface à l'édition des œuvres de Racine que donne le Club français du livre, la seconde est le compte rendu d'une représentation de *Phèdre* au TNP, publiée dans *Théâtre populaire* en 1958, la dernière a été publiée en 1960 dans la revue *Annales*. Tel qu'il est, le livre se présente, dit le prière d'insérer, comme « une réflexion sur la critique littéraire, soit d'une façon directe lorsque l'auteur demande à la critique universitaire d'assumer ouvertement la psychologie sur laquelle elle se fonde, soit indirectement, lorsqu'il confronte Racine avec l'un des langages possibles de notre temps ». Trois pages d'avant-propos mettent ces études en perspective, et dès les premières lignes, le ton est donné :

« L'analyse qui est présentée ici ne concerne pas du tout Racine, mais seulement le héros racinien : elle évite d'inférer de l'œuvre à l'auteur et de l'auteur à l'œuvre ; c'est une analyse volontairement close. Je me suis placé dans le monde tragique de Racine et j'ai tenté d'en décrire la population (que l'on pourrait facilement abstraire sous le concept d'*Homo racinianus*), sans aucune référence à une source de ce monde (issue, par exemple, de l'histoire ou de la biographie). Ce que j'ai essayé de reconstituer est une sorte d'anthropologie racinienne, à la fois structurale et analytique... »

Dans *Le Monde* du 12 juin 1963, Pierre-Henri Simon prend ses distances avec cette « virtuosité dialectique qui tour à tour (...) enchante et (...) inquiète », s'étonnant que Racine ait si bien caché ce sens mythique de son texte « que personne jusqu'à présent, et pas même lui, ne l'ait aperçu ». Mais la presse est dans son ensemble plutôt positive : « Une lumière nouvelle sur l'univers racinien » pour Roger-Louis Junod dans *La Tribune de Genève,* « Pour mieux aimer Racine » selon Guy Dumur dans *France-Observateur,* « Quand la nouvelle critique s'attaque aux classiques » pour *La Croix,* et enfin « Roland Barthes et le mythe de Racine » pour Robert Kanters dans *Le Figaro littéraire* [16]... Quelques mois plus tard, à partir de janvier 1964, les revues entrent dans la danse : *Le Mercure de France* approuve, *La Nouvelle NRF* applaudit. *La Pensée* ne se désolidarise pas : « A côté de divinations discutables, certaines vues plongeantes, en renouvelant notre vision du monde racinien, font apparaître des aspects méconnus de l'œuvre[17]. » Et *Critique,* dans un article de plus de vingt pages consacré à la fois à *Sur Racine* et au *Dieu caché* de Goldmann, qui traite aussi de Racine, affirme : « La critique liée au marxisme et à la psychanalyse est la seule à retrouver, de nos jours, le sens du tragique racinien (...). La critique humaniste ne veut rien connaître en dehors du discours poétique lui-même[18]. »

Humaniste ou pas, la « critique universitaire » va donc répondre, sous la plume de Raymond Picard, qui fut naguère condisciple de Philippe Rebeyrol, lorsque tous deux préparaient le concours d'entrée à l'École normale supérieure et que Roland, à Bedous, soignait sa tuberculose. Auteur de *La Carrière de Jean Racine,* éditeur du *Racine* de la prestigieuse Bibliothèque de la Pléiade, professeur à la Sorbonne, Picard ne supporte pas qu'on puisse mettre en question l'institution qu'il représente : « Attaquer l'Université fait partie du conformisme d'avant-garde dont M. Barthes est l'une des figures marquantes[19]. » Il décide donc d'attaquer de front le monstre structuraliste en constitution, dans un petit pamphlet que Jean-François Revel accueille, à l'automne 1965, dans sa collection « Liberté » : *Nouvelle Critique ou nouvelle imposture ?*

Les étudiants lecteurs de Barthes et les intellectuels « d'avant-garde » rient beaucoup de Picard, la grande presse au contraire l'applaudit. Dans *Le Monde* Jacqueline Piatier jubile, parle des « surprenantes interprétations que Roland Barthes a donné des tragédies de Racine », et poursuit : « On le voit : la première arme dont se sert Picard est le ridicule. L'excellence c'est qu'il fait rire en ayant tout simplement recours à la rigueur, à la cohérence, à la logique de l'esprit. » Et elle conclut : « Je ne crois pas qu'on puisse avec plus de rigueur et d'esprit préciser sa position et dire son fait à l'adversaire[20]. » Elle reviendra à la charge quelques mois plus tard[21] en qualifiant le pamphlet de Picard d'« attaque mordante et spirituelle ». Un mois auparavant, dans le *Nouvel Observateur,* Jean Duvignaud, l'ancien compagnon de *Théâtre populaire,* avait signé un article plus que mitigé : « Barthes ne pouvait faire un plus mauvais choix que celui de

Racine pour prolonger son investigation. En tout cas la manière dont il aborde l'auteur de *Phèdre* mutile aussi bien le poète que le critique [22]. » Bernard Pingaud prend pour sa part la défense de Barthes [23] : « Certes le livre de Barthes est discutable ; c'est un livre de parti pris, l'auteur ne s'en est jamais caché. Du moins s'agit-il d'une *lecture* de l'œuvre de Racine, et non d'une plate explication de texte. » Il est vrai que Barthes s'est éloigné des milieux de théâtre, de ses amis de *Théâtre populaire* en particulier. Ses relations intellectuelles tournent maintenant autour de Philippe Sollers, de Gérard Genette, de Jacques Derrida. Et, dans cette polémique racinienne, il se sent bien isolé, désemparé, fragile et exposé.

« Tu comprends, explique-t-il à Philippe Rebeyrol, ce que j'écris est ludique, et si l'on m'attaque il n'y a plus rien... » Alain Robbe-Grillet le décrit à la même époque « exagérément atteint par les reproches de Picard (...) : le regard courroucé de la vieille Sorbonne soudain le glaçait d'un sentiment complexe de haine et d'effroi [24] ». Philippe Sollers se souvient d'un Barthes très blessé, amer, face à ce cri presque unanime de « vive Picard ». Il se retrouve sans carapace, démuni devant une société qui se révèle hostile. Une semaine plus tard *Le Monde* toujours publie la lettre d'un certain Édouard Guitton : « Ce qui me console ou me rassure quand je sors des ouvrages de MM. Barthes, Mauron, Goldmann sur Racine, c'est de savoir que le théâtre de Racine survit à ses exégèses [25]. » Un an plus tôt, le même Guitton avait, toujours dans une lettre au *Monde,* fait preuve d'une rare intuition : « Je crois que les ouvrages de M. Barthes vieilliront plus vite que ceux de M. Picard [26] ! » Et *Le Journal de Genève* jubile en annonçant : « Roland Barthes K.-O. en cent cinquante pages [27]. »

Barthes vit donc mal ces remous ; de façon générale, il a toujours été très attentif à la sortie de ses livres, à l'accueil des médias, faisant avec beaucoup de sérieux le « service après-vente » auquel répugnent souvent les auteurs. C'est toujours lui qui, avec soin, rédige le « prière d'insérer », le texte de la quatrième page de couverture. Puis il dresse une liste des journalistes amis, propose des stratégies aux gens du

188

service de presse. Vient alors la cérémonie des dédicaces. Barthes en fait beaucoup, très personnalisées, souvent longues, toujours louangeuses : références à l'amitié, à la fidélité, mais aussi à l'acuité théorique du destinataire, à ce qu'il lui doit, ce qui fera croire à beaucoup de destinataires que leur pensée avait, à ses yeux, de l'importance...

Si l'attaque de Picard a agité les médias, elle suscite également, en 1966, trois réponses : *Critique et vérité* de Barthes, qui marque donc son entrée dans la collection « Tel Quel », *Néocritique et paléocritique* de Jean-Paul Weber, *Pourquoi la nouvelle critique ?* de Serge Doubrovsky. Et nous voilà repartis. *La Gazette de Lausanne* annonce « la guerre des critiques[28] », tandis que *La Tribune de Genève* dément : « La guerre des critiques n'aura pas lieu[29] » et que *Notre République* confirme « La guerre civile des critiques[30] ». *Le Nouvel Observateur* ouvre ses colonnes à Picard qui expédie Barthes : « Il s'enfonce plus avant qu'il n'avait jamais fait dans les ténèbres[31]. » Et, quelques semaines plus tard, le même hebdomadaire titre : « Barthes-Picard : troisième round[32]. » La guerre des critiques est transformée en match de boxe, mais si la métaphore change, l'acharnement du conflit est bien reçu comme tel.

Cette agitation et ces violences verbales peuvent surprendre aujourd'hui : quel était l'*enjeu* de ce débat ? Sans doute faut-il y voir l'apogée d'un affrontement qui pour Barthes a débuté il y a bien longtemps, avant-guerre, lorsque la maladie l'avait empêché de présenter le concours d'entrée à l'École normale supérieure. On se souvient qu'il reprochait en 1935 à Philippe Rebeyrol, de façon un peu injuste, d'avoir adopté un langage convenu, stéréotypé, de parler de la littérature par cliché. Or c'est précisément la critique universitaire qui est ici sur la sellette, une certaine façon de parler de la littérature, et Picard ne s'y trompe pas qui voit dans l'émergence de la « nouvelle critique » une mise en cause du discours institutionnel, du discours *encratique* pour reprendre le néologisme barthésien. Plus tard, Pierre Bourdieu en donnera une analyse globalement institutionnelle, y voyant l'illustration de « la complicité structurale entre les différents pouvoirs », en l'occurrence entre la Sorbonne et l'École

189

pratique des hautes études[33]. Mais peut-être faut-il mieux suivre le très austère *Times Literary Supplement* qui en juin 1966 voit dans cette agitation du microcosme intellectuel parisien la plus grande crise depuis la polémique entre Sartre, Camus et David Rousset et détourne une formule de Paul Valéry sur l'homme en général pour conclure, en français dans le texte : « La nouvelle critique est grande par ce qu'elle cherche et souvent absurde par ce qu'elle trouve[34]. »

Pour l'heure, une fois sa réponse, *Critique et vérité*, publiée, Barthes se retire dans le travail, les voyages. En mai 1966 à l'invitation de Maurice Pinguet, directeur de l'Institut franco-japonais de Tokyo, il se rend au Japon pour animer un séminaire sur « l'analyse structurale du récit » dans la capitale nippone. « Le Japon est un des rares pays que j'ai encore le désir de connaître » avait-il répondu à l'invitation de Pinguet. Et il est vrai qu'il fait montre, pendant son séjour, d'un réel enthousiasme. « D'un jour à l'autre entraîné, stimulé par tout ce qu'il y avait à vivre, à découvrir, à comprendre, il était inépuisable de curiosité, inlassable en rencontres, intarissable en anecdotes, ou plutôt en instantanés[35] », racontera plus tard Maurice Pinguet. Ici comme ailleurs, Barthes ne s'intéresse en rien à la langue, mais il est fasciné par cette opacité à laquelle il se heurte, et il s'en expliquera en 1971 dans sa réponse à un questionnaire de Guy Scarpetta pour la revue *Promesses*. « Vivre dans un pays dont on ne connaît pas la langue, y vivre largement, en dehors des cantonnements touristiques, est la plus dangereuse des aventures (...) Si j'avais à imaginer un nouveau Robinson, je ne le placerais pas dans une île déserte, mais dans une ville de douze millions d'habitants, dont il ne saurait déchiffrer ni les paroles ni l'écriture : ce serait là, je crois, la forme moderne du mythe[36]. » Et il est facile de deviner Tokyo derrière cette ville de douze millions d'habitants dont on ne connaîtrait ni la langue ni, surtout, l'écriture... Entre 1966 et 1967, il s'y rendra <u>trois</u> fois, accumulant en quelques semaines la matière tout à la fois d'un livre à venir, *L'Empire des signes,* et d'une grande

190

nostalgie pour un pays qu'il vivra comme un coup de foudre. A Robert David par exemple il parlera de la vie intense, de l'extraordinaire gentillesse des gens, et de la difficulté qu'il eut à quitter ce qu'il vécut comme le pays de ses fantasmes. Un pays qu'il aura peut-être découvert trop tard, à cinquante ans passés, et dans lequel il refusera par la suite de retourner (« C'est trop loin », répondait-il aux invitations), mais qui suscitera chez lui un nouveau regard. Les visions qu'il en ramène, et que l'on trouvera plus tard dans son livre, procèdent, comme les *Mythologies,* du fragment, mais celles-ci donnaient dans le sarcasme alors que les fragments japonais jouent plutôt de la tendresse ou de l'indulgence. Comme par contagion, le pays du zen tire Barthes vers la méditation...

En octobre, il va aux États-Unis, à Baltimore, participer à un colloque sur la critique, organisé à l'université Johns Hopkins, et qui réunit du côté français Derrida, Todorov, Poulet : il y présente une conférence intitulée « Les langages critiques et les sciences de l'homme ». Il continue à écrire de nombreux articles, « toujours sur commande » précise-t-il, prétendant n'avoir jamais écrit le moindre texte de son propre gré, ce qui n'est qu'en partie vrai mais témoigne d'un trait de caractère intéressant : il adorait faire une bonne performance rhétorique sur n'importe quoi, sur un sujet venu d'ailleurs, suggéré par un autre, qu'il s'agisse de la tour Eiffel, de Bernard Buffet ou des hiéroglyphes égyptiens. Parfois, bien sûr, il se laisse dépasser par ses promesses et, face aux retards accumulés, « il fait l'autruche » selon son expression...

Le séminaire

En 1966 encore, lorsqu'il fonde avec Erval *La Quinzaine littéraire,* Nadeau relance son ami, qui lui donne quelques articles sur Benveniste ou Lacan mais lui recommande surtout de jeunes auteurs, des livres qui viennent de paraître. Il n'a, dit Barthes, plus le temps d'écrire : « L'École des hautes études est devenue pour moi un véritable métier, très lourd, et je me débats sans cesse pour préserver au moins la possibilité de faire un livre de temps en temps : et cela même est en cause... » Il est vrai qu'obligé de changer souvent le thème de son enseignement, il a sans cesse l'impression de courir après lui-même. De 1962 à 1964 il a tenu un séminaire consacré aux « systèmes contemporains de significations », qui donnera naissance à deux articles publiés dans *Communications,* « Rhétorique de l'image » et « Éléments de sémiologie ». Il distribue en début d'année, en même temps que le plan de son séminaire, cinq pages de lexique, « Esquisse d'une terminologie de base », qui de *amorphe* à *variation* en passant par *commutation* ou *signifiant,* présente des définitions classiques, empruntées aux auteurs de référence, Martinet, Saussure, Hjelmslev, ainsi qu'une bibliographie à tendance très sociologique où figurent les noms de Fourastié, Friedmann, Crozier, Touraine, Chombart de Lawe... Les amis qui assistent aux séminaires, Christian Metz, Bernard Dort, Olivier Burgelin, Roland David, se retrouvent ensuite autour de lui dans un café de la place de la Sorbonne : le travail terminé, on passe à l'amitié, et se constitue ainsi lentement, avec les nouveaux venus, l'un des réseaux barthésiens. Nous verrons qu'il y en aura plusieurs, et qui ne se recouperont que peu.

De 1964 à 1966 il traite de « recherches sur la rhétorique », dont les notes seront plus tard publiées sous le titre de « L'ancienne rhétorique, aide-mémoire [37]. » Là aussi il distribue en début d'année le plan de son travail, présenté de façon rigoureuse, sur le modèle américain, avec une numérotation enchâssée : 1, « la chaîne rhétorique », puis 1.1, 1.2, etc., puis 2, 2.1, 2.2... jusqu'à 5.1 « les genres du discours » et 5.2 « la méta-rhétorique comme récit ». Il y ajoute un document de quatre pages, *La rhétorique :* chronologie, qui part du ve siècle avant notre ère (Corax, Gorgias, Hippias d'Elée) et s'achève au xixe avec Gaillard et Fontanier. Puis, en 1966-1967, il aborde la « linguistique du discours », et les deux années suivantes, il traite de l' « analyse structurale d'un texte narratif : le *Sarrasine* de Balzac », qui deviendra *S/Z* en 1970. Ainsi se met en place un système de travail, les livres et articles successifs étant d'abord testés, rodés dans son séminaire qui fonctionne comme un laboratoire, en ce sens qu'il y expérimente dans la parole, fugace par essence, ce qu'il coulera ensuite dans l'écriture. Dans la salle, outre le cercle des proches, des fidèles, qui d'année en année se retrouvent là pour la même communion, il y a des âmes en errance, préfiguration sans doute d'un mai 68 à venir, qui ne reconnaissent pas leurs désirs dans l'enseignement universitaire traditionnel. « C'était un peu le radeau de la méduse », commente l'un d'eux, « les naufragés de l'université, ceux qui se sentaient mal ailleurs ». En fait, une génération d'étudiants politisés avait découvert tout à la fois Althusser, Lacan et Barthes et venaient chercher chez eux ce qu'on leur refusait ailleurs : un discours non conventionnel en même temps qu'une exigence théorique. Roland Barthes, ayant participé à *Théâtre Populaire* puis à *Arguments,* était par eux considéré comme faisant partie de la « bonne gauche », même si certains trouvaient ces références un peu pâles, comparées par exemple aux positions plus radicales de *Socialisme et barbarie,* et si d'autres, du côté des situationnistes, renvoyaient tout ce beau monde dans les poubelles de l'histoire : encore une fois, nous nous rapprochons de mai 1968.

C'est dans ce séminaire qu'arrive, à la fin de l'année 1965, une jeune étudiante bulgare, Julia Kristeva. A Sofia elle a lu Sartre, Camus, Blanchot et quelques livres de Barthes : *Le Degré zéro, Mythologies.* Tzvetan Todorov, un autre Bulgare qui s'est déjà installé à Paris et connaît Barthes, lui en dit le plus grand bien, lui indique les heures de séminaire, et elle se rend donc à la Sorbonne, à l'escalier E, dans les locaux de l'École pratique des hautes études. Elle est d'abord frappée par le charme de Barthes. Surtout, sa voix la marque, cette voix à laquelle elle consacrera quinze ans plus tard un article : « Ce timbre d'une fragilité ferme confère à sa communication immédiate, malgré la discrétion de la conversation, malgré la distance, la force d'un contact physique (...) ces appels téléphoniques timides et d'une courbe chantée ironique, comme pour marquer l'inanité du propos commun et de sa propre demande [38]. » Tous les participants du séminaire insistent d'ailleurs sur cette contradiction : publiquement perçu comme un homme de l'écrit, un homme de textes, il était avant tout l'homme du langage oral, se situant dans la grande tradition de l'enseignement du maître, au point que ceux qui l'ont connu entendent, en le lisant, sa voix.

A cette époque où le corps enseignant était plutôt guindé, en France comme en Bulgarie, Kristeva est agréablement surprise par deux personnages qui détonnent par leur comportement chaleureux envers les étudiants : Goldmann, qui fait plutôt dans le genre « populo » et Barthes dans le genre distingué. Elle demande rendez-vous à ce dernier pour lui parler de son travail, une critique du structuralisme utilisant beaucoup un postformaliste que l'on vient de publier à l'Est, Bakhtine. Elle est d'abord frappée par le fait que Barthes ne cherche pas dans les textes de ses étudiants un écho de sa propre production mais tente toujours d'y découvrir la nouveauté potentielle, qu'il soit attentif à l'autre plus qu'à sa propre image. Elle lui parle donc de deux ouvrages de Bakhtine, l'un consacré à Rabelais, l'autre à Dostoïevski, Barthes s'enthousiasme et lui propose de venir en parler « au séminaire ».

Celui-ci s'est déplacé au 44 de la rue de Rennes. Au début de l'année 1966-1967, Barthes y présente un corps de doctrine un peu figé, un peu fermé dont les concepts clés sont empruntés aux linguistes, en particulier à Hjelmslev et Martinet comme la notion de corpus : il met à cette époque la dernière main au *Système de la mode,* cet ancien projet de thèse qui est devenu un livre, et nage en pleine euphorie de scientificité... Par la suite, chaque séance se déroule sur le même modèle : un intervenant, membre du séminaire ou venu de l'extérieur, expose ses recherches ou apporte une information. C'est ainsi que, cette année-là, Julia Kristeva vient parler de Bakhtine, Gérard Genette de « l'écart », Christian Metz de la sémiologie du cinéma, Philippe Sollers de Mallarmé... Kristeva se souvient du jour où elle eut à intervenir : « Je vois encore son émerveillement poli devant mon exposé sur le dialogisme à partir de Bakhtine, mais aussi de Rabelais, Dostoïevski, Joyce et quelques autres modernes, que Roland ne suivait pas vraiment, pour lequel il

194

m'avait amicalement ouvert la tribune de son séminaire des Hautes Études, au 44, rue de Rennes. Devant ces nouveaux instruments qui s'attaquaient au jardin des Belles-Lettres, il était impressionné comme un arrosoir face à un bulldozer. Mais il savait adapter à son propre style la plupart des instruments sémiologiques que lui dévoilaient les uns et les autres. Et les traduisant, en les assouplissant, il a réussi à rendre publiques, à imposer à toute une culture de haute tradition littéraire orgueilleusement conservatrice, les découvertes obscures et combien pénétrantes parfois, des linguistes et des ethnologues...[39] »

Kristeva, Genette, Metz ou Sollers interviennent donc, puis Barthes prend la parole, en dérive par rapport à ce qui vient d'être dit : debout, presque immobile, il parle d'une voix basse, feutrée, une voix qui séduit, toujours une cigarette ou un cigare entre les lèvres, une cigarette anglaise, comme ses pull-overs de cashmere, un cigare de Havane, comme ceux de Bertold Brecht — « dans ses vêtements, ses cigarettes, il était anglophile » se souvient aujourd'hui Raphaël Sorin, comme Jérome et Sylvie, les personnages de Perec. Il parle sur le ton de la conversation, librement, improvisant avec brio, lui qui déteste partout ailleurs l'improvisation. A travers les descriptions largement convergentes qu'en donnent les participants, on comprend que « le séminaire », ait été pour lui un lieu privilégié. Pourtant il dit se méfier de la parole et de la séduction qu'il risque d'entraîner : « Je préfère de beaucoup l'écriture à la parole. La parole me gêne parce que j'ai toujours peur de me théâtraliser quand je parle, j'ai peur du théâtre, j'ai peur de ce qu'on appelle l'hystérie, j'ai peur en parlant de me trouver entraîné à des coups d'œil complices, à des clins d'œil (...) à des séductions plus ou moins complaisantes[40]. » Mais Olivier Burgelin, parmi d'autres, insiste au contraire sur la richesse de son propos : « Il n'y avait jamais de parties vides, inutiles dans ses prises de paroles. Bref, il ne parlait jamais pour ne rien dire et c'était vrai non seulement des formes élaborées de son discours, mais aussi de ses propos les plus minimes, tels que ceux qu'on peut tenir à table par exemple. »

Les fidèles, ceux du premier cercle, convaincus par les références théoriques de Barthes, en rajoutent volontiers, se jetant avec le zèle des néophytes dans la lecture du linguiste danois Louis Hjelmslev dont on vient de traduire *Le Langage* aux éditions de Minuit, dans celle d'André Martinet ou de Roman Jakobson. Gérard Genette sert de garde-fou, faisant parfois de lumineuses mises au point en deux ou trois formules très claires, quoique légèrement dogmatiques, tandis qu'un groupe un peu marginal, plus attiré par la littérature pure, Raphaël Sorin (qui travaille sur Raymond Roussel), Jose Augusto Seabra (qui travaille sur le poète portugais Fernando Pessoa) et Michel Giroud (qui deviendra spécialiste du dadaïsme) font parfois preuve d'irrespect face aux illusions de formalisation de Barthes, contestant amicalement son scientisme. Le tout se passe dans une atmosphère de grande liberté, d'échange, de communication, en un mot d'euphorie intellectuelle. Ces rapports de confiance avec les étudiants se manifestent d'ailleurs souvent et de différentes façons. Ainsi, à la fin de chaque année Barthes invite les gens « du séminaire » à un repas convivial, au restaurant chinois de la rue de Tournon, face aux Hautes Études.

A chaque rentrée universitaire, le public bien sûr est légèrement différent, certains disparaissent, laissant place à de nouvelles figures, mais tel le vaisseau Argo, l'ensemble reste inchangé ou du moins garde une certaine continuité de structure. Tous les participants, quelle que soit l'époque à laquelle ils y ont assisté, trouvent les mêmes mots pour décrire « le séminaire » : intermédiaire entre une cour, une utopie fourriériste, une grande fraternité, et cela, malgré l'existence évidente de petits groupes entre lesquels Barthes est le seul lien.

En outre il reçoit les étudiants en tête à tête, généralement en fin d'après-midi, dans son appartement de la rue Servandoni. Directeur de thèse un peu particulier, il ne leur donne guère de conseil ou d'indications méthodologiques, les écoute plutôt, en attente, ponctuant le plus souvent d'un « c'est bien, continuez », « ça va », « vous êtes sur la bonne voie ». A ceux qui lui envoient leur travail par la poste il répond de la même façon : « Tirez sur le fil de l'écheveau, c'est fou ce qui viendra », écrira-t-il quelques années plus tard à Michel Bouvard qui, à Rabat, prépare sous sa direction une thèse sur la photographie. Et à Gérard Miller, qui veut travailler sur le maréchal Pétain, il donnera ce conseil, étonnant pour un directeur de thèse : « Surtout ne cherchez pas à être exhaustif. » Méticuleux, maniaque presque, pour tout ce qui concerne son propre travail, il est peu directif pour celui de ses étudiants ; il leur fait confiance et ne cherche pas à leur imposer une théorie, une doctrine, comme le font bien des universitaires. Simplement il les écoute et par cette écoute leur donne confiance en eux-mêmes. Et peut-être est-il en cela un enseignant profondément socratique.

Sur le coup de dix-sept heures, venue du dessous, du cinquième, par la trappe, Henriette apporte le thé, des petits gâteaux, cérémonie régulière, immuable. Lorsqu'il est seul, Roland descend prendre le thé en famille, avec sa mère et Michel. Il y a là, aussi, le chien Lux, un bâtard que Michel a trouvé une nuit dans la rue, devant le cinéma Lux, qu'il a ramené à la maison et qu'Henriette a immédiatement adopté. Et lorsqu'il n'a pas de visite, il travaille ou répond à son volumineux courrier (il répondait avec soin à *toutes* les lettres qu'il recevait) en écoutant la radio, *France Musique* le plus souvent, qu'il aime avoir en fond sonore.

Parallèlement Barthes lit beaucoup, même s'il lit le plus souvent de façon cursive : le linguiste français Émile Benveniste dont les *Problèmes de linguistique générale* sortent en 1966, Roman Jakobson qui a été traduit en français par Nicolas Ruwet, Jacques Derrida — *De la grammatologie* sort en 1967 —, Greimas dont la *Sémantique structurale* est publiée en 1966, Michel Foucault — *Les Mots et les Choses* publiés en 1966. Il découvre aussi Bakhtine, nous l'avons dit, à travers l'exposé qu'a fait au séminaire Julia Kristeva, et les formalistes russes — *Théorie de la littérature* date de 1966. Dans cette remarquable convergence naît en quelques années l'image publique du structuralisme, qui tourne très vite au mythe.

Comme il s'est éloigné de ses choix théoriques successifs, Barthes s'est également parfois éloigné de certains de ses amis, sans pour autant les renier — Greimas, puis Dort — pour se rapprocher d'autres amis... A cette époque, donc, les contacts avec Sollers sont étroits, réguliers, contacts de travail, bien sûr, mais aussi d'amitié : aux éditions du Seuil il a établi deux réseaux affectifs, l'un qui tourne autour de François Wahl et Severo Sarduy, l'autre autour de Julia Kristeva et Sollers. Bernard Dort, qui ne se sent guère proche de ce dernier, demande un jour à Barthes : « Mais enfin, dis-moi ce que tu penses vraiment de lui. » Et Barthes de répondre : « Sollers, c'est ma famille », ce qui rend bien sûr toute discussion impossible. Il est vrai que Sollers et le groupe de *Tel Quel* exaspèrent bien des gens, qui leur reprochent leurs constantes volte-face : l'équipe sera successivement perçue, au fil des ans, « compagnon de route » du parti communiste, puis maoïste, puis paléochrétienne, alors que Sollers ne se considère sans doute pas comme le « compagnon de route » de quoi que ce soit mais comme une route à lui tout seul... Pourtant l'itinéraire de *Tel Quel,* cette revue à laquelle il est désormais attaché, peut surprendre les observateurs et, surtout, choquer le souci permanent de discrétion de Barthes, lui qui a si peur de « l'hystérie ». « Je pense qu'il a vécu *Tel Quel* comme une hystérie froidement calculée », dit aujourd'hui Sollers, pour qui Barthes s'est appuyé sur la revue avec un grand sens politique : « Les deux parties avaient intérêt à cela. Il est certain que l'espèce de mobilité agressive de *Tel Quel* a beaucoup joué en sa faveur, dans les dix ans qui ont suivi la *chose* Picard... »

Cette période, pour la première fois de sa vie proprement et entièrement universitaire, même si « l'École » est un peu en marge de l'institution, va donc s'achever, dans l'écriture, de la façon la plus universitaire qui soit, par la publication en 1967 d'un lourd pavé, d'un travail « objectif », « scientifique » et donc beaucoup moins « écrit » que les précédents, *Système de la mode*. On se souvient que l'entreprise est ancienne, qu'elle a failli devenir une thèse, sous la direction de Claude Lévi-Strauss puis d'André Martinet. Elle finit donc sous la forme d'un livre qu'il définit lui-même dans sa dédicace à Greimas : « A vous, cher Guy, ces premières gammes sémiologiques dont vous avez surveillé avec tant d'amitié l'exercice. » Premières gammes sémiologiques, qui à l'en croire, en annoncent donc d'autres à venir. Cinq ans plus tôt il dédicaçait au même Greimas le *Sur Racine* en ces termes : « Pour Guy, ces balbutiements structuralo-analytiques. » Balbutiements puis premières gammes, la progression est respectée, comme s'il devait maintenant passer à la maîtrise... En fait ce livre est surtout la traduction d'un désir de système, d'un rêve de scientificité. « Une méthode s'engage dès le premier mot ; or ce livre est un livre de méthode ; il est donc condamné à se présenter tout seul » : dès la première page, Barthes annonce ainsi la couleur, donne le ton, un ton qui ne se démentira pas du début à la fin de l'ouvrage. *Système de la mode* allie en effet une *théorie* et une *pratique :* la théorie emprunte à la fois à Saussure (même si les rapports entre linguistique et sémiologie sont inversés : c'est, pour Barthes, la linguistique qui englobe la sémiologie) et à la phonologie considérée comme l'archétype de la scientificité ; elle s'applique à un corpus très particulier, le *vêtement écrit,* c'est-à-dire les textes des journaux de mode à partir desquels l'auteur dégage des « classes commutatives », analyse des fonctions, met en lumière des niveaux de signification pour finalement proposer un modèle, celui de la « matrice signifiante » (l'énoncé de mode se ramène ainsi, selon son analyse, à une matrice « O-S-V », c'est-à-dire qu'il comporte un Objet O, un Support S et un Variant V : par exemple, dans les deux syntagmes *cardigan à col ouvert* et *cardigan à col fermé...* nous avons le même Objet, le cardigan, le même Support, le col, qui porte la variation, ouvert et fermé étant les deux Variants).

Certains se demanderont peut-être, au-delà de cette démarche méthodologique, pourquoi Barthes s'est ainsi penché sur la mode féminine, lui qui ne s'intéresse que peu aux femmes. Mais le corps de la femme est absent de ce *vêtement écrit,* il n'en est que le prétexte, le support. Et la façon dont il a parlé par ailleurs du peintre Erté est une bonne illustration de son point de vue. Erté a travaillé à partir de 1913 avec le grand couturier Paul Poiret, se spécialisant dans le dessin de mode, les costumes de théâtre, de ballet ; en 1915, il réalise la première couverture du magazine *Harper's Bazaar,* et ses femmes filiformes, un peu serpents, l'ont rendu célèbre. Or ce qui retient Barthes, c'est que les corps sont ici réduits à de simples silhouettes, support du vêtement : « Chez Erté, ce n'est pas le corps féminin qui est vêtu (robes, fourreaux, crinolines, traînes, basques, voiles, bijoux et mille colifichets baroques, dont l'agrément est inépuisable, autant que l'invention), c'est le vêtement qui est prolongé en corps (...). Femme entièrement sociabilisée par sa parure, parure obstinément corporéifée par le contour de la femme [41]. » Et c'est en effet l'aspect social du discours de la mode qui l'a retenu, le corps étant aussi absent des « classes commutatives » qu'il dégage que des dessins d'Erté tel qu'il les analyse.

Nous sommes à une époque où les livres de sciences humaines commencent à faire autant de bruit, et parfois presque autant de ventes, que la littérature : Claude Lévi-Strauss, puis Jacques Monod, François Jacob, vont publier des livres difficiles qui se vendront comme des romans populaires. En 1967, les *Écrits* de Lacan et *Du miel aux cendres* de Lévi-Strauss défraient la chronique, presque autant que le Goncourt ou le Renaudot. Mais ces livres sont aux frontières de la science, ils ne sont pas, certes, de la littérature, mais on peut les classer du côté de l'écriture. Ce n'est pas le cas du *Système de la mode* dans lequel Barthes s'est plié à toutes les lois d'un genre sérieux, pesant, en un mot ennuyeux — le genre universitaire. Ouvrage de méthode, donc, qui fait écho aux *Éléments de sémiologie* et dont on aurait pu croire qu'il en annonçait d'autres, qu'il marquait une direction de recherche résolument « scientifique », comme l'indiquait la dédicace à Greimas — « premières gammes sémiologiques ». En fait il n'en sera rien et nous verrons que les ouvrages ultérieurs suivront une tout autre voie, comme si le désir de système avait été épuisé, assouvi.

VIII

LES STRUCTURES
NE DESCENDENT PAS DANS LA RUE

Au mois de mai 1968, la France découvre ce que la presse baptisera la contestation. Paris dort mal, gêné par le bruit des grenades et des slogans, et se réveille un beau matin sous les barricades : le Quartier latin est en ébullition. Tout semble basculer en ce printemps mille fois décrit ou commémoré, la classe politique est dépassée, les partis débordés, jusqu'au général de Gaulle qui disparaît l'espace d'une escapade en Allemagne et donne l'impression que le pouvoir est vacant. On découvre des noms et des visages nouveaux, Geismar, Cohn-Bendit, qui semblent soudain avoir la même importance, peser le même poids que les hommes politiques traditionnels, on découvre aussi des mouvements jusque-là peu connus ou inconnus, le « mouvement du 22 mars », les pro-chinois, les trotskistes. Les murs se couvrent d'affiches, le plus souvent imprimées à l'École des beaux-arts, d'un ton et d'un style neuf, une nouvelle presse aux titres éphémères voit aussi le jour, *Action, L'Enragé...*

Pourtant, ce qui sans doute frappe le plus Barthes, ce ne sont pas les barricades, les CRS, la violence, les manifestations, toutes choses qu'il a toujours craintes ou détestées, mais le fait que dans cet affrontement symbolique entre « l'ordre bourgeois » et les étudiants « contestataires » il se sent rejeté par ceux qu'il soutient presque instinctivement, les étudiants. La cour de la Sorbonne, envahie par les stands, les banderoles, les portraits de Lénine, de Mao, de Trotski ou de Guevara, les drapeaux vietnamiens, bretons ou occitans, est pourtant la même que celle dans laquelle, trente-deux ans auparavant, l'étudiant Barthes interprétait le rôle de Darios. Mais le professeur Barthes va s'y sentir dramatiquement étranger.

Loin des barricades

Car rien ne ressemble plus à rien. Chacun, bien sûr, vit son 68 à lui. On va de barricades en manifestations, de manifestations en réunions fiévreuses dans lesquelles, discipline par discipline, on remet le savoir en question. Au milieu de toute cette agitation Barthes, lui, se tient plutôt à l'écart. Un soir de mai, il dîne dans le Quartier latin avec François Wahl et Severo Sarduy. Wahl, qui vient d'apprendre qu'il y a du côté du Panthéon des heurts entre étudiants et forces de police, propose d'y aller voir. Sarduy approuve, Barthes refuse et les laisse partir, non sans faire quelques remarques pleines de mauvaise humeur sur la racine petite-bourgeoise des « événements » de 68, sur le narcissisme de cette génération. Une autre fois, toujours avec François Wahl, il se rend au grand amphithéâtre de la Sorbonne, assiste aux prises de parole multiples, désordonnées, à ce spectacle qui a fasciné bien des observateurs. Mais Wahl ne se souvient pas lui avoir entendu faire le moindre commentaire. Et il commentera lui-même : « En fait, Roland n'a pas du tout aimé 68, et il n'a pas aimé 68 précisément parce que c'était une prise de parole (...). Parce que ce qui venait au premier plan, par exemple dans les amphis de la Sorbonne, c'était de la parole et pas de l'écriture, et que cela lui semblait être une certaine déchéance au regard de la lettre, que cela lui semblait être du moindre au regard du texte, et en ce sens un déficit[1]. » Et il est vrai qu'il n'aura jamais le moindre mouvement d'enthousiasme face à ce qui se passe, pas la moindre manifestation publique de soutien ou même d'acquiescement. Lui qui a toujours été du côté, ou à côté, de l'avant-garde, ne trouve là rien qui justifie à ses yeux son soutien, et sa réaction semble avoir été toute de refus, ou de défiance.

De cette défiance, on ne trouve aucun écho dans son œuvre, sauf peut-être, trois ans après, un court passage de *Sade, Fourier, Loyola*. Fourier, explique-t-il, avait choisi le domestique contre le politique, car le politique est à l'opposé du désir, sauf dans le cas de la *névrose de politisation*. Et il illustre ainsi son propos : « En mai 68, on proposa à l'un des groupes qui se constituaient spontanément à la Sorbonne d'étudier *l'utopie domestique* — on pensait évidemment à Fourier ; à quoi il fut répondu que l'expression était trop « recherchée », donc « bourgeoise »[2]. Faut-il lire ici comme un coup de griffe, comme la marque d'une prise de distance ironique ? Sans doute, mais manque dans ce texte une précision : qui était ce *on* à qui il fut refusé de débattre sur un tel thème ? Le pronom indéfini, utilisé avec art, permet bien sûr d'entendre soit « quelqu'un proposa », soit « j'ai proposé », et il semble bien qu'on doive pencher ici pour la seconde hypothèse...

Tout cela, en fait, lui paraît vulgaire et inutile. Il a peur aussi, physiquement, de la foule, des possibles débordements. Mais il faut bien, pourtant, assumer la vie quotidienne. A l'École des hautes études, Lucien Goldmann, l'auteur du *Dieu caché*, une étude sur la vision tragique chez Pascal et Racine, a réagi immédiatement, créant un « comité d'action » avant tout le monde, se situant dès le début dans la mouvance du mouvement que l'on baptisera par la suite « contestataire ». On sollicite les différents enseignants de l'École, certains viennent en observateurs curieux, d'autres en militants ; Barthes, lui, commet un impair : il se déclare prêt à tenir un séminaire sur les relations entre le langage et le mouvement étudiant, ou le langage et la révolution. Éclat de rire des étudiants, qui considèrent que l'heure n'est pas aux séminaires ; satisfaction de Goldmann, pas si mécontent de voir un concurrent racinien se disqualifier aux yeux du public estudiantin. En fait, comme dans l'incident de l'*utopie domestique,* il a sans doute tenté de ramener le mouvement à sa propre problématique, de mettre son savoir dans l'entreprise commune, et cet échec compte sans doute pour beaucoup dans le jugement négatif qu'il porte sur l'ensemble.

D'autant que les choses ne vont pas s'arrêter là. Peu à peu en effet les comités se multiplient, mais la tendance est à se grouper par disciplines, à mener une discussion collective. Les étudiants de Barthes et ceux de Greimas se sont réunis dans un comité d'action sur le langage, qui regroupe à la Sorbonne les deux séminaires, et où l'on discute à perte de vue, chaque jour, de l'idéologie sous-jacente aux théories sémiologiques. Les deux amis, trouvant le rythme un peu fatigant, décident d'alterner : un jour l'un un jour l'autre, ils feront la révolution à mi-temps. Ce jour-là, Greimas est de service révolutionnaire. Les étudiants parlent de tout, de rien, la parole se cherche, les thèmes défilent, et le professeur n'a le droit d'intervenir que pour répondre aux questions. Le structuralisme est souvent sur la sellette. Après deux heures de ce rythme incertain arrive Catherine Backès-Clément qui, parallèlement à ses études de philosophie, suit les deux séminaires, celui de Barthes et celui de Greimas. « Je viens, dit-elle, de l'assemblée générale du département de philosophie, et nous avons voté une motion qui se termine ainsi : " Il est évident que les structures ne descendent pas dans la rue. " » On se jette sur la formule, car le structuralisme est bien sûr au centre de la sémiologie, on discute… Barthes, en congé de révolution ce jour-là, n'est donc pas là et n'est en rien responsable de la formule. Le lendemain pourtant, dans le couloir de la IVe section des Hautes Études, au premier étage de la Sorbonne, une grande affiche — Barthes dit : « Les structures ne descendent pas dans la rue. » Nous disons : « Barthes non plus. »

Cette intéressante manipulation de paternité amuse beaucoup Greimas qui, quelques mois plus tard, sera surpris de la fortune de l'expression. En effet, à l'automne 1968 il part aux États-Unis pour une série de conférences. Le premier jour, à San Diego, on l'introduit dans un amphithéâtre où il découvre au tableau une inscription à la craie : « les structures ne descendent pas dans la rue ». Il trouvera régulièrement la même phrase inscrite sur les différents tableaux noirs, partout où il passera. La formule, en français, était devenue outre-Atlantique une sorte de slogan qui voulait marquer la fin d'une illusion sur le structuralisme. Foucault, Lacan, Lévi-Strauss et Barthes, réunis par la rumeur publique en un aréopage des pères fondateurs du structuralisme, se sont souvent élevés contre cette vision sommaire. Mais tout aussi sommaire était l'idée que ce modèle d'analyse, accordant plus d'importance aux relations entre des éléments qu'aux éléments eux-mêmes, puisse être lié par un rapport de nécessité au grand mouvement de contestation qui traversait l'Europe puis gagnait les États-Unis. Les structures ne descendent pas dans la rue : le slogan sonnait comme un constat de divorce alors qu'il n'y avait jamais eu mariage et que les recherches disparates que l'on regroupait sous le terme de structuralisme n'avaient aucun rapport avec les préoccupations politiques et sociales de la génération de mai 68. Barthes seul pouvait faire illusion, surtout par ses *Mythologies,* sûrement pas Lévi-Strauss avec ses *Mythologiques.* Et Greimas ne pouvait recevoir ce slogan que comme une question un peu ironique : quels rapports y a-t-il entre le structuralisme, la sémantique structurale que vous nous présentez, et le mouvement de mai 68 ?

Pour Barthes cependant, tout cela n'a rien de drôle. Lucien Goldmann, nous l'avons vu, a tenté de susciter un courant anti-Barthes, laissant entendre qu'il était du côté de la réaction. Au-delà de ces petites mesquineries qui fleurissent parfois dans le milieu universitaire, il ressent très mal d'être ou de se croire, pour la première fois de sa vie, contesté. Dans une interview télévisée enregistrée en 1970[3], il parle de Fournié, son camarade de sanatorium, militant trotskiste, qui l'a initié au marxisme, et a une formule qui éclaire son rapport aux suites de mai 68. « Ce trotskisme d'alors, dit-il en substance, n'avait rien à voir avec le gauchisme actuel et ses débordements idéologiques... »

Barthes et Goldmann se retrouvent cependant, au beau milieu de mai 68, pour la thèse de troisième cycle de Kristeva : celle-ci, craignant d'être obligée de rentrer en Bulgarie, a demandé et obtenu une dérogation pour soutenir, malgré la « révolution ». Goldmann est très virulent contre le structuralisme et la psychanalyse et félicite la candidate d'en sortir pour s'intéresser à l'histoire, arguant qu'on a assez parlé du sexe, que la psychanalyse n'est guère efficace. L'attaque est indirecte, puisqu'il critique le structuralisme de Barthes en félicitant Kristeva, et elle est surtout feutrée : à cette époque, on ne réglait pas encore violemment ses comptes lors d'une soutenance...

Malgré cet intermède, qui passe inaperçu, les « événements » se poursuivent et ne satisfont guère Roland Barthes. Ce qui le fait sans doute le plus souffrir, c'est de ne pas être senti et reconnu sinon comme précurseur, du moins comme compagnon. Il nous faut ici revenir à « l'affaire Picard ». Barthes pense en effet que si Picard l'a attaqué, et durement, ce n'était pas seulement pour défendre une chasse gardée, Racine, mais parce que tout l'édifice universitaire était menacé par la « nouvelle critique ». Le fait de *nommer* la critique universitaire, de la *distinguer,* de dire tout simplement : *il existe une critique universitaire,* mettait en question la clé de voûte du système (les critères d'examen) en faisant de cette critique non une vérité mais une opinion : dès lors, pensait-il, que l'on fait éclater l'aspect historiciste de la littérature, il devient difficile voire impossible d'interroger un étudiant, de le juger. Et c'est précisément cela, le système de contrôle du savoir, qui est à ses yeux contesté en mai 68. Il imagine donc peut-être que le prolongement naturel de ce mouvement se trouve dans son séminaire, dans ses écrits, et ne comprend pas pourquoi il se trouve lui-même critiqué, presque rejeté du côté de Picard et de ses pairs.

Pourtant, il venait, il y a peu, de s'engager résolument dans la défense d'Henri Langlois, que le ministre André Malraux avait voulu chasser de la direction de la cinémathèque. Le 14 février 1968, lui qui a peur de la foule et qui, physiquement, n'est guère courageux, était devant le palais de Chaillot, au milieu de trois mille manifestants célèbres, parmi lesquels Jean-Luc Godard, François Truffaut, Claude Chabrol, Michel Piccoli, Jean-Paul Belmondo, Simone Signoret ou Jean Marais, et d'autres alors moins célèbres, comme Daniel Cohn-Bendit. Bien sûr Barthes ne s'est pas, comme certains ce jour-là, heurté aux CRS, mais il a crié avec les autres : « Malraux démission, Malraux démission. »

206

Le ministre n'a pas démissionné, mais il a cédé ; Langlois gardera la cinémathèque, et cette manifestation sera plus tard perçue par certains comme annonciatrice du mouvement de mai. C'est en effet la première fois — dans cette période — qu'apparaît une relative faiblesse de l'État, la première fois que des revendications exprimées avec force dans une manifestation de rue le font reculer.

Enfin le structuralisme, pour autant que ce terme générique ait un sens, était pour lui le lieu par excellence de la critique de l'idéologie, et la revue *Tel Quel* opérait, selon ses propres termes, « la jonction dialectique entre une position révolutionnaire de type marxiste et une activité d'avant-garde [4] ». Or voilà que Sartre en 1966, dans une interview à *L'Arc,* renvoie le structuralisme du côté de la bourgeoisie : « Les sciences humaines étudient les structures, dit-il en substance, et tentent de réduire l'homme à elles, alors que face à ce qu'on veut faire de lui l'homme, pour sa part, fait l'histoire. » Voilà que le même Sartre, le 20 mai 1968, prend la parole dans un grand amphithéâtre de la Sorbonne bondé, qu'on l'écoute des couloirs, de la cour, grâce à une sonorisation approximative, qu'on l'écoute, qu'on ne le critique pas, ou guère : les étudiants voient dans sa seule présence le soutien important d'un penseur dont la lecture les a formés. Barthes, lui, se sent marginalisé : *les structures ne descendent pas dans la rue.* Et il passera mai 68 dans les réunions du groupe *Tel Quel* loin des manifestations, loin des amphithéâtres...

En novembre, à cinquante ans, Georges Fournié meurt. Roland voit ainsi disparaître celui qui, avec Charles Singevin et Greimas, l'a le plus marqué sur le plan intellectuel. Il écrit à Jacqueline, lui dit sa tristesse, mais jamais plus il ne la reverra. « Il était pris dans un tourbillon de relations nouvelles, explique-t-elle, mais les cartes reçues, au gré du vent et des pays parcourus, disaient toujours la fidélité au souvenir avec les regrets de ne plus se voir autant qu'il l'aurait souhaité. » En janvier 1969, à l'École pratique des hautes études, il continue le séminaire entamé en 1968 et interrompu par les grèves, un séminaire consacré à la nouvelle de Balzac, *Sarrasine*. Il en parle souvent avec Sollers et Kristeva, le soir, lorsqu'ils dînent à Montparnasse, au *Falstaff* ou au *Rosebud*. Il se pose en particulier des problèmes de titre : comment trouver au livre qu'il prépare une appellation pas trop lourde mais qui puisse rendre compte de l'ambiguïté Sarrasine/Zambinella ? Et c'est Sollers qui lui souffle l'idée de *S/Z*... Julia Kristeva, dans un roman qui se veut aussi une chronique de cette époque, *Les Samouraïs,* confirme cet épisode : Bréhal-Barthes a donné à lire à Sinteuil-Sollers un manuscrit consacré à l'analyse du *Cousin Pons* de Balzac. Sinteuil ne tarit pas d'éloges : « Le Cousin Pons, k + z + s. Anagramme de Balzac, si l'on compte le c pour un k... ». Puis il interroge :

« Avez-vous pensé au titre ?

— Eh bien, justement, je cale.

— Pourquoi pas *Balzac en toutes lettres ?*

Sinteuil traça les lettres sur un paquet d'allumettes : C/S/ Z/.

— C'est abrupt, incompréhensible, hésita Bréhal.

— Cela se comprend si on accepte de vous lire...[4] »

Ces repas, comme d'autres, avec d'autres amis intellectuels, ont d'ailleurs souvent une fonction de « banc d'essai » : il dit dans ces discussions ce qu'il écrira plus tard. A propos de Proust par exemple, Kristeva avait l'impression qu'il élaborait, alors qu'ils prenaient un verre ou dînaient, ce qu'il allait écrire. Ce qui faisait que ses amis n'étaient guère surpris par ses textes : une grande partie en avait été déjà élaborée au séminaire ou dans des conversations privées.

Mais s'il donne les apparences extérieures de la continuité, s'il poursuit de la même façon que par le passé son enseignement ou son travail d'écriture, Barthes, dans cet immédiat après-mai, est différent : le cœur n'y est plus, quelque chose a craqué, il ressent confusément le besoin de prendre un peu de recul. Et lorsque Zaghloul Morsy, un universitaire marocain qu'il a connu en novembre 1965 lors d'un court séjour à Rabat, lui propose de venir enseigner à l'université Mohamed V, il saute sur l'occasion. Bien sûr, il y a quelques problèmes, en particulier celui de « Maman ». Qu'à cela ne tienne, elle viendra avec lui au Maroc. Il partira donc le premier, le temps de trouver un appartement, avec en poche un contrat de coopération de trois ans.

Le séjour à Rabat

Juin 1969, la faculté des lettres de Rabat est en émoi : les enseignants viennent d'apprendre la venue prochaine, à la rentrée, de Robert Barthes, invité à leur insu. Les réactions sont mitigées ; le petit train-train quotidien ne risque-t-il pas d'être bouleversé par cette arrivée ? Et ne va-t-il pas faire de l'ombre à tous ces professeurs coopérants qui, jusqu'ici, n'ont guère eu à souffrir la moindre concurrence ? Quoi qu'il en soit, on décide qu'il est urgent de se recycler, qu'il est difficile de recevoir une telle vedette sans avoir lu ses œuvres. Mais nous sommes à la fin de l'année, en pleine période des examens, et les ouvrages de Barthes sont réputés difficiles. Josette Pacaly, directrice du département de français et qui, elle, a lu Barthes, est donc priée de faire office d'initiatrice à la pensée du Parisien. Dans la grande salle du conseil d'université, devant tous les collègues pour une fois présents, les littéraires bien sûr mais aussi les philosophes, les historiens, le doyen lui-même, elle expose les « éléments de sémiologie ». Bardé de cette science nouvelle, le corps enseignant est fin prêt pour accueillir le nouveau venu, qui est pour certains l'intrus.

L'intrus qui, de son côté, prépare donc son départ. Ici se situe un épisode atypique dans sa production du moment : le 6 septembre 1969 à Chantilly, invité par Edgar Haulotte, il participe au congrès de l'Association catholique française pour l'étude de la Bible, et ceci est caractéristique de son goût pour les travaux de commande, de sa tendance à accepter comme par défi de traiter sérieusement, en bon élève, un sujet auquel il n'a jamais réfléchi jusque-là. Il applique en effet rigoureusement les principes de l'analyse structurale à un passage des *Actes des apôtres,* présentant à ces « biblistes » une approche de « leur » texte à laquelle ils n'étaient guère habitués[5]. Après cet intermède biblique, il arrive donc au Maroc pour la rentrée universitaire. Rabat, la capitale administrative du pays, est comme toutes les villes conçues par Lyautey, divisée en deux. La ville « indigène » d'une part, dominée par la forteresse des Oudayas, au bord de l'oued Bou Regreg qui la sépare de Salé, et la ville européenne, où sont situés le palais royal, les centres administratifs et l'université. Barthes trouve près de la gare, au-dessus d'un restaurant chinois, La Pagode, un appartement qui donne sur un magnifique palais orné de fenêtres de style mauresque, mais aveugles. Et ces fausses fenêtres qu'il voit chaque matin en ouvrant ses volets le font rêver. Il s'installe donc, cherche des meubles, expliquant à ses amis qu'il les lui faut de petite taille pour sa mère qui va venir et qui n'est pas très grande. Il y recevra parfois, le soir, de rares relations de l'université, mais aussi des Français de Rabat, l'un directeur d'une grosse usine, l'autre libraire, tous très cultivés, très littéraires. Il lui faut aussi régler ses problèmes financiers : recruté sur un poste de maître-assistant, il n'a pas en fait les titres nécessaires et l'on veut le payer comme capétien, comme professeur de l'enseignement secondaire ; vieille blessure, celle de la maladie qui a interrompu ses études, de l'agrégation qu'il n'a pas passée, de la thèse qu'il n'a toujours pas présentée. Tout cela lui prend quelques mois, le premier trimestre de l'année universitaire. A Noël 1969, il retourne en France par l'Espagne, en voiture, et ramène dans sa petite Volkswagen rouge Henriette qui passera deux mois à Rabat, et Michel, venu pour quelques semaines.

Parallèlement à cette vie familiale, il y a, bien sûr, la vie publique, l'université où, très vite, il a l'impression d'être perçu de travers, ou à l'envers. L'absence de « notoriété » le frappe tout d'abord : en France, on sait qui il est, ici on n'a visiblement aucune image de lui[6]. Ou du moins si : assimilé à *Tel Quel*, qui défend à l'époque des positions résolument marxistes, il est perçu comme tel. Et on attend de lui une initiation au matérialisme dialectique. Il est vrai que la situation ressemble fort à celle qu'il vient de quitter. Les étudiants marocains font, en 1969 et 1970, leur 68 à eux. Réunis autour de l'UNEM, l'Union nationale des étudiants marocains, ils doublent sur leur gauche les socialistes et les

210

communistes, « trop mous », refusent les cours de littérature française, « trop bourgeoise », veulent de la théorie, de la linguistique. Un seul texte « littéraire » trouve grâce à leurs yeux : la préface de Sartre aux *Damnés de la terre,* de Frantz Fanon... Et tout le reste est rejeté aux poubelles de l'histoire. Claudel est au programme, on le boycotte car *Le Soulier de satin,* dont une scène se passe au large d'Essaouïra à l'époque de la conquête du Nouveau Monde par les Espagnols, est jugé colonialiste. Et l'on préfère les analyses marxistes de Goldmann sur Racine, qui voit dans le dramaturge le reflet de la société de l'époque, à celles plus littéraires de Barthes qui, en fait, retrouve donc au Maroc l'ambiance contestataire qu'il vient de quitter en France. Avec, en sus, l'aspect un peu étroit de la ville, qui rend difficile l'anonymat dont il a toujours aimé à protéger sa vie privée. De façon un peu provocatrice, il donne des conférences sur Edgar Poe, fait un cours sur *L'Île mystérieuse* de Jules Verne (cours dans lequel, à la surprise générale, il montrera un grand intérêt pour le bricolage, le travail manuel, intérêt qui n'était pas seulement littéraire : Abdallah Bounfour, l'un de ses auditeurs, découvre un jour qu'il est invité chez lui qu'il possède tout un attirail d'outils...), un autre sur Proust, s'inscrivant ainsi totalement à contrecourant de l'air du temps, de l'atmosphère politique.

Mais ce refus de la littérature « néocoloniale » proclamé dans la langue coloniale le fera réfléchir : un an plus tard, répondant à un questionnaire de Guy Scarpetta pour la revue *Promesses* il écrit, faisant explicitement référence à son expérience marocaine : « Il prévaut actuellement dans certains pays encore embarrassés par l'ancienne langue coloniale (le français) l'idée *réactionnaire* que l'on peut séparer la langue de la " littérature ", enseigner l'une (comme langue étrangère) et refuser l'autre (réputée " bourgeoise ") ; malheureusement, il n'y a pas de seuil à la langue [7]... » Certains anciens étudiants de l'époque disent cependant aujourd'hui, avec vingt ans de recul, que ces cours les ont réconciliés avec la littérature et que le passage de Barthes a revalorisé l'enseignement à Rabat, jetant un pont entre la linguistique et les études littéraires. Mais pour l'heure le climat n'est guère serein...

Il est, bien sûr, prié à différents dîners, « reçu » comme on dit dans ce milieu. Un de ses collègues d'alors, Fernand Bentolila, se souvient qu'invité chez lui un soir, Barthes offrit en arrivant des citrons qu'il était allé cueillir dans la campagne. Les gens qui l'ont croisé dans ces soirées entre « chers collègues » sont persuadés qu'il s'y ennuyait profondément. Un jour que la conversation porte, bien sûr, sur le structuralisme, le mari de Josette Pacaly en vient subitement à parler d'une chose qui l'obsède. Dans sa volière, objet de tous ses soins, un cardinal à huppe, merveilleux oiseau rouge, s'est blessé et, devenu momentanément aveugle, il est incapable de manger seul. Ce cardinal ne se nourrit que du *tenebrio molitor,* le « meulier des ténèbres », ce ver que l'on élève dans un tonneau où il moud lui-même sa pâture. Le temps qu'il recouvre sa vue, il faut donc le nourrir à la pipette, à la becquée. Barthes, subitement fasciné, se met à poser des questions. « C'est le seul moment, se souvient Josette Pacaly, où son œil brilla, et je me suis dit qu'il devait beaucoup s'ennuyer avec nous pour être ainsi captivé par une petite histoire à la fois idiote et poétique. » Chaque fois qu'une soirée réunit ainsi des membres du département de français, quelques collègues marocains paralysés de peur devant le maître et des coopérants français à la parade, Barthes s'ennuie.

Il est, bien sûr, trop urbain pour ne pas jouer le jeu social, pour ne pas entrer dans la rhétorique de la conversation mondaine. Il parle donc. De Paris qui, dit-il, n'est plus supportable. Et de décrire ce qu'il appelle ses « après-midi de dentiste », les rendez-vous se succédant toutes les demi-heures, la foule des candidats qui veulent s'inscrire avec lui en thèse de troisième cycle, les sollicitations diverses. A l'entendre, il est venu au Maroc pour fuir une surcharge de travail, et il est vrai qu'il croulait à Paris sous le courrier et les rendez-vous, mais les contestataires soixante-huitards ont sans doute beaucoup plus compté que ces charges dans sa décision. Sur ce point, le voyage à Rabat est un échec. L'air du temps est, pour les professeurs coopérants, irrespirable :

212

ils sont chahutés, confrontés à des revendications qu'ils jugent inacceptables. Certains collègues marocains prennent, en coulisse, le parti des étudiants, voyant dans ces secousses universitaires le prodrome de secousses plus importantes. D'autres collègues, français, prennent le parti de leurs collègues marocains qui prennent le parti des étudiants. Et Barthes, par penchant naturel, aimerait être de ceux-ci. Mais il a en même temps quelques idées-forces auxquelles, avec un évident courage, il s'accroche : la littérature d'une part, qu'il continue à enseigner contre vents et marées, et surtout le refus de l'assemblée générale dictatoriale, où tous les votes auraient la même valeur, où professeurs et étudiants décideraient en commun. Ainsi, face aux revendications de démocratie directe, il lui arrivera de réclamer le vote à bulletin secret, la séparation des collèges... Et chaque fois que, sollicité par les étudiants, il donne son avis sur la situation politique du Maroc, il exprime des positions qui se rapprochent plutôt de celle du parti de l'istiqlal, alors que ses interlocuteurs se réclament, eux, du maoïsme.

Il n'a pourtant pas à se plaindre et ses collègues lui envient ce qu'ils appellent rétrospectivement « sa séduction ». Ils sont, eux, interrompus sans cesse dans leurs cours, bombardés de questions aggressives, alors qu'il a réussi à imposer un système tout différent : on posera les questions en bloc à la fin de l'année. Et sa gentillesse, ses capacités d'écoute, ses réponses souvent médiocres, désarment la partie la plus dure, la plus contestatrice du public. Au même moment, dans la toute jeune université de Vincennes, Michel Foucault voit ses cours perturbés par les militants maoïstes, André Glucksmann et Jean-Claude Milner en tête, qui veulent « détruire l'université de classe ». Lacan, invité par le même Foucault à donner une série de conférences, doit abandonner après la première, qui fut un mémorable chahut... La situation de Barthes est, en comparaison, plutôt enviable. Mais elle lui paraît intenable et Josette Pacaly commente : « Lui qui avait tant besoin de plaire choisissait pourtant avec un certain courage de se voir, par incompréhension, rejeté à droite. » Bien sûr, les étudiants marocains se trompent de cible, et l'oppression qu'ils subissent ou ressentent ne vient ni des coopérants français ni de la littérature française. Mais tout autre cible, locale celle-ci, serait infiniment plus dangereuse : le régime du roi Hassan II ne badine pas à l'époque avec la contestation, bien des intellectuels sont emprisonnés, beaucoup ont disparu, et il est plus sûr de s'attaquer à des cibles symboliques.

Par ailleurs, Barthes n'a que peu de contacts intellectuels avec les enseignants, quasiment pas de terrain commun. Du côté des linguistes, on le trouve trop littéraire, trop impressionniste ; quant aux littéraires, ils ne le comprennent pas toujours : encore cette réputation de difficulté. Les seules relations intellectuelles qu'il noue à l'université le lient d'une part à deux ou trois étudiants de dernière année, Abdallah Bounfour, Abdeljib Zeggaf, Joël Levy-Corcos, et d'autre part à un petit groupe de jeunes coopérants, Michel Bouvard, Jean-Claude Bonnet. Il dîne avec eux chaque mardi, chez les uns et les autres, à tour de rôle, et au restaurant lorsque c'est lui qui invite. Le soir de leur première réunion, Barthes arrive chez les Bouvard en déclarant qu'il ne mangera pas, ou peu, qu'il est au régime, qu'il a des problèmes d'embonpoint... On videra cependant deux bouteilles de champagne avant de passer à table, et il dévore avec gourmandise. « Je mange à la couleur », dira-t-il un jour, admirant le vert des poivrons, le rouge des tomates, le granulé du kamoun sur les brochettes marocaines.

Cette gourmandise de Barthes, un jeune homme vivant à Tours s'en rend compte avant même de l'avoir rencontré. Hervé Landry en effet, enthousiasmé par *Le Degré zéro de l'écriture* qu'il vient de lire lui envoie un jour le manuscrit d'un roman. Barthes répond, une correspondance s'instaure. Mais, pense aujourd'hui Landry, plus que mon talent, comptait peut-être le fait que je lui envoyais régulièrement des boîtes de pruneaux fourrés de chez Poireau, une grande pâtisserie tourangelle... Et, à Bayonne, d'autres se souviennent de la passion de Barthes pour le chocolat de chez Cazenave, un chocolat onctueux, à la mousse épaisse, que

214

l'on sert avec un petit bol de crème fraîche, le meilleur chocolat du monde disait-il…

Parfois, après les cours, il déjeune à l'improviste, chez les Bouvard.

« Qu'est-ce que vous faites à midi ? demande Barthes.

— Rien, réplique Bouvard.

— Voulez-vous que nous allions déjeuner quelque part ? propose le premier.

— Venez donc chez moi, conclut l'autre, nous ajouterons un couvert. »

C'est au cours de l'un de ces repas que Michel Bouvard lui dit s'être rendu compte que, depuis la naissance de son fils, en trois ans et demi, il a fait de lui plus de six mille photos. Barthes le regarde, s'étonne, puis : « Le voilà, le sujet de thèse que vous cherchiez depuis si longtemps. Demandez-vous pourquoi ces photos… » Et perce ici ce que ses lecteurs découvriront dix ans plus tard, son rapport à la photographie ; ce qui l'intéressait, ce n'était pas la photo en soi mais le lien affectif qu'elle représentait… Se souvenant plus tard de cette conversation, et bien sûr de la thèse consacrée à la sémiologie de la photographie que Bouvard soutiendra sous sa direction, il écrira dans *La Chambre claire :* « J'étais semblable à cet ami qui ne s'était tourné vers la photo que parce qu'elle lui permettait de photographier son fils[8]. »

Dans une situation où les coopérants se fréquentent généralement beaucoup, s'invitent mutuellement, il reste donc relativement en marge. Certains craignent de le déranger, pensant qu'il a du travail, et il est vrai qu'il réécrit à cette époque le séminaire tenu à Paris en 1968 et 1969 sur *Sarrasine* de Balzac, qui donnera *S/Z,* et qu'il met en même temps la dernière main à son ouvrage sur le Japon, *L'Empire des signes :* un maquettiste des éditions Skira viendra même à Rabat régler avec lui les problèmes d'iconographie. Mais il confie à quelques-uns qu'il trouve ses collègues distants, qu'il aimerait être un peu plus invité… La première fois où Michel Bouvard lui avait demandé, un peu intimidé, s'il aurait par hasard, un de ces jours, une soirée de libre pour venir dîner chez lui, Barthes avait répondu : « Mais quand vous voudrez, je suis toujours libre. » Il y là une contradiction apparente, certains témoignages le présentant comme s'ennuyant dans ces repas, d'autres laissant au contraire entendre qu'il en était ravi. Contradiction ? Pas vraiment, si l'on songe que toujours il suivra ses humeurs, grognon ou convivial, attentif ou absent, et qu'il pouvait avec les mêmes personnes, au même endroit, parfois s'ennuyer profondément et d'autres fois prendre plaisir à la conversation. Ainsi peut-on l'imaginer s'ennuyant chez lui, après le travail, et souhaitant d'être invité quelque part puis, l'invitation venue, s'ennuyer à nouveau avec les gens dont il espérait la compagnie... Profondément, il n'aime guère l'étranger, s'y sent déplacé, lui qui dit souvent à ses amis : « Je suis comme le vin de Cahors, je voyage mal. » La seule chose qui lui plaise, mais il ne la trouve que peu au Maroc, où les intellectuels parlent tous un excellent français, c'est le barrage de la langue que l'on ne comprend pas et qui gomme la vulgarité ordinaire des êtres, qui l'absorbe comme un buvard et permet de ne saisir que l'essentiel, le corps, les gestes... Le Maroc n'est pas assez étranger pour un long séjour.

Mais, qu'il s'ennuie ou pas, Barthes a cependant des compensations, dans sa vie amoureuse, ou plutôt sexuelle, dans les sorties qu'il s'accorde parfois. Ce qu'il trouve en fait au Maroc est expliqué quasiment sans voile, avec même une certaine audace, dans un passage de *Sade, Fourier, Loyola* : Le roman sadien, explique-t-il, est plus près du réel que le roman réaliste, et si l'on trouve peu plausibles les improbables pratiques sadiennes « il suffit cependant de voyager dans un pays sous-développé (analogue en cela, en gros, à la France du XVIIIe siècle) pour comprendre qu'elles y sont immédiatement opérables : même coupure sociale, mêmes facilités de recrutement, même disponibilité des sujets, mêmes conditions de retraite et pour ainsi dire même impunité[9] ». Un coopérant français au Maroc pouvait en la matière tout se permettre, au même titre qu'un aristocrate de l'ancien régime, et Barthes en est quelque peu culpabilisé.

Cette culpabilité est multipliée par ses constantes précautions (il ne faut pas que « Maman » ait de la peine, il ne faut pas qu'elle sache), et cette double vie, cette contradiction

216

entre l'apparente bienséance et les relations homosexuelles avec les garçons marocains énerve au plus haut point l'un de ses compagnons de sorties, rencontré une dizaine d'années auparavant autour de la revue *Arguments,* Georges Lapassade... Lapassade, qui est devenu depuis lors une sorte de théoricien officiel de la transe au Maroc, est à l'époque très mal vu et aura même quelques problèmes avec les autorités, au point d'avoir à se cacher dans l'appartement de quelques amis, recherché qu'il est, pense-t-il, par la police. Le côté distingué de Barthes, sa notoriété aussi, lui sont insupportables ; il lui préfère la grandiose provocation d'un Jean Genet qui, à l'époque, vit également au Maroc, et n'apprécie pas qu'après quelques séances amoureuses avec de jeunes garçons Barthes puisse ainsi reprendre la pose. Et Lapassade qui, lui, a toujours adoré le scandale décide, comme il le confie à des amis, de « mettre Barthes dans la merde ».

Il faut en effet noter que, selon certains, Barthes s'est toujours « caché » de son homosexualité. Ainsi Maurice Nadeau, qui l'a connu pendant trente-trois ans, ne l'a su que dans les toutes dernières années. Et il a alors revu d'un autre œil des petits détails qui ne l'avaient que peu frappé auparavant. Au milieu des années cinquante par exemple, Ignazio Silone, le grand écrivain révolutionnaire italien, avait organisé à Zurich une réunion de différents responsables de revues européennes de gauche, à laquelle participaient Nadeau et Barthes. « Et il nous abandonnait toujours vers les neuf-dix heures du soir, allait faire un tour en ville... » A son frère Michel, qui en était bien entendu conscient, il n'en parlera explicitement qu'après la mort de leur mère. Mais il en parlait avec d'autres, avec Sollers en particulier.

Cette discrétion s'explique en partie par des raisons historiques : l'homosexualité n'était guère tolérée à l'époque par la bourgeoisie bien-pensante. Elle s'explique aussi, encore une fois, par ce refus de l'hystérie qui marque tout son comportement, ce refus de « militer », de témoigner. Et beaucoup de ses amis pensent que, surtout, il ne voulait pas choquer sa mère : certains d'entre eux sont prêts à parier qu'elle n'a jamais été au courant, ce qui semble pourtant difficile à croire. Mais tant que rien n'était dit... Toujours est-il qu'il ne s'est jamais affiché. Ne voulait-il pas que sa mère tombe, au hasard de la lecture des journaux, sur l'information sèche, brutale ? Pensait-il que cela relevait de sa vie privée et ne concernait en rien le public ? Une seule fois, se souvient Edgar Morin, il lui en parlera directement, pour expliquer les énormes lunettes de soleil qu'il portait, masquant un œil au beurre noir ; il s'était fait frapper et dépouiller, la nuit, sur la plage de Biarritz... Plus tard, bien plus tard, il fréquentera les bars homosexuels de Paris et il a aussi, au Maroc, fréquenté les bordels, mais jamais il n'a publiquement revendiqué son homosexualité, jamais par exemple il n'a milité au FHAR, le Front homosexuel d'action révolutionnaire. « A quoi cela aurait-il servi ? », demande André Téchiné. « Il voulait éviter deux pièges symétriques, la honte comme le triomphe. » Lapassade, au contraire, est aux yeux de Barthes du côté de l'hystérie. Selon François Wahl [10], il se préparait pourtant au moment de sa mort à publier des notations sur ce séjour au Maroc. Le texte, édité en 1987, en est surprenant : lui qui nous avait habitués à une langue discrète, toute de retenue, utilise ici un langage d'une grande crudité [11].

« L'art de vivre à Marrakech : conversation volante de calèche à bicyclette ; la cigarette donnée, le rendez-vous pris, la bicyclette vire de l'aile et fuit légèrement. » « Petit instituteur de Marrakech : " Je ferai tout ce que vous voudrez ", dit-il, plein d'effusion, de bonté et de complicité dans les yeux. Et cela veut dire : *Je vous niquerai,* et cela seulement. » « Gérard, né d'un Français et d'une indigène, veut me montrer le chemin de la Gazelle d'or ; il s'étale dans l'auto, comme pour faire deviner ses appâts ; puis, comme une friandise rare, un dernier argument irrésistible : " Tu sais, mon machin, il est pas coupé ! " »

A la lumière de ces passages, et d'autres encore, de publication posthume donc, le lecteur porte rétrospectivement un autre regard sur bien des textes de Barthes, comme *L'Empire des signes, Sade, Fourier, Loyola* ou *Fragments d'un discours amoureux.* Ce qui est dit ici avec netteté se retrouve ailleurs dans la demi-teinte, la suggestion. Et si

Barthes avait vraiment eu l'intention de publier ce texte, ce qui est bien entendu impossible à vérifier, le fait que cette idée n'ait percé qu'après la mort de sa mère serait significatif : sans négliger la part de l'évolution des mœurs, de la diminution du racisme anti-homosexuel, cela montrerait que la volonté d'épargner « Maman » était au centre de son comportement réservé et que seule sa disparition avait pu mettre en partie fin à cette réserve.

Réserve, donc, mais non pas dissimulation, car il serait faux de dire qu'à l'époque du Maroc en tout cas Barthes ait tenté de masquer quoi que ce soit. Un jour qu'il rentre d'un voyage dans le sud, il montre à des amis des photos faites sur le marché aux chameaux de Goulimine. « Elles ne sont pas très bonnes », dit l'un d'eux. Et Barthes, avec un sourire : « Vous savez, c'étaient surtout les chameliers qui m'intéressaient. » Une autre fois, chez les Bouvard, on lui rapporte une formule du fils, âgé de quatre ans : « Quand je serai grand, je tuerai papa et je mariagerai maman. » Il commente, parle évidemment du complexe d'Œdipe, puis passe à quelques confidences sur son attachement à sa mère, sur son homosexualité...

Plus intéressant que ces considérations est le fait qu'il n'y a — semble-t-il — guère de lien entre l'homosexualité de Barthes et le contenu de son œuvre. On peut par exemple voir un rapport entre l'homosexualité de Michel Foucault et ses réflexions sur les minorités, les marges, — la folie, la prison. Rien de cela pour Barthes. La seule allusion directe, mais discrète, dans ce qui a été publié de son vivant tient en quelques lignes, dans *Roland Barthes par Roland Barthes*. Ces lignes, sous le titre de « La déesse H », les voici : « Le pouvoir de jouissance d'une perversion (en l'occurrence celle des deux H : homosexualité et haschisch) est toujours sous-estimé. La Loi, la Doxa, la Science ne veulent pas comprendre que la perversion, tout simplement, *rend heureux;* ou pour préciser davantage, elle produit un *plus :* je suis plus sensible, plus perceptif, plus loquace, mieux distrait, etc. — et dans ce *plus* vient se loger la différence (et partant, le Texte de la vie, la vie comme texte). Dès lors, c'est une déesse, une figure invocable, une voie d'intercession. »

Certains, bien sûr, ont réfuté le choix du mot « perversion » à propos de l'homosexualité ; il est surtout notable que ce soit le seul propos de l'œuvre de Barthes (publiée de son vivant) dans lequel, au terme *homosexualité,* soit associé le pronom *je*.

Arrive la fin de l'année. Barthes rentre en voiture par l'Espagne — Salamanque, Valladolid — jusqu'à Urt, où il retrouve ses habitudes. Il devrait, normalement, retourner à Rabat à la rentrée, assurer une seconde année universitaire. Mais cette fuite de mai 68, ce repli sur une base qu'il croyait tranquille, aura été un échec, et il décide de rester en France. Le séjour au Maroc se terminera sur une rupture de contrat.

Revoir Paris...

Et il reprend donc son enseignement parisien : son séminaire à l'école, bien sûr, qui porte en 1970-1971 sur « la notion d'idiolecte », puis l'année suivante sur « dix ans de sémiologie », en même temps qu'un cours à l'université de Genève consacré à la rhétorique. Au séminaire, qui a encore déménagé, dans une salle de théâtre tout d'abord, puis dans les locaux de la rue de Tournon, l'atmosphère commence à rappeler celle des grandes premières mondaines. Devant l'affluence des auditeurs, l'école a en effet dû louer la salle de la Société française de théosophie : Barthes est sur scène, sous les projecteurs, et dans la salle des centaines d'anonymes l'écoutent... Un jour montera de cette salle l'exaspération, la contestation : des étudiants protestent contre ces conditions de travail aberrantes, contre cette médiatisation qui transforme un séminaire en spectacle... Retour rue de Tournon, donc, où l'on décide de n'accepter que les auditeurs régulièrement inscrits ; Barthes divise ses étudiants en trois groupes et enchaîne trois séminaires, dans lesquels il espère n'avoir qu'une dizaine de personnes, l'idéal ; le séminaire, désormais fermé, serait ainsi un lieu clos, érotisé, protégé... Mais en vain. Les étudiants arrivent parfois trois heures avant le début pour avoir une place assise, il y a des gens partout, jusque dans les escaliers, et l'on perd chaque

220

fois une bonne demi-heure à essayer de faire évacuer ceux qui n'ont rien à faire là. Agacé, Barthes fait la police, explique qu'il s'agit d'un séminaire de travail, et non d'un spectacle, mais rien n'y fait : la notoriété conjuguée à un phénomène de mode a transformé le séminaire en « show ». Pourtant il y parle peu, écoute les étudiants présenter leurs projets de recherche, l'état de leurs travaux, et ce n'est qu'à la fin de chaque exposé qu'il en reprend, en quelques phrases, le contenu, tentant chaque fois de valoriser ce qui vient d'êre dit ; même si l'exposé n'est pas toujours bon, la synthèse de Barthes, elle, est brillante, fascinante...

C'est en 1970 qu'il a publié deux livres qui marquent, dans son œuvre, un tournant important. Son dernier ouvrage, ne l'oublions pas, était un lourd pavé, *Système de la mode,* pour une fois peut-être travail d'écrivant plus que d'écrivain. Mais *L'Empire des signes* et *S/Z* relèvent l'un et l'autre d'un tout autre genre. Au cours de son voyage au Japon, dont il tire la substance du premier, il a, dit-il, connu une « sensation intense de plaisir ». Et d'accumuler les adjectifs : « J'ai eu un plaisir complet, intense, dense et subtil en même temps, non seulement à voyager là-bas mais à écrire ce texte. Et comme je considère que le désir est la dimension essentielle de l'écriture, par conséquent je peux dire qu'en écrivant le Japon je réalisais la vocation de l'écriture qui était l'accomplissement d'un désir. » Puis, un peu plus loin : « Ce texte est une rupture parce que pour la première fois peut-être (...) je suis entré dans le signifiant, je suis entré pleinement dans le signifiant avec ce texte, j'ai bousculé, j'ai levé les contraintes du sur-moi, même du sur-moi idéologique, je ne me suis pas obligé à parler du Japon capitaliste... [11]. »

Quant au second, *S/Z*, il s'agit d'une sorte de réécriture d'une nouvelle de Balzac, issue du dernier séminaire donné à Paris, avant le départ pour Rabat et fortement marqué par l'influence de Julia Kristeva (qui commence à être connue du grand public : son premier livre, *Recherches pour une sémanalyse,* est sorti au Seuil en 1969), à qui il emprunte la notion d'*intertextualité.* Derrière le mot étrange, nouveau, une chose connue, du moins du lecteur de Barthes. Il s'agit en effet par le recours à cette notion d'anonymiser l'auteur, de le couper de son texte que l'on conçoit comme la projection de textes antérieurs par le biais de dérivations, de transformations, voire de parodies, de plagiats. Mais il y a aussi dans *S/Z* la trace de Claude Lévi-Strauss, Lévi-Strauss qui déclarera plus tard ne pas avoir aimé le livre. Et l'on retouve cette tendance de Barthes à prendre chez les autres, conceptuellement, ce qui conforte ses propres intuitions. De la même façon que la notion de connotation était présente, ou nécessaire, dès les premières lignes du *Degré zéro de l'écriture* mais ne sera empruntée sous sa forme conceptuelle que plus tard à Hjelmslev, son refus de la biographie dont nous avons déjà parlé et qui court tout au long du *Sur Racine* ou déjà du *Michelet* trouve ici son expression théorique ; le texte, certes, a des sources, mais dans le texte même, pas dans la vie de l'auteur. Plutôt que de produire une analyse structurale de la nouvelle, sur le modèle de Propp, il tente donc de suivre pas à pas ce qu'il appelle les « veinules du sens », découpant le texte en fragments successifs, en « lexies », unités de lecture de longueur variable : un mot pour la première par exemple (le titre), dix-huit lignes pour la vingt et unième... La nouvelle de Balzac est donc ainsi divisée en cinq cent soixante et une lexies et l'ensemble du livre est lui-même organisé en quatre-vingt-treize parties, ou chapitres. « Pourquoi quatre-vingt-treize ? », lui demande un jour un ami. « Parce que, répond Barthes en souriant, c'est la date de naissance de ma mère... »

Nous avons donc là deux livres résolument non universitaires. Or, à son retour du Maroc, le paysage culturel français a bougé ; nouvelles revues — *Actuel, La Cause du peuple* dont Sartre a pris la direction après l'arrestation de Jean-Pierre le Dantec, *Charlie Hebdo,* nouveaux groupes d'intervention idéologique — le Secours rouge, le MLF, pour l'année 1970, d'autres suivront, etc. L'Université aussi a bougé, les sciences humaines y sont entrées en force, ses œuvres commencent à y être reconnues et il va sans doute pouvoir développer son enseignement dans un espace moins encerclé, ou moins marginal. Pourtant, à la fin de cette année 1970 précisément, il explique :

222

« Je recommande à mes étudiants de jouer le jeu de l'institution universitaire quand ils préparent des diplômes ou des thèses, et pour jouer ce jeu, il faut d'une part (...) respecter le désir d'écrire qui devrait être en tout étudiant et d'autre part se protéger à l'égard de l'institution universitaire, c'est-à-dire accepter de couler la recherche, le travail, l'écriture, dans des formes qui ne heurtent pas la sensibilité stylistique des professeurs [12]. »

Au fond, au moment où il publie *L'Empire des signes* et *S/Z* il pousse les étudiants à écrire comme il l'a fait dans *Système de la mode,* à, éventuellement, masquer ou travestir le désir d'écriture, à tricher pour complaire à l'institution. En fait, il entre dans une période de contradictions. Contradictions avec lui-même d'une part, contradictions entre ce qu'il pense et les lieux théoriques qu'il fréquente (en particulier *Tel Quel*), contradiction enfin entre son comportement politique et celui de ses amis ou de ses anciens amis. Car au même titre que le paysage culturel français, le paysage politique, en effet, a également bougé.

Le Groupe d'information sur les prisons, le Front homosexuel d'action révolutionnaire, créés en 1971 et autour desquels gravitent certains de ses amis le laissent froid. Ils sont, trouve-t-il, en pleine « hystérie », hystérie qui culmine en 1972 lors de l'affaire de Bruay-en-Artois et la constitution de « tribunaux populaires ». Pour sa part il refuse de s'intégrer à une minorité, quelle qu'elle soit, il refuse d'être classé, étiqueté de l'extérieur, comme homosexuel par exemple, ou comme militant de tel ou tel groupe. Il observe donc de loin, en décembre 1971, l'intervention de Michel Foucault et Gilles Deleuze à propos de la mutinerie de la prison de Toul... Le nouveau comportement des homosexuels, la disparition de la honte en particulier, le frappe. Mais il n'apprécie guère ce qu'il considère comme un embrigadement collectif, ce moment où les individus libérés se regroupent et forment régiment ; à force d'être libéré l'homosexuel lui semble tourner au stéréotype et, prenant ses distances, il accroît le fossé qui, depuis des années, le sépare de Foucault.

Les contradictions que nous venons de voir entre l'auteur du *Système de la mode* et celui de *S/Z*, entre le tenant d'une analyse structurale pure et dure, inspirée de la phonologie, et le tenant de l'intertextualité, ces contradictions vont bien vite se résoudre, pour des raisons à la fois internes — l'évolution personnelle de Barthes qui s'éloigne lentement de ses premières amours — et externes — l'exclusion théorique dont il va être l'objet.

Les critiques ou les attaques dont Barthes a jusqu'ici été la cible, celles de Raymond Picard bien sûr, et celles de la presse, venaient toutes d'un même horizon, celui de la critique littéraire traditionnelle. Or voici que des critiques viennent maintenant d'un autre horizon, d'une famille théorique dont Barthes se réclame sans cesse depuis dix ans, dans ses séminaires, dans ses articles, dans les interviews qu'il donne : la linguistique structurale qui s'est développée en cinquante ans, de Ferdinand de Saussure à André Martinet.

Lorsque Martinet est rentré des États-Unis, au milieu des années cinquante, la linguistique n'était guère représentée dans l'Université française, et c'est lui qui occupera la première chaire de « linguistique structurale » en Sorbonne et à l'École pratique des hautes études. Peu à peu, ses élèves passent leur thèse, obtiennent des postes universitaires, à Nanterre pour Jean Dubois, à Aix-en-Provence pour Georges Mounin. Puis, après 68, les vannes s'ouvrent brusquement, des postes sont créés partout en France et de nombreux jeunes docteurs deviennent assistant, ou maître-assistant : la linguistique est alors une science neuve, une science en vogue.

Mais Martinet, qui a pendant quinze ans été le pape de cette linguistique française, se voit maintenant contesté. Les théories s'affrontent, et deux d'entre elles dominent, conflictuelles, se partageant d'ailleurs les universités qui se multiplient à Paris après la loi Edgar Faure : le *fonctionnalisme* autour d'André Martinet, qui garde ses positions dans la vieille Sorbonne et dans certaines universités de province, et le *générativisme* du linguiste américain Noam Chomsky, qui s'implante tout d'abord à Vincennes. C'est de la première école que va venir l'attaque. Deux élèves de Martinet ont en effet repris l'idée de sémiologie lancée par Ferdinand de Saussure : Luis Priéto, un Argentin installé en France, puis en Suisse, et Georges Mounin. Revenant aux travaux du linguiste belge Éric Buyssens dont *Les Langages et Le discours* avait été publié en 1943, ils vont tracer les frontières d'une sémiologie « orthodoxe », la « sémiologie des linguistes » comme l'écrira Mounin, et tentent d'exclure Barthes du champ de leur science. C'est Mounin, surtout, qui mène l'attaque, dans un livre publié en 1970, *Introduction à la sémiologie* [13]. Il insiste fortement sur la distinction à faire entre ce qu'il appelle la « sémiologie de la communication » (la « bonne » sémiologie), celle qui décrit des codes, et la sémiologie de la « signification », qui fonctionnerait selon lui essentiellement par métaphore en parlant de langage à propos de n'importe quoi. Personne, affirme Mounin, ne peut être pris à son insu dans un processus de communication et pour démontrer qu'il y a émission de sens, il faut démontrer d'abord qu'il y a existence d'un code, et existence d'une volonté de communiquer.

C'est bien sûr toute l'entreprise des *Mythologies* qui est ici mise en question : tout ce qui y était dit sur le catch, le Tour de France ou le steak-frites par exemple ne relevait pas d'un code au sens où l'entend Mounin. Et, dans un chapitre intitulé « La sémiologie de Roland Barthes », il ne mâche pas ses mots. « On ne peut pas parler scientifiquement de lui, écrit-il, on le prend pour un théoricien alors qu'il n'est qu'un essayiste, il confond tout, en bref Barthes ne fait pas de la sémiologie, il fait de la " psychanalyse sociale ". » Certes, cette philippique vient après un hommage rendu à « la générosité de ses combats, le côté maintes fois stimulant de ses propositions, sa sensibilité de poseur de problèmes vivants, de découvreur de domaines ou de points de vue prometteurs [14] », mais l'excommunication est sans appel.

Et Barthes qui s'était fidèlement inspiré de Martinet, au point de calquer le titre de ses *Éléments de sémiologie* sur les *Éléments de linguistique générale,* le catéchisme des linguistes fonctionnalistes, se trouve donc de façon paradoxale réfuté par une partie de la linguistique, celle qui se trouve au centre de ce qu'on connaît sous l'étiquette commode de « structuralisme », alors qu'il est lui-même perçu comme structuraliste. Il est, de ce fait, repoussé vers l'analyse du récit ; si *Système de la mode* et *S/Z* représentaient chez lui ces deux tendances, il va désormais abandonner la première. Par choix personnel, bien sûr, mais les critiques que l'on vient d'évoquer ne sont sans doute pas étrangères à ce choix. Barthes ne répondra jamais à Mounin, mais il modifie une fois de plus son approche ; il est déjà ailleurs, du côté de la textualité, et les livres qui suivront *S/Z (Sade, Fourier, Loyola, Le plaisir du texte, Fragments d'un discours amoureux, La Chambre claire)* n'auront plus aucun rapport avec l'héritage saussurien découvert au début des années cinquante grâce à Greimas. Encore une fois, il change de théorie.

IX

AUTOUR DE *TEL QUEL*

A *Tel Quel* aussi, les choses changent. Après la parution de l'ouvrage de Macciochi, *De la Chine* et son interdiction de vente à la fête de *L'Humanité,* le « mouvement de juin 71 » a rompu avec le parti communiste et flirte désormais avec le maoïsme. Jusqu'ici, la revue entretenait de bons rapports avec le PCF et sa revue théorique *La Nouvelle Critique.* On tourne la page, avec quelle brusquerie, et on lutte désormais contre le « révisionnisme sinophobe ». Barthes, bien sûr, suit le mouvement, ou du moins en donne l'impression. Que fait-il en cette galère ? se demandent certains. C'était pour lui, pense aujourd'hui Jean-Paul Enthoven, « une façon d'être fidèle à des gens qui le traitaient bien ». Et d'ajouter qu'il n'a aucun souvenir d'une conviction réelle : « Il était bien avec Wahl, avec Sollers, c'était la famille ; la famille avait ses enfantillages, et il suivait, de façon un peu débonnaire. »

Mais, pour l'extérieur, il n'y a aucune faille apparente entre les positions maoïsantes de *Tel Quel* et Roland Barthes. A l'automne, sous le titre « Réponses », il publie une partie de l'interview qu'il a accordée à la télévision, pour les « archives du XXᵉ siècle » et qui ne sera diffusée qu'en 1988. Détails sur sa famille, son enfance, sur le sanatorium, sur son évolution théorique : c'est la première fois que Barthes livre publiquement des informations sur son passé et sur son histoire. En est absent le passage sur *Tel Quel,* qu'on ne découvrira donc que dix-sept ans plus tard à la télévision.

Avec un grand intérêt. Tout au long de l'entretien, qui a lieu à l'automne 1970, c'est-à-dire avant le virage du « mouvement de juin 71 », en pleine période procommuniste de la revue donc, Barthes a l'air un peu mal à l'aise. Il est vrai qu'il n'aime pas la télévision, qu'il n'a jamais aimé parler de façon improvisée, même au séminaire. Il regarde son interlocuteur, c'est à peine si de temps en temps, lui qui déteste parler publiquement sans texte, y compris dans les soutenances de thèse pour lesquelles il écrit soigneusement ses interventions, il baisse les yeux vers les notes qu'il a sans doute rédigées puisque les questions lui ont été soumises à l'avance. Soudain pourtant, lorsqu'on lui pose la question : « Voulez-vous parler de *Tel Quel,* de vos liens avec la revue, le groupe ? », il garde les yeux baissés, ne regarde plus le journaliste ni la caméra, et semble lire scrupuleusement son texte. Il répond donc : « Premièrement, le travail de *Tel Quel* m'est personnellement vital. J'entends par vital le fait que si *Tel Quel* n'était pas là aujourd'hui, je me sentirais en quelque sorte personnellement manquer de souffle dans le milieu intellectuel et idéologique français et parisien. Deuxièmement, c'est une entreprise qui m'est vitale parce qu'elle représente, et qu'elle est seule à représenter, aujourd'hui, un effort théorique d'un sérieux incontestable, une lucidité politique globale aussi incontestable. Même s'il y a des problèmes d'affirmation tactiques, des variations de type tactique ou stratégique, la lucidité politique de *Tel Quel* me paraît juste dans l'ensemble. Troisièmement aussi, c'est une forme de combat qui se mène, de leur part, je dirais sans vulgarité, sans complaisance. »

Pendant tout ce passage, donc, Barthes a gardé obstinément les yeux baissés vers ses notes, ou vers son texte, on a envie de dire sa « déclaration » tant le ton général, la gestuelle aussi, font penser à un porte-parole officiel rendant compte à la presse des propos issus de quelque sommet international. Il poursuit : « Et quatrièmement aussi, mais ça, c'est une interprétation qui m'est personnelle... » et sur ce dernier mot, « personnelle », il lève soudain les yeux et fixe la caméra, comme s'il se sentait alors libéré d'un discours imposé, « je considère que le travail de *Tel Quel,* si sérieux qu'il soit et parce qu'il est sérieux précisément, reste, disons, un grand jeu, une grande fiction, au sens nietzschéen du mot ».

Et, pour conclure sur ce thème, il baisse à nouveau le regard vers ses papiers : « Pour la première fois dans l'histoire intellectuelle de l'Occident, on a vu apparaître un groupe d'écrivains, enfin d'opérateurs de textes, qui s'attaquait sérieusement au problème de la jonction dialectique entre une position révolutionnaire de type marxiste et une activité, disons pour parler grossièrement, d'avant-garde. »

A voir et revoir ce passage, demeure toujours la même impression, ou la même question : est-ce Barthes qui a écrit le texte qu'il lit ? Et sinon, qui d'autre ? Ou encore, en Barthes lui-même, quel Roland Barthes ?

Biographèmes...

Au tout début de l'année 1971, entre la période communiste orthodoxe et la période maoïste de *Tel Quel* donc, il publie un ouvrage, *Sade, Fourier, Loyola* qui nous mène bien loin de ces débats politiques. « Postures », « figures », « opérations », « scène », il construit ici une « grammaire sadienne » ; sous les appellations de « littéral », « sémantique », « allégorique », « anagogique », il stratifie là les niveaux de signification des *discours spirituels* de Loyola : dans les trois cas, il étudie ce qu'il appelle d'un néologisme — un de plus — des *logothètes,* des fondateurs de langues. Mais par-delà le déroulé de cette analyse, une autre question pointe, celle de la biographie, par le biais d'un « retour amical de l'auteur » sous forme de « quelques détails ténus, source cependant de vives lueurs romanesques [1] ». Cette conception de la biographie, de la sienne, déjà exprimée dans la préface, et de celles de ses objets d'études — lorsqu'en fin d'ouvrage, sous le titre *Vie de Sade* puis *Vie de Fourier* il énonce un certain nombre de propositions (vingt-deux pour Sade, douze pour Loyola), — relève donc de la notation, du trait fugace, en un mot de la *fiche* qui était, comme on sait, son principal instrument de travail, et qu'il baptise, nous l'avons vu encore d'un néologisme : *biographème*. « Sade, transféré brusquement de Vincennes à la Bastille, fait toute une histoire parce qu'on ne lui a pas laissé emporter son *gros oreiller* sans lequel il ne peut dormir. » « Fourier déteste les vieilles villes : Rouen », etc. [2].

Or, voici que quelqu'un va s'aviser d'émettre sur son compte une telle fiche, avec cependant un trait en moins, celui de la bienveillance. En 1972 en effet, Dominique de Roux publie aux éditions Christian Bourgois *Immédiatement*, une sorte de journal dans lequel il met à mal bon nombre de ses contemporains. Renseigné par Lapassade, il y a inséré un court passage sur Barthes. Celui-ci téléphone à Bourgois, qui fait arracher la page dans tous les ouvrages déjà en librairie. Dominique de Roux qui est alors aux États-Unis, prendra très mal la chose à son retour et rompra son contrat avec son éditeur. Ce n'est que huit ans plus tard, après la mort de Barthes et celle de Dominique de Roux, que le livre ressortira non mutilé chez un autre éditeur, l'Âge d'homme, et que l'on découvrira le passage incriminé, en fait huit courtes lignes :

« Un jour, avec Jean Genet, me dit Lapassade, nous parlions de Roland Barthes ; de la manière dont il a séparé sa vie en deux, le Barthes des bordels à garçons et le Barthes talmudiste (c'est moi qui précise). Je disais : " Barthes, c'est un homme de salon, c'est une table, un fauteuil... " " Non, répliqua Genet, *Barthes, c'est une bergère*[3] ". » Pourquoi être intervenu pour que disparaisse ce passage ? Car il est clair qu'en un simple coup de téléphone, Barthes donnait raison à Lapassade, à cette idée qu'il tenait à ne pas ébruiter ses penchants sexuels. Volonté de préserver sa mère ? Il est peu probable qu'elle ait ouvert un livre de Dominique de Roux, mais il est vrai que la presse aurait pu commenter ce passage. Toujours est-il que sa rancune est tenace. A cette époque, Dominique de Roux prépare un numéro spécial des *Cahiers de l'Herne* consacré à Queneau, numéro auquel doit participer Violette Morin. Barthes téléphone à Violette, pour lui demander de ne pas écrire son article... Et, de fait, elle ne rendra son article que lorsque Dominique de Roux aura abandonné la direction du numéro. Il en veut aussi à

230

Lapassade, bien sûr. A Hervé Landry, avec qui il dîne parfois, il en dit pis que pendre, prétendant que Lapassade est pingre, qu'il vivait, à Rabat, à ses crochets... Lapassade enseigne à Tours, Landry est tourangeau, il le connaît et tend donc l'oreille, d'autant plus que Barthes ne dit que rarement du mal des gens. Lapassade, dit-il, exploitait un peu trop sa bourse : à Tanger, dans les bordels, il le laissait payer régulièrement. Un jour, il en a eu assez... Vraie ou fausse, l'anecdote montre bien le ressentiment de Barthes, que ne pouvait qu'accroître l'affaire du *Bordel andalou*... Lapassade publie en effet un court récit qui débute à Tanger, dans un bain maure à double entrée — en bas les Arabes, en haut les Occidentaux — venant se rencontrer là pour des rendez-vous homosexuels. Qui met-il en scène ? Difficile à dire, les personnages sont tous masqués derrière des pseudonymes, et sans beaucoup d'intérêt. Mais Lapassade laisse entendre que Barthes y est, et tout le monde cherche : qui est Armand Glaïeul ? Jean Genet ? Qui sont Scorp, Machaire, Pontalanche ? Et qui est Roland Putois ? Barthes ? Ce qui est sûr, c'est qu'un passage du texte retranscrit presque textuellement ce que, à Rabat, Lapassade disait de Barthes à Josette Pacaly :

« Les habitués du bordel dissimulaient leurs vrais désirs dans l'obscurité de la vapeur. Puis, lorsqu'ils sortaient du bain pour rejoindre la place du Général-Franco, ils changeaient de visage, d'allure, ils respectaient tous les rites. La société du jour n'acceptait leurs visites au hammam qu'au prix d'un surcroît de soumission[4]. »

C'est à cette époque que Jacques Le Goff, qui succède à Fernand Braudel à la direction de la VIᵉ section de l'EPHE, demande à Roland Barthes de faire partie du bureau chargé de la gestion quotidienne de l'établissement, tout en étant sûr par avance de son refus. A sa grande surprise, celui-ci demande un délai de réflexion de quelques jours, puis accepte et se plonge même avec un très grand sérieux dans les tâches administratives. Le Goff avait sollicité Barthes pour qu'il « se consacrât plus particulièrement à prendre de la hauteur et de la distance, à penser et à prévoir l'École », voulant réserver les problèmes quotidiens d'intendance aux quatre autres membres du bureau. Mais, deuxième surprise, Barthes revendique ces problèmes : il relit soigneusement et corrige les procès-verbaux des réunions hebdomadaires, reçoit les étudiants qui veulent s'inscrire en troisième cycle et dont le dossier est problématique, participe à la préparation des nouveaux statuts de l'École ou aux réunions avec les représentants syndicaux... Bref, pendant trois ans, se révèle, selon la formule de Le Goff, un « Barthes administrateur [5] ». C'est à cette époque aussi que, chez le philosophe Henri Lefèvre, il rencontre Jean-Louis Bouttes, alors jeune étudiant, à qui le liera une longue et profonde amitié. Bouttès prépare un article sur Barthes, il vient au-devant d'un théoricien, mais il est immédiatement séduit par l'homme, « par cette façon de mettre l'amitié dans le rapport théorique et de faire théorie sans cesse du rapport amical, de ses dissensions, de ses faiblesses, souvent parlant des autres en s'adressant allégoriquement à soi ». Comme beaucoup d'autres il sera frappé par la tendance de Barthes à sous-estimer ce qu'il pouvait exprimer oralement, à se trouver « bête » dans la parole alors que sa conversation était toujours extrêmement subtile.

Jack Lang, futur ministre de la Culture, aura la même impression lorsqu'il rencontre Roland Barthes pour la première fois : « Un homme merveilleux, charmant, d'une grande délicatesse... » Lang vient en effet d'être nommé à la direction du théâtre de Chaillot et cherche une nouvelle forme d'écriture de spectacle, une sorte de mise en dramaturgie de l'histoire et de l'actualité, une interprétation théâtrale du monde. Il lui faut donc des plumes, des plumes d'écrivains capables de lire et de dire leur temps, et se souvenant des articles de *Théâtre populaire* et des *Mythologies,* qui l'ont enchanté, il se dit que Barthes pourrait être l'une de ces plumes. En fait, et malgré leur goût commun pour le théâtre, c'est surtout *L'Empire des signes,* le livre sur le Japon, qui a séduit Lang et il en parle encore avec émotion : « Je ne sais pas si son livre est vrai, ou inventé, s'il s'agit d'un rapport fantasmatique, imaginaire à ce pays, ou de notations réalistes, mais j'ai adoré ses descriptions de la

232

cuisine japonaise, des foules, de Tokyo… » Jack Lang téléphone donc à Barthes ; rendez-vous est pris dans un café de Saint-Germain-des-Prés, où la discussion durera plusieurs heures, éblouissante. « Au fond, dit Roland, ce que vous cherchez, ce sont des *scripteurs*. » Le néologisme restera gravé dans la mémoire de Lang, qui pense que Barthes était bien décidé à lui écrire un spectacle, ce qui est plausible lorsqu'on sait son plaisir à travailler sur commande. Mais le pouvoir politique d'alors retirera la direction de Chaillot à Jack Lang, et le projet capotera. Ce premier contact ne sera cependant pas sans suite, et les deux hommes se rencontreront à différentes occasions, jusqu'à un certain lundi de février 1980.

En 1972 toujours, Roland est sur la Côte d'Azur, en vacances chez un ami, au moment du festival de Cannes. Il y rencontre un jeune réalisateur, André Téchiné, qui n'a pas trente ans et un seul film à son actif, *Pauline s'en va,* longtemps resté inédit et que l'on présente enfin, en marge du festival. Mais Barthes n'a pu le voir sur place. A son retour à Paris, il assiste à une projection au *Studio 27,* à Montmartre, puis discute longuement avec son auteur. Une amitié, une de plus, naît très vite. Ici encore, le jeune homme est fasciné par l'absence totale de volonté de puissance de Barthes, par sa bienveillance, par sa voix bien sûr mais surtout par son écoute. L'écoute de Barthes : il y a sur ce point une extrême coïncidence dans les témoignages. Téchiné fréquente le séminaire, Barthes s'intéresse à ses projets de films et écrira en 1975 dans *Le Monde,* à propos de *Souvenirs d'en France* sélectionné pour Cannes — mais pour la compétition officielle cette fois-ci : « Avec Téchiné commence la légèreté : avènement qui importe autant à la théorie du cinéaste qu'à la pratique du spectateur… » Encore une fois, la fidélité aux amis.

La peinture

En ce début des années soixante-dix, Barthes va ajouter à sa palette une nouvelle touche : après la musique et l'écriture il va pratiquer la peinture, ou plus exactement le graphisme. Ici encore, la vie explique bien des choses car c'est au Japon et au Maroc qu'il a découvert une sorte de prolongement de l'écriture, une transmutation de ces mouvements de la main qui forment les lettres : la calligraphie. Au Japon (comme en Chine, mais Barthes n'y est allé que plus tard), on accorde à ces « belles lettres » une grande importance, au point que dire à quelqu'un qu'il a une « belle écriture » est un suprême compliment. Surtout, les instruments de la calligraphie (l'encre, le papier, les pinceaux) sont les mêmes que ceux de la peinture, et souvent le poème se mêle au dessin : « Où commence l'écriture ? Où commence la peinture ? » note d'ailleurs Barthes dans *L'Empire des signes,* en légende de la reproduction d'une encre de Yokoi Yayû, *La Cueillette des champignons*. C'est donc là qu'il a, pour la première fois, rencontré ce jeu de la main et du pinceau qui donne au signifiant une soudaine importance, débordant celle du signifié. Il le retrouvera, multiplié, au Maroc. On sait que l'Islam a jeté un interdit sur la représentation de la création divine ; vouloir figurer graphiquement ce que Dieu a créé constitue une concurrence sacrilège, les représentations figuratives étant considérées comme relevant du totémisme. Les cultures islamiques ont donc reporté sur le travail de la lettre leurs pulsions de création graphique et durant son séjour à Rabat, plus long que les rapides voyages antérieurs à Tanger, Barthes a vu de multiples exemples de ces calligraphies, ainsi que des compositions géométriques abstraites sur céramique.

Il se lance dans le graphisme, laissant courir sa main sur le papier, prolongeant l'écriture de façon presque automatique, le signifiant, la forme, prenant ainsi le pas sur le contenu. Au début, il considère cette activité comme peu sérieuse et, reproduisant par trois fois dans *Roland Barthes par Roland Barthes* ses productions, il les commente ainsi : « la graphie pour rien »... ou « le signifiant sans signifié » et « gaspillage »[6], parce que son dessin s'étale au milieu d'une feuille de papier à en-tête de l'École pratique des hautes études. Nous verrons d'ailleurs qu'en 1973 il se qualifie, dans une interview, de « peintre du dimanche ». Pourtant il reproduit aussi en couverture de ce livre une de ses compositions en couleur, « Souvenir de Juan-les-Pins », et la peinture prend dans sa vie de plus en plus d'importance : il laissera plus de cinq cents œuvres, toutes datées, répertoriées, souvent réalisées sur les nombreux papiers à lettre qu'il possède, à l'en-tête du Collège de France, de l'École des hautes études, de la maison d'Urt... Il considère cependant cette activité comme secondaire, s'étonne toujours lorsque ses visiteurs semblent s'intéresser à ses productions, explique que tout cela est très facile, qu'il suffit de laisser courir le crayon sur la feuille de papier...

C'est à la même époque qu'il commence à écrire sur les peintres. Il avait déjà, on l'a vu, consacré un article à Bernard Buffet, mais c'était essentiellement pour parler de New York, alors qu'il analyse maintenant Arcimboldo, André Masson, Erté, Cy Twombly ou Réquichot comme il analysait naguère Racine ou Michelet. Cette liste peut paraître hétéroclite, mais trois de ces cinq peintres sont très proches de sa propre production. Erté bien sûr pour son célèbre alphabet, lorsque le corps de la femme disparaît pour donner forme à la lettre, et surtout Réquichot et Cy Twombly. Comme eux, il prolonge donc l'écriture vers le graphisme et la couleur, vers la négation de l'écriture, en des lettres incertaines et dénuées de sens. C'est pourquoi l'on peut considérer que ce qu'il dit d'eux vaut aussi pour lui. Il retrouve par exemple chez Twombly quelque chose des peintres chinois « qui doivent réussir le trait, la forme, la figure, du premier coup, sans pouvoir se reprendre, en raison de la fragilité du papier, de la soie : c'est peindre *alla prima*[7] », et explique ailleurs très clairement l'influence que ce peintre a eu sur lui : « Ce matin 31 décembre 1978, il fait encore nuit, il pleut, tout est silencieux lorsque je me remets à ma table de travail. Je regarde *Hérodiade* (1960), et je n'ai vraiment rien à en dire, sinon la même platitude : que ça me plaît. Mais tout d'un coup surgit quelque chose de nouveau, un désir ; le désir de *faire la même chose,* d'aller à une autre table de travail (non plus celle de l'écriture), de prendre des couleurs et de peindre, tracer. Au fond, la question de la peinture, c'est : « Est-ce que vous avez envie de faire du Twombly ?[8] » Chez Réquichot l'intéresse « l'écriture illisible » ou encore le fait « que Réquichot met en scène le langage total : dans ses poèmes lettristes et dans ses collages de museaux[9] ».

Le langage, encore et toujours. Écrivant sur Arcimbolo, sur ces têtes composées de végétaux, d'objets, d'animaux, il retrouve certains des tics qui, parfois, l'avaient mené dans ses *Mythologies* à des analyses hasardeuses : il discerne en effet un « fonds langagier » chez le peintre et en prend pour exemple la prune qui, dans *L'Automne,* figure l'œil. « L'œil (terrible) est fait d'une petite prune. Autrement dit (en français du moins), la " prunelle " (botanique) devient la " prunelle " (oculaire)[10]. » L'ennui est bien sûr qu'Arcimboldo était italien et que la précaution prise entre parenthèses ne saurait faire oublier la réalité linguistique : dans la langue de Dante, *prugnola* ne désigne que le fruit, la prunelle oculaire se disant *pupilla...* Mais qu'importe, derrière la fragilité de ces rapprochements, on perçoit ce que la peinture est pour Barthes : encore une fois un prolongement de l'écriture, de la langue. D'ailleurs, parlant des peintres, il ne parle jamais de la matière, du travail de la pâte, de l'épaisseur, il parle d'images et pourrait tout à fait se concenter pour ses analyses de reproductions un peu plate ; Arcimboldo a pour lui produit des figures de rhétorique plus que des toiles, et c'est là ce qu'il cherche lui-même à produire. Ainsi dans la collection que possède Romaric Sulger-Büel ou dans les expositions qu'on a pu voir de ses œuvres (de son vivant en 1976, 1977, et celles, posthumes, de 1980, et 1981) on trouve des pastels, des aquarelles, des encres, mais pas d'huiles : Barthes a peint en deux dimensions.

Ce qui n'enlève rien à l'intérêt de cette œuvre. On y trouve en effet le rêve, ce rêve auquel il se laisse aller lui-même lorsqu'il écrit sur la peinture. On y trouve un trait, un jeu de couleur mais pas d'épaisseur. Mais si l'on peut d'évidence parler à propos de ses textes d'un acte d'écrire, d'un travail de la langue, on ne peut pas parler ici d'un acte de peindre, d'un travail de la matière.

Ce n'est pas pour rien que je suis structuraliste...

Au début du mois de juillet 1973, à l'université de Vincennes, Julia Kristeva soutient sa thèse de doctorat d'État devant un public très parisien. Comme le veut la tradition, elle prend la parole en premier et termine la présentation orale de ses travaux par un éloge de Roland Barthes qui, dit-elle, a voulu « maintenir l'intelligibilité et la communicabilité dans les recherches d'avant-garde ». Et la surprise de l'auditoire, car la clarté n'est en général pas considérée comme la caractéristique première de ses textes, elle ajoute : « c'est ce que moi-même j'ai toujours voulu faire »... Après les deux linguistes du jury, Jean-Claude Chevalier, Jean Dubois, Barthes prend la parole à son tour et se pose presque en élève de l'impétrante : « Vous m'avez aidé plusieurs fois à muter, et notamment à passer d'une sémiologie des produits à une sémiotique de la production. » Il ajoute que Kristeva, dans ses travaux, est en train d'écrire le roman moderne. Comme toujours, il lit un texte soigneusement rédigé, et, contrairement à la tradition, il ne pose pas de questions. Bernard Dort, qui s'est plusieurs fois trouvé à ses côtés dans des jurys de thèse, a toujours été fasciné par l'intuition dont il y faisait preuve, rendant compte avec brio de travaux qu'il avait le plus souvent traversés cursivement, à peine lus. Mais, cette fois-ci, personne ne peut prétendre que Barthes n'ait pas lu les textes dont il parle : depuis sept ou huit ans, il suit de près les publications de Kristeva, cette « étrangère » à laquelle il a consacré un article enthousiaste en 1970 [11]. Edgard Morin a lui aussi un souvenir de jury de thèse. Il avait sollicité Barthes et Henri Lefèvre pour la soutenance d'un troisième cycle consacré à la presse lycéenne en 1968. « La thèse était nulle, dit-il, je les avais prévenus, mais je pensais alors qu'il fallait désacraliser l'institution, compenser les inégalités de la nature : les gens brillants n'ont pas besoin de thèse ». Lefèvre se fait un peu tirer l'oreille, Barthes accepte immédiatement, par amitié, ou par incapacité à dire non. Le jour de la soutenance, il lit comme toujours un texte et selon Morin « fait un discours admirable pour décortiquer une thèse inexistante, une sorte de transmutation, d'alchimie, et par son regard tout ce qui était quelconque, inepte, devenait brusquement intéressant »... Jamais d'ailleurs, dans aucune soutenance, on ne l'a entendu être « méchant » pour un candidat, être agressif ou même critique, ce qui tout à la fois témoigne d'un de ses traits de caractère, et relativise peut-être le sérieux, la collation des titres et leur qualité...

Ce soin apporté à la préparation de la moindre intervention orale, ce refus panique de l'improvisation, n'est que l'un des aspects de ses méthodes de travail, dont un entretien accordé à Jean-Louis de Rambures, et publié en septembre 1973 [12], donne une juste idée. Il a, dit-il, un rapport presque maniaque aux stylos, aux crayons, aux feutres, il en a trop, en achète toujours de nouveaux, en change souvent. Mais, en même temps, il vient de s'offrir une machine à écrire électrique et en a intégré soigneusement l'apprentissage dans son emploi du temps : « Tous les jours je m'exerce à taper pendant une demi-heure. » A heures fixes, bien sûr, car il sépare méticuleusement ses activités, ne mêlant pas par exemple les lectures professionnelles aux lectures de plaisir ; il lit les premières le matin, à sa table de travail, les secondes le soir, au lit, avant de s'endormir. Il accumule ainsi, au fil des réponses, bon nombre de « biographèmes » et l'interview parle d'elle-même :

« Je suis incapable de travailler dans une chambre d'hôtel. Ce n'est pas l'hôtel en soi qui me gêne. Il ne s'agit pas d'ambiance ou de décor mais d'organisation de l'espace. (Ce n'est pas pour rien que je suis structuraliste, ou qu'on m'attribue ce qualificatif !)

« Pour que je puisse fonctionner, il faut que je sois en mesure de reproduire structuralement mon espace laborieux habituel. A Paris, le lieu où je travaille (tous les jours de neuf heures trente à treize heures : ce " timing " régulier de

238

fonctionnaire de l'écriture me convient mieux que le " timing " aléatoire qui suppose un état d'excitation continu) se situe dans ma chambre à coucher (qui n'est pas celui où je me lave et prends mes repas). Il se complète par un lieu de musique (je joue du piano tous les jours à peu près à la même heure : quatorze heures trente) et par un lieu de " peinture ", avec beaucoup de guillemets (environ tous les huit jours, j'exerce une activité de peintre du dimanche ; il me faut donc une place pour barbouiller).

« Dans ma maison de campagne, j'ai reproduit exactement ces trois lieux. Peu importe qu'ils ne soient pas dans la même pièce. Ce ne sont pas les cloisons mais les structures qui comptent.

« Mais ce n'est pas tout. Il faut que l'espace laborieux proprement dit soit divisé, lui aussi, en un certain nombre de microlieux fonctionnels. Il doit y avoir d'abord une table (j'aime bien qu'elle soit en bois, j'ai un bon rapport avec le bois). Il faut un dégagement latéral, c'est-à-dire une autre table où je puisse étaler les différentes parties de mon travail. Et puis, il faut une place pour la machine à écrire et un pupitre pour mes différents " pense-bêtes ", " microplannings " pour les trois jours à venir, " macroplannings " pour le trismestre, etc. (Je ne les regarde jamais, notez bien. Leur seule présence suffit.) Enfin, j'ai un système de fiches aux formes également rigoureuses : un quart du format de mon papier habituel. C'est ainsi qu'elles se présentaient, jusqu'au jour (c'est pour moi l'un des coups durs du Marché européen) où les normes ont été bouleversées dans le cadre de l'unification européenne. Heureusement, je ne suis tout de même pas totalement obsessionnel. Sinon, j'aurais dû reprendre de zéro toutes mes fiches depuis l'époque où j'ai commencé à écrire, il y a vingt-cinq ans. »

En 1975, dans *Roland Barthes par Roland Barthes,* il livre, en plus ramassée, la même information, comparant ses deux espaces de travail au vaisseau Argo dont les Argonautes changeaient une à une toutes les pièces pour avoir finalement un bateau entièrement différent et le même pourtant : « De l'un à l'autre, aucun objet commun, car rien n'est jamais transporté. Cependant ces lieux sont identiques. Pourquoi ? Parce que la dispositions des outils (papier, plumes, pupitres, pendules, cendriers) est la même : c'est la structure de l'espace qui en fait l'identité. Ce phénomène privé suffirait à éclairer sur le structuralisme ; le système prévaut sur l'être des objets [13]. » Et quatre ans plus tard, il revient, dans un entretien, sur le même thème, dit un peu la même chose et termine dans le rire en disant qu'il est un bon structuraliste car il a la même structure de chambre à Paris et à la campagne et que, débarquant du train, il peut se mettre au travail sans dépaysement [14]... Il y a, dans cet étalage d'une maniaquerie de vieille fille comme une complaisance jubilante. En distillant ces confidences, Barthes doit sourire, se moquer de lui et de nous, et l'on songe encore à cette préface de *Sade, Fourier, Loyola* dans laquelle, abordant pour une fois sans réticence le problème de la biographie, il se prend à décrire ce que pourrait, ce que devrait être la sienne, ou plutôt ce qu'il aimerait qu'elle fût :

« S'il faut que par une dialectique retorse il y ait dans le texte, destructeur de tout sujet, un sujet à aimer, ce sujet est dispersé, un peu comme les cendres que l'on jette au vent après la mort (au thème de l'*urne* et de la *stèle,* objets forts, fermés, instituteurs du destin, s'opposeraient les *éclats* du souvenir, l'érosion qui ne laisse de la vie passée que quelques plis) : si j'étais écrivain, et mort, comme j'aimerais que ma vie se réduisît, par les soins d'un biographe amical et désinvolte, à quelques détails, à quelques goûts, à quelques inflexions, disons : des biographèmes [15]. »

De ces « quelques plis », laissés sur la vie, comme sur un vêtement modelé par l'usage, par tel geste habituel maintes fois répété, ou froissé par mégarde et qui en garde la trace, il donne donc une moisson d'exemples : les crayons, la table, la place relative des objets et des lieux, les fiches, toutes choses que l'on aurait tendance à considérer comme insignifiantes et qu'il privilégie pourtant. Décrivant ainsi le fonctionnement d'un être symbolique, l'écrivain (la série d'interviews dans laquelle celle-ci trouve place s'intitule « Comment travaillent les écrivains »), il ajoute une touche de plus à une mythologie maintes fois ébauchée, retouchée.

240

« Gide lisait du Bossuet en descendant le Congo », « Pourvoir publiquement l'écrivain d'un corps bien charnel, révéler qu'il aime le vin blanc sec et le bifteck bleu, c'est me rendre encore plus miraculeux, d'essence plus divine, les produits de son art [16] », « J'ai pris l'habitude de lire *migraines* pour *maux de têtes* (...) : voit-on le prolétaire ou le petit commerçant avoir des migraines ? La division sociale passe par mon corps : mon corps lui-même est social [17]. ». Et ces petits détails, encore une fois *insignifiants*, constituent donc par accumulation un autoportrait en marge du texte, l'image qu'il veut laisser de lui. Pour quelqu'un qui récusait — ou voulait le faire croire — la biographie, Barthes a laissé bien des indices...

Alors, la Chine

Pékin, Shanghai, Nanking, Xian : une délégation de *Tel Quel* parcourt en avril 1974, durant trois semaines, la Chine en pleine révolution culturelle, au moment de la campagne qui associe dans une même dénonciation Lin Biao et Confucius. C'est Maria-Antonietta Macciochi qui a suggéré aux Chinois cette invitation, et Philippe Sollers qui a pris la direction des opérations, dresse la liste des élus : Barthes, Kristeva, Wahl, Sarduy, Lacan. Ce dernier est très content de l'idée, il explique qu'il a fait du chinois à l'École des langues orientales, pendant la guerre, qu'il a envie d'aller voir de plus près l'inconscient des Chinois, qu'il imagine structuré non pas comme un langage mais comme une écriture, et puis il se récuse au dernier moment, pour des raisons obscures ; la délégation de *Tel Quel* n'aura que cinq membres... Les « camarades » français se prêtent volontiers à la rhétorique de l'amitié, portant parfois le « costume mao », posant sérieusement des questions auxquelles on ne répond que par la langue de bois. Au début, Barthes rit de ces rituels et joue le jeu : il note sur un carnet, lors des visites d'usines, les tonnes et les tonnes d'acier ou de riz produites grâce à la pensée Mao Zedong, s'intéresse aux jardins d'enfants qu'on leur présente, écoute les explications sur la contraception... Puis il abandonne peu à peu son regard de sémiologue, se retire insensiblement, affiche son indifférence et s'exclut volontairement du groupe. Il se retire dans sa chambre un jour que Philippe Sollers et François Wahl se disputent vivement à propos du bouddhisme et de la révolution culturelle, ne voulant pas assister — pense Sollers — à un affrontement entre amis ; il laisse le groupe aller visiter les gardiens funéraires de Xian, préférant rester seul, et refuse de se baigner dans les sources chaudes du mont du Cheval-Noir, au-dessus de Xian...

Julia Kristeva donne sur ce voyage un témoignage que tous confirment. « En 74, en Chine, un car nous faisait parcourir des millénaires d'histoire que peu d'Occidentaux pouvaient voir à ce moment-là. Nos yeux avalaient, avides, chaque stèle, statue, bijou, caractère. Barthes, souvent, restait dans l'autocar, ou nous attendait à la porte des musées. Cette commémoration, cette linéarité, ce rêve de filiation l'ennuyaient [18]. » Aujourd'hui elle précise que, sur place, tout lui semblait *fade* — les couleurs, les gens —, qu'il s'attendait à un enthousiasme qu'il ne trouvait pas et qu'il ne montrait aucune curiosité pour les choses, les objets. Pourtant, à son retour, il accepte de publier un article dans *Le Monde,* un petit article feutré, « Alors, la Chine [19] », dans lequel les formules se succèdent qui laissent entendre qu'il ne veut rien dire : « le thé vert est fade », « la Chine n'est pas *coloriée* », « la Chine est paisible », « la Chine est prosaïque »... Pour les initiés cependant, un compliment énorme sous sa plume dans le dernier mot de l'article : « Un peuple (...) circule, travaille, boit son thé ou fait sa gymnastique solitaire, sans théâtre, sans bruit, sans pose, bref sans hystérie. »

Étrange, tout de même, cette Chine qu'il transmet alors comme *neutre* au moment précisément où les gardes rouges sont en pleine effervescence. Certes l'année 1974 n'est pas, en Chine, spectaculaire : la critique de Confucius et de Lin Biao continue, le mouvement de départ des jeunes bacheliers vers la campagne s'accélère, les cadres de l'armée sont lentement évincés des organisations provinciales, mais tout cela échappe peut-être au regard du touriste. Pourtant le groupe de visiteurs qui entourent Barthes est en majorité prochinois, même si Julia Kristeva déclare aujourd'hui qu'ayant entamé une licence de chinois, elle était simplement intéressée par la Chine antique et par la possibilité d'une « alternative nationale au communisme »... Et la Chine de Mao est tout de même, en France, une « mythologie », et cela Barthes ne peut pas l'ignorer, comme il ne peut pas ignorer que l'on attend avec curiosité sa réaction.

« Voyant où était la demande, il a, dans un geste assez taoïste, voulu décevoir l'attente », dit aujourd'hui Philippe Sollers. « La Chine ne manque pourtant pas de signes ! » fait remarquer Bernard-Henri Lévy à Barthes dans une interview. C'est vrai, rétorque-t-il, mais « les signes ne m'importent que s'ils me séduisent ou m'agacent. Ils ne m'importent jamais en soi, il faut que j'aie le désir de les lire. » Et il précise : « De fait, je n'ai trouvé là-bas aucune possibilité d'investissement d'ordre érotique, sensuel ou amoureux. Pour des raisons contingentes, j'en conviens. Et peut-être structurelles : je pense notamment au moralisme du régime [20]. » La Chine n'est pas le Japon.

Mais entre-temps (parlant de lui à la troisième personne, comme on va le voir), il avait donné une autre explication à cet article « neutre » : la volonté qu'il avait alors de ne pas *choisir* la Chine mais simplement d'*acquiescer* à la Chine : « A l'occasion d'un voyage en Chine il a essayé de reprendre ce mot d'*assentiment* pour faire comprendre aux lecteurs du *Monde* — c'est-à-dire de *son* monde — qu'il ne choisissait pas la Chine (bien trop d'éléments lui manquaient pour éclairer ce choix) mais qu'il *acquiesçait,* dans le silence (qu'il appela " fadeur ")... Ceci ne fut guère compris : ce que réclame le public intellectuel, c'est un *choix* : il fallait sortir de la Chine comme un taureau qui jaillit du toril dans l'arène comble, furieux ou triomphant [21]. » Et l'on trouve encore une fois, au détour de ces différents discours qui ne convergent pas vraiment, un trait constant de son caractère, une sorte de fidélité à *ses humeurs,* quitte à les théoriser ensuite dans la plus grande mauvaise foi. Mais il faut ajouter à toutes ces notations un autre témoignage. Quelques jours avant de partir pour Pékin, il va à Londres animer un séminaire à l'University College, et il explique à Annette

Lavers qu'il est obligé d'aller en Chine, qu'il faut y aller, pour des raisons en quelques sortes médiatiques : on ne lui pardonnerait pas, pense-t-il, de ne pas être de ce voyage. Un an plus tard, Claude Roy invité par *Le Monde* à définir « son » Barthes reviendra sur cet étrange voyage : « Il est curieux de constater que cette douce, patiente et gourmande rage de *dévoiler* semble s'être cassé les dents, récemment, sur la Chine d'après la " révolution culturelle ". Barthes qui sut décoder *Paris-Match* et le Tour de France cycliste, les " vestèmes " et les " antivestèmes " de la mode, Balzac, Sade et Réquichot, n'a trouvé en Chine rien à décoder, aucun inconscient à conscienter, aucun secret à décrypter, aucune profondeur à pénétrer. Prince feutré de l'" ordre sarcastique ", il a résumé là sa quête et le terme de son enquête dans un seul mot, le mot *rien*[22]. »

Sans doute la Chine l'a-t-elle ennuyé, et la passion maoïste de certains de ses compagnons de voyage exaspéré. Il s'ennuie, et c'est cet ennui qu'il convertira en théorie de la *fadeur,* il ne supporte pas les visites d'usines, la langue de bois, il ne supporte pas le spectacle de cette opération sous acupuncture que l'on impose alors à tous les « amis étrangers » en visite et, surtout, il ne supporte pas le rigorisme ambiant. Julia Kristeva raconte que le seul moment où elle le vit, au cours de ce voyage, vraiment intéressé fut un soir de spectacle, de ballet, où il était assis à côté d'un jeune homme et essayait de s'en rapprocher — tentative pudique et sans doute inefficace. A son retour en France, il a donc écrit un article en retrait, neutre, feutré, comme on voudra, pour dire qu'il n'avait rien à dire : exercice de style dont la véritable fonction est surtout d'éviter la brouille avec ses amis de *Tel Quel* dont les passions l'amusent sans doute plus qu'elles ne le gênent. Et puis viennent les questions, et les nécessaires explications : de son humeur de départ, il faut tirer une théorie.

L'épisode serait de peu d'importance s'il n'éclairait un de ses modes de fonctionnement. Il y a entre l'article du *Monde* et les discours ultérieurs le même rapport qu'entre les *petites mythologies* des années cinquante et le texte, *le mythe aujourd'hui,* qui clôt le livre : la construction a posteriori d'un discours théorique qui prenne en charge ses humeurs et leur donne sens. Et il va donc acquiescer à nouveau, non plus à la Chine mais au discours des amis sur la Chine. Ainsi, lorsque Julia Kristeva publie *Femmes de Chine,* il demande à Jean-Louis Bouttes d'en rendre compte dans la *Quinzaine littéraire.* Celui-ci le lit, s'ennuie un peu, trouve le texte passablement dévot mais n'ose dire à Roland ce qu'il pense du livre et s'en tire par un tour de passe-passe en écrivant qu'au lieu de parler du maoïsme, comme tout le monde, Kristeva parle des femmes... Un soir, pourtant, Barthes, Bouttes et Taïeb Baccouche discutent de la Chine et du livre de Kristeva. « Mao a libéré la femme », déclare Roland. Baccouche n'est pas d'accord, explique que Mao n'a rien fait de plus que Bourguiba qui après tout, en terre d'islam, a réussi à imposer la contraception, à mettre aussi la femme à égalité avec l'homme face au divorce. Sent-il dans ce discours une critique implicite du livre de Kristeva ? Toujours est-il que Barthes soudain très en colère, rouge, se lève et éclate : « Alors, la petite Tunisie pourrait être quelque chose à invoquer contre la grande Chine... » Et ce Barthes « politique », apparemment fortement concerné par la Chine, étonne lorsqu'on songe qu'en 1973 on ne l'a pas entendu lors du coup d'État de Pinochet au Chili, ou encore lors du grand mouvement de l'usine Lip, à Besançon, qui a pourtant mobilisé toute la France de gauche. En fait, on l'aura compris, ce n'est pas la Chine qu'il défend mais Kristeva parlant de la Chine avec un enthousiasme que lui-même n'a guère manifesté ni sans doute éprouvé. On ne peut pas ici ne pas songer au voyage de Gide en URSS, sans doute parti pour les mêmes raisons, entraîné par des amis plus convaincus que lui, acquiesçant à leur enthousiasme, puis prenant ses distances, revenant de façon critique sur son *Retour d'URSS.* Mais Barthes, lui, n'aura nul besoin d'apporter le moindre correctif à un « acquiescement » qui ne l'engageait guère...

Nous sommes donc dans la première moitié des années soixante-dix, et Barthes semble heureux. Cette période est pour lui faste. Il est connu, reconnu, sollicité, et même s'il continue de se plaindre des nombreux « casse-pieds » qui l'assaillent ou l'encombrent, il est sensible à cette image de lui que lui renvoient les autres. Son emploi du temps, comme on l'a vu extrêmement structuré, est tendu vers la libération de la journée à partir de sept heures du soir, principe intangible qui ménage le passage entre le travail, la tradition puritaine, et l'amitié. Jean-Louis Bouttes se souvient du *système* qui régit dès lors toute sa vie : « Il y avait toute une hiérarchie des rencontres dans la journée ; au fur et à mesure qu'on allait vers les rencontres du soir, on allait plus vers l'érotisme ou la confidence intellectuelle. » Sollers et Kristeva, de leur côté, confirment qu'après leurs dîners fréquents, Roland les quittait habituellement vers vingt-trois heures, pour d'autres plaisirs. Il sort chaque soir, avec des amis différents, prenant soin lorsqu'il va au restaurant de se munir du havane qu'il fumera après dîner. Hervé Landry se souvient lui aussi de ces cigares d'après-dîner, mais note également un trait plus singulier : Barthes, dit-il, n'avait jamais son carnet de chèques sur lui mais simplement un chèque, glissé dans son portefeuille, qu'il sortait au moment de payer l'addition... En fait, la précaution se comprend lorsqu'on sait comment et en quelle compagnie il lui arrivait de finir ses soirées. Pour s'être une fois fait dépouiller sur la plage de Biarritz, il était devenu prudent.

Mais il jouit maintenant du confort que l'argent lui procure, de possibilités impensables quinze ans avant, lorsqu'il se débattait dans d'incessants problèmes pécuniaires, même s'il se plaint souvent de son maigre salaire et du fait que ses livres ou ses articles ne lui rapportent pas assez. « J'ai un succès qualitatif, dit-il souvent, pas quantitatif », mais il peut cependant désormais se permettre de refuser tel ou tel article pourtant bien payé, comme par exemple celui que *Paris-Match* lui demande d'écrire sur Brigitte Bardot. En outre, il dîne tous les soirs au restaurant, laisse des pourboires généreux avec, disent certains, une attitude un peu ostentatoire de prince russe. Les soirées, donc, se prolongent et changent de genre, les réseaux se succèdent, en conservant bien sûr le même centre. Certains des amis, qui « savent » mais ne tiennent pas à le voir dans la posture parfois ridicule du dragueur, se retirent, d'autres restent, d'autres enfin arrivent. Ces fins de dîners, libérées des différentes contraintes de la journée, révèlent alors un Barthes inattendu : entre la poire et le fromage, il lui arrive d'utiliser un vocabulaire presque carabin, contrastant singulièrement avec sa réserve coutumière. Profitant de cette ambiance, Hervé Landry ose un soir une question étrange : « Si Julia Kristeva vous laissait entendre que quelque chose était possible entre elle et vous, est-ce que vous feriez une entorse à votre homosexualité ? » Barthes rit puis répond par l'affirmative : « C'est la seule personne dont je sois vraiment amoureux, la seule qui me ferait changer ma sexualité »...

Mise au courant de l'anecdote, Julia Kristeva n'a pas accueilli ce trait d'un haussement d'épaule. « Je ne sais pas si cela aurait pu aller si loin, mais je crois qu'il m'aimait beaucoup, et c'était réciproque. » Et d'ajouter qu'il voulait sans doute exprimer la grande affection qui les liait, en même temps que leurs affinités intellectuelles. Avec les jeunes gens, a-t-elle ajouté, il souffrait souvent de l'incompatibilité intellectuelle : « Même vers la fin de sa vie, lorsque cela le lui plaisait beaucoup qu'on puisse trouver son corps intéressant, ces rapports lui paraissaient mineurs face à une communication plus vaste qui engloberait la compréhension intellectuelle »...

Souvent, Landry lui parle des situationnistes, ce groupe d'étudiants venus de Strasbourg avec lequel il est lié : mais Barthes déteste ces retombées de mai 68. Une autre fois, Landry suggère : « Vous ne voudriez pas essayer de l'" acide ", du LSD ? » Et Barthes s'en sort avec une boutade : « Ce serait donner le volant d'une formule 1 a quelqu'un qui n'a pas son permis de conduire »... Dans les deux cas, situationnistes ou LSD, le malentendu est flagrant : toute une jeunesse qui voyait en Barthes le fer de lance d'une certaine subversion sociale, une jeunesse qui lisait *Tel Quel* et Castanedas mais écoutait aussi les Rolling Stones ou les Beatles et goûtait volontiers aux drogues s'imaginait que Barthes devait être, en toutes choses, de son côté, alors qu'il avait une vie d'une sagesse exemplaire, dont seule la recherche du plaisir sexuel venait déranger la conformité.

De ces soirées partagées avec des amis de tout genre, restent des images dans les mémoires. Les cigares, le chèque glissé dans le portefeuille, que nous venons d'évoquer. Mais aussi cette habitude de choisir, au restaurant, les plats des autres. Avec humour et tendresse, Jean-Paul Enthoven improvise sur ce point un poème à la façon de Georges Perec : « Je me souviens qu'il lui arrivait — lui qui haïssait Cocteau — de commander comme lui mes plats. »

Revenons légèrement en arrière, en 1973, lorsqu'il publie *Le Plaisir du texte,* que Bertrand Poirot-Delpech a salué dans *Le Monde* comme « le petit kama-sutra de Roland Barthes ». La chose, ou du moins l'idée, n'est pas chez lui nouvelle : en 1972 déjà, à propos de *L'Empire des signes,* il livre au détour d'une réponse ce futur titre d'un futur livre : « j'aborde là le problème du plaisir du texte[23] ». Le *problème* du plaisir, c'est sans doute bien le mot, sa formation rigoriste ayant longtemps fait barrage à une gourmandise de tous les instants, une gourmandise de la vie. Mais l'époque se prête à cette interrogation sur le plaisir, sur le désir : *L'Anti-Œdipe* de Gilles Deleuze et Félix Guattari, sorte de manifeste d'une « philosophie du désir », date de 1972, et le *Plaisir du texte* se situe dans le même courant. D'une certaine façon, Barthes achève là son parcours, un parcours que nous pourrions ramener à trois étapes, en dépit de l'aspect un peu artificiel et nécessairement simplificateur de ce genre d'exercices. Il s'était d'abord interrogé sur la *production* de texte, dans *Le Degré zéro de l'écriture,* interrogation qui l'avait mené au début des années soixante à la distinction entre *écrivain* et *écrivant.* Puis dans *S/Z* ou *Sade, Fourier, Loyola* il s'était penché sur les modes de *réception* du texte, sur l'*évaluation* d'un texte, proposant une distinction entre les textes « scriptibles » (ceux que le lecteur peut réécrire, ou *désire* écrire) et les textes « lisibles » (ceux qui ne peuvent qu'être lus). Enfin dans ce *Plaisir du texte,* il tourne en un sens le dos à la théorie, pour en venir aux rapports entre plaisir, jouissance et désir, avec bien sûr une constante

248

ambiguïté soigneusement entretenue sur les rapports entre le texte et le corps. Il est passé, selon son propre jugement sur lui-même, de la *textualité* à la *morale* et de l'influence de Kristeva ou de Derrida à celle de Nietzsche. Dans *Roland Barthes par Roland Barthes* en effet, sous le titre « phases », il propose ce tableau :

Intertexte	Genre	Œuvres
(Gide)	(l'envie d'écrire)	
Sartre	mythologie	*Le Degré zéro*
Marx	social	Écrits sur le théâtre
Brecht		*Mythologies*
Saussure	sémiologie	*Éléments de sémiologie*
		Système de la mode
Sollers		*S/Z*
Julia Kristeva	textualité	*Sade, Fourier, Loyola*
Derrida, Lacan		*L'Empire des signes*
(Nietzsche)	moralité	*Le Plaisir du texte*
		R. B. par lui-même

Il le commente ainsi : « Comme un clou chasse l'autre, dit-on, une perversion chasse une névrose : à l'obsession politique et morale succède un petit délire scientifique, que vient dénouer à son tour la jouissance perverse (à fond de fétichisme)[24]. »

Une stratification en trois stades (on voit que Barthes en distingue pour sa part quatre, mais du point de vue du rapport au texte il n'y a pas lieu de séparer les deux premières) fournit donc à chacune des périodes un terme marqué positivement, et cette trilogie barthésienne (*écrivain-scriptible-plaisir*) représente ses principes successifs d'évaluation du texte.

En 1975, donc, paraît *Roland Barthes par Roland Barthes*, un Roland Barthes puissance deux en quelque sorte, clin d'œil immédiatement repris au bond par Maurice Nadeau qui lui demande de rendre compte de son propre livre dans *La Quinzaine littéraire* et titre l'article « Barthes puissance trois ». Il adore cela, Barthes, les travaux de commande, les exercices de style, ces petits défis qui consistent à produire dix feuillets intelligents, aigus, sur un sujet imposé, comme François Villon, à Blois, répondait au concours du duc Charles et traitait, dans une ballade, du thème imposé de l'eau : « Je meurs de soif auprès de la fontaine... » « Je suppose, écrit donc Barthes, que si l'on demandait à Barthes une critique de son propre livre, il ne pourrait que se récuser (...). Comment pourrait-il accepter de donner un sens à un livre qui est tout entier refus du sens, qui semble n'avoir été écrit que pour refuser le sens[25]. » Le ton est donné, tout en ironie, et Barthes joue avec délectation au critique : livre démodé, tranche-t-il, en retrait par rapport au *Plaisir du texte*, livre décevant, livre dans lequel l'auteur, condamné par la règle du jeu à se dire, « n'a pu dire qu'une chose : qu'il est le seul à ne pouvoir parler *vraiment* de lui ».

Le Monde du 14 février consacre deux pleines pages à l'ouvrage. Jacques Bersani rend compte du texte : « Où en est Barthes en 1975 ? Ni à Gide, ni à Valéry, comme certains seraient trop heureux de le proclamer. Mais pas davantage à Lacan ou à Derrida comme le croient encore ses amis d'avant-garde, ni même à Nietzsche comme il paraît le suggérer. A lui-même. » Et sur la page de droite, sous le titre général de « Barthes par les autres », Alain Robbe-Grillet, Philippe Sollers, Claude Roy, Michel Butor et Pierre Barberis « jugent » l'œuvre et l'homme. Un succès médiatique !

Trois jours plus tard, le 17 février, il répond sur France Inter aux questions du journaliste Jacques Chancel. D'entrée de jeu celui-ci, voulant le présenter, donne à entendre qu'il n'est pas facile de définir Barthes, qu'il y faut un réseau de traits convergents : « Vous êtes sociologue, écrivain, professeur, critique, sémiologue, ajoutant pourtant immédiatement, il y a chez vous unité de préoccupation[26]. »

Et tout l'entretien va constituer une sorte de bilan. Un bilan de ses rapports à l'écriture tout d'abord, du *Degré zéro* ou des *Mythologies* au *Plaisir du texte* : « L'acte d'écrire peut prendre différents masques, différentes valeurs. Il y a des moments où l'on écrit parce qu'on pense participer à un combat, cela a été le cas dans les débuts de ma carrière (...).

250

Et puis peu à peu se dégage la vérité, une vérité plus nue si je puis dire, c'est qu'on écrit parce qu'au fond on aime cela, que cela fait plaisir. C'est donc finalement pour un motif de jouissance qu'on écrit... » Faut-il en conclure qu'il ne pense plus participer à un combat ? Citant le chanteur Georges Brassens, Chancel tente de l'entraîner sur ce terrain : doit-on mourir pour des idées, mais mourir de mort lente ? Barthes esquive. Il plaide pour Marx et Freud qui « ont posé une sorte de rupture dans le langage occidental », pour les intellectuels, dont il se sent solidaire, surtout lorsqu'on les attaque, explique que si le français constitue *un* langage il est divisé en différents discours qui entretiennent des rapports d'agressivité, parle de son goût pour la forme des fragments et donc pour les *Pensées* de Pascal, pour Nietzsche, pour le haïku japonais...

« Pourquoi, demande le journaliste, les photos qui ouvrent votre livre s'arrêtent-elles à l'adolescence ? » « Parce qu'ensuite, répond Barthes, après que j'ai commencé à écrire, mon corps n'est plus dans l'image, il n'est plus dans la photographie, il est dans mon écriture. Il ne faut pas, dit-il en citant Mallarmé, présenter l'écrivain comme un " monsieur " alors qu'il n'existe que dans son œuvre. » Et pendant une heure, mis à part quelques retours en arrière, vers l'enfance ou vers la tuberculose, il ne parlera que de l'écriture qu'il définit comme « une jouissance pour rien, donc une perversion ». De l'écriture et de la lecture. A la fin de l'entretien, Chancel revient à la politique. « Je suis un très mauvais sujet politique », répond Barthes avant d'avouer une grande résistance à ce type de discours et de conclure que le seul discours politique dans lequel il pourrait se reconnaître, qu'il aimerait qu'on tienne à sa place, serait celui qui aurait une valeur d'analyse. Sans doute pense-t-il ici à un discours qui prendrait en charge la question du sens : mais celui-là, ne l'a-t-il pas déjà tenu dans les *Mythologies* ?

Et, dans les toutes dernières minutes, interrogé sur son œuvre, il lâche une confidence propre à surprendre les intellectuels qui voient en lui l'un des papes de la sémiologie, expliquant que ses ouvrages préférés sont le *Michelet* et le livre qu'il a écrit sur le Japon, *L'Empire des signes*. Pourquoi

251

le Japon ? « Parce que c'est un espace à la fois très sensuel pour moi et très esthétique, une extraordinaire leçon d'élégance dans la sensualité. » Et il précise qu'il parle bien d'espace et non pas de pays, ne voulant pas faire allusion à la structure économique et politique du Japon. Et c'est sans doute là que se trouve, en raccourci, le véritable bilan, l'état des lieux en quelque sorte : en ce début de l'année 1975, Roland Barthes assume ouvertement son hédonisme.

Il a écrit ce *Roland Barthes par Roland Barthes* au cours de l'été 1974 à Juan-les-Pins, dans la maison de Daniel Cordier, un marchand de tableaux qui fut pendant la guerre un collaborateur de Jean Moulin ; et pendant son séjour, il a rencontré Casimir Estène, propriétaire d'un grand hôtel qui passe la saison estivale sur la côte d'Azur et l'hiver à Paris. Cinq ou six mois plus tard, au début de l'hiver 1975, Estène organise un dîner dans son appartement parisien. Autour de la table, quelques intellectuels et un jeune étudiant en histoire et en droit, Romaric Sulger-Büel, assis en face de la vedette de la soirée. Chacun pose des questions à l'invité de marque, au grand dam de Barthes qui déteste être ainsi placé au centre de l'attention générale. Romaric, lui, peut-être par timidité, prend une attitude toute différente, un peu facétieuse, et les deux hommes rient beaucoup, alors que certains autour de la table trouve le jeune homme légèrement iconoclaste. Ils continueront leur conversation dehors, marchant, malgré le froid, de la rue Vaneau, où avait lieu le dîner, jusqu'à la rue Servandoni, et de cette rencontre naîtra une grande amitié. Ils se verront désormais souvent, longuement, Romaric Sulger-Büel accédant très vite au « premier cercle », devenant aussi un peu par hasard le plus grand collectionneur de dessins de Barthes, le plus grand connaisseur aussi de cette production graphique que Barthes donnait volontiers à ses amis et à laquelle il mêlait des textes, de courtes phrases ou de petits poèmes improvisés.

A cette même époque un jeune étudiant venu de Caen, Jean-Loup Rivière, le ramène à un centre d'intérêt pour lui bien ancien : le théâtre. Rivière lui propose en effet un sujet de thèse sur Antonin Artaud, dont Barthes le détournera très vite, le poussant à travailler plutôt sur l'esthétique de la théâtralité. Il est admis au séminaire, en est à la fois fier et inquiet, craignant de ne pas être à la hauteur de ce qui est considéré en province comme un des hauts lieux de l'intelligence. Dans ce rôle de « directeur de thèse », Barthes ne correspond pas tout à fait à l'idée que l'on peut se faire de cette fonction. D'ailleurs, une de ses premières interventions consiste à expliquer en quoi la *thèse* est un « fantasme »... Jean-Loup Rivière était venu trouver un « savant », il découvre un maître en morale intellectuelle. L'une de ses remarques l'a particulièrement marqué, lors de la première séance de séminaire à laquelle il assiste. Barthes y parle de la censure, distinguant entre la « censure négative », qui interdit, et la « censure positive », celle qui oblige, pour indiquer qu'aucune des deux n'est pratiquée au séminaire et que, notamment, on n'est pas obligé d'y prendre la parole. Et le jeune homme voit dans ce trait la marque d'une très grande générosité... Un autre jour Rivière fait un exposé sur l'importance du « corpus » dans la recherche, exposé très technique au cours duquel cependant il développe une métaphore assez évidente : le « corpus », le « corps ». Prenant ensuite la parole, comme de coutume, Barthes souligne que la métaphore est tout à fait légitime, mais il ajoute, avec quelque brutalité : « Pourtant, vous avez parlé de tout, du corps des autres, mais pas de votre propre corps... » C'est cet art de la *secousse* qui paraît à Rivière caractéristique de l'aspect « maître zen » de Barthes : il ne commente pas ni ne « rectifie » le travail de l'élève, il intervient par touches interprétatives aiguës, mais délicates. Surtout, Rivière, qui se demande comment l'on peut abandonner totalement un genre pour lequel on s'est passionné, l'emmène parfois avec lui voir des pièces. Et souvent, raconte-t-il aujourd'hui, l'ancien rédacteur de la revue *Théâtre populaire* en sortait énervé, furieux même : lui qui s'était mobilisé pour défendre le TNP ou Brecht ne s'intéressait plus au théâtre comme spectacle, s'y ennuyait...

Arrivent les vacances, le départ vers Urt, la retraite et le travail. A la fin de cet été 1975, il programme un voyage en Tunisie avec Jean-Louis Bouttes, en avertit Philippe

Rebeyrol, alors ambassadeur à Tunis, lui expliquant qu'il voudrait prendre une semaine de vraie détente avant l'hiver et qu'il a envie d'aller passer cinq ou six jours dans un lieu dont on lui a dit qu'il est calme, beau et luxueux, à Nefta, dans le Sud tunisien, au *Sahara Palace*. Cela, bien sûr, lui permettrait de le voir un peu à l'aller, en s'arrêtant à Tunis... Le voyage a lieu. Bref séjour à Carthage et Tunis, puis Nefta où Roland écrit un peu, parle beaucoup avec Bouttes, ainsi qu'avec le groupe de jeunes gens tunisiens qui s'est formé autour d'eux, mélange d'épicurisme et d'attention à l'autre, d'écoute envers ces gens qu'il ne reverra sans doute jamais plus mais auxquels il accorde dans l'instant, comme toujours, la plus grande importance. La vie s'écoule, heureuse, le temps d'une parenthèse qui permet d'oublier, ou de faire semblant, qu'à Paris sa mère, Henriette, ne va pas bien.

X

LE COLLÈGE

Depuis quelques mois, l'ambiance du séminaire a changé, l'euphorie qui le caractérisait jusque-là semble disparaître peu à peu, et les étudiants s'accordent à donner à cette mutation une explication : la maladie de la mère. De 1974 à 1976, pendant deux années universitaires, Barthes consacre son cours de l'EPHE au « discours amoureux », son séminaire à *Bouvard et Pécuchet* puis aux « intimidations de langage ». Dans le même temps, il a entrepris les visites nécessaires à son élection au Collège de France. Il semblerait, malgré ce que certains ont laissé entendre, que l'initiative de cette candidature soit venue de Barthes lui-même et non pas de Michel Foucault, avec qui, rappelons-le, il est brouillé depuis plus de dix ans. Il va donc voir son ancien ami, qui a été nommé au Collège sept ans auparavant et qui accepte d'introduire la candidature de Barthes. Didier Eribon, citant Pierre Nora, raconte la scène :

« Pierre Nora se souvient qu'un jour Foucault lui a dit : ' Je suis très embêté, je dois voir Barthes qui veut se présenter au Collège de France. Je ne l'ai pas vu depuis longtemps. Est-ce que vous pouvez m'accompagner ? ' Tout se passera très bien et Pierre Nora les laissera seuls au bout de dix minutes [1]. »

Foucault présente donc un rapport sur le candidat, dont un passage peut paraître ambigu : « Son audience peut bien passer pour de la mode, comme on dit. Mais à quel historien fera-t-on croire qu'une mode, un enthousiasme, un engouement, des exagérations même, ne trahissent pas à un moment donné, l'existence d'un foyer fécond dans une culture ? Ces voix, ces quelques voix qu'on entend et qu'on écoute actuellement un peu au-delà de l'université, croyez-vous qu'elles ne font pas partie de notre histoire d'aujourd'hui ; et qu'elles n'ont pas à faire partie des nôtres ? » Foucault sera suivi par ses pairs : le 14 mars 1976, l'assemblée des professeurs accepte la candidature de Barthes et la transmet au secrétariat d'État aux universités. Roland voit ainsi poindre à l'horizon le jour de la revanche sur la maladie, sur le sanatorium, sur l'institution, sur tous ces obstacles à sa vocation d'adolescent, qui l'ont empêché d'accéder à la rue d'Ulm, de passer l'agrégation, d'être un universitaire à part entière. Il ne sait pas que débute la dernière période de sa vie.

Le Collège de France est, depuis ses origines, une sorte de contre-pouvoir à la Sorbonne. François Ier l'avait créé en 1530 pour Guillaume Budé, contre la Sorbonne justement (il s'appelle alors le *Collège des trois langues,* latin, grec et hébreu) et il n'a été rattaché à l'Éducation nationale qu'en 1852. On y entre, comme à l'Académie française, après une sorte de campagne électorale qui prépare l'élection. C'est donc Michel Foucault, déjà en place, qui lancera la candidature de Barthes à une chaire de *sémiologie littéraire,* créée pour l'occasion. Et cette élection, en 1976, est en même temps qu'une revanche, une sorte de réhabilitation, la première fois pense-t-il qu'on lui pardonne de ne pas être agrégé, même si, et il le fera souvent remarquer à ses proches, il n'a été élu qu'avec une seule voix de majorité : il vient d'être reconnu, de justesse peut-être mais reconnu tout de même, par l'institution. Il n'est pas docteur et, par conséquent, jamais il n'a pu jusqu'ici diriger de thèse d'État. Son seul diplôme est une licence de lettres, et il a donc toujours été un peu en marge, en a longtemps souffert. Ses livres, jusque-là, lui tenaient lieu de diplôme, il a maintenant une chaire, et du plus haut niveau : sa vie, et le regard qu'il porte sur lui, va changer du tout au tout.

256

La leçon

Pour l'heure, il attend que le dossier suive son cours et continue donc le séminaire à l'École. La vie se poursuit, apparemment inchangée : le travail, la musique, les amis. Au printemps, dînant avec Romaric Sulger-Büel à la Closerie des Lilas, il croise Patrice Chéreau qui prépare avec Pierre Boulez une mise en scène du *Ring* de Wagner. Les deux hommes se connaissent, Chéreau vient le saluer, et Barthes qui n'aime pourtant pas Wagner demande, sans doute par amitié pour Chéreau et pour Boulez : « Comment faire pour obtenir des places à Bayreuth ? » Chéreau lui répond que c'est difficile, mais qu'il va essayer et de fait, quelques semaines plus tard, il déposera des billets dans la boîte aux lettres de la rue Servandoni. Au mois d'août Barthes et Sugel-Büel font donc le pèlerinage wagnérien, qu'ils ont préparé de façon très sérieuse, lisant les partitions, travaillant le texte allemand. Sans être, on l'a dit, un passionné de Wagner, Barthes connaît son influence sur Gabriel Fauré et Emmanuel Chabrier, deux musiciens qu'il apprécie et il en parle avec talent et conviction tout au long du voyage en train. Romaric Sulger-Büel se souvient en outre que, dès leur arrivée dans la petite ville bavaroise, Barthes s'est rendu chez un marchand de couleurs, en quête de pinceaux, de stylos, de peintures, reconstituant dans sa chambre d'hôtel une partie de son espace de travail et qu'il passera ses matinées à peindre, tandis que Romaric visite la région.

L'entrée officielle au Collège de France approche. A l'automne, le futur professeur dîne avec Maurice Nadeau chez des amis communs. « Tu me donneras ta leçon inaugurale, je l'éditerai » propose Nadeau. Barthes saute sur la suggestion : bien sûr, quelle bonne idée. C'est Nadeau qui dans *Combat* lui a mis le pied à l'étrier, et c'est lui qui publiera l'achèvement de sa carrière. Plus tard, lorsque la *Leçon* paraîtra aux éditions du Seuil, Nadeau, un peu amer, lui rappellera sa promesse. Barthes rétorquera qu'il aura mal compris, que jamais il n'aurait pu envisager de publier ailleurs qu'au Seuil… En fait il est probable, comme on verra plus loin, que c'est le Seuil, en particulier François Wahl, qui l'aura empêché de publier chez Nadeau. A la même époque, il termine son nouveau livre, les *Fragments d'un discours amoureux* et ne sait pas comment agencer ces « fragments », les différents chapitres. Avec Romaric, il s'amuse à les tirer au sort, plaçant les titres dans les ordres les plus variés, comme il jouait naguère avec les fiches de son *Michelet*. Il prépare aussi une maquette pour la couverture du livre, avec l'un de ses dessins. Mais, de la même façon que le tirage au sort des chapitres ne le satisfera pas, il préférera finalement à son dessin un détail de *Tobias et l'Ange,* de l'atelier du peintre florentin Verrochio.

La vie quotidienne, elle aussi, change. En octobre 1976, Roland et Henriette ont déménagé, passant du cinquième étage au deuxième, qu'ils ont pu louer : il n'y a pas d'ascenseur rue Servandoni et la vieille dame ne pouvait plus monter tous ces escaliers. Michel, qui s'est marié trois ans auparavant, reste dans l'appartement du haut, où il vit avec sa femme Rachel ; on aménage la vieillesse de la mère. Et cette année 1976 finira sur une note étrange, un peu discordante : le 9 décembre, un jeudi, Lucie et Edgar Faure reçoivent, à l'hôtel de Lassay. Au menu caviar puis pot-au-feu, une entrée « chic », un plat plus « populaire ». Autour de la table le président de la République, Valéry Giscard d'Estaing et madame, Gisèle Halimi, Claire Brétécher, Jean-Louis Bory, Emmanuel Leroy-Ladurie, Dominique Desanti, Philippe Sollers… et Roland Barthes. Un curieux mélange, dont les Faure avaient d'ailleurs le secret. Sollers se souvient qu'entre la poire et le fromage Barthes, mobilisant sa culture marxiste, demande à Giscard s'il est favorable au dépérissement de l'État. « Pourquoi pas », répond le président de la République. Edgar Faure s'affirme pour la peine de mort, Giscard dit qu'il est contre, même s'il ne fera rien au cours de son septennat pour la supprimer. (Michel Foucault, lui aussi invité, avait refusé d'assister à ce déjeuner justement parce que Giscard d'Estaing n'avait pas gracié un condamné à mort, Christian Ranucci.) Et il laisse filtrer une animosité à l'égard de Jacques Chirac, donnant à entendre qu'il veut prendre ses distances avec le RPR, qu'il est, lui, un vrai libéral... Sollers enchaîne : « Je suis gauchiste ou libéral, mais certainement ni socialiste ni fasciste... » Barthes complimente la dessinatrice Claire Brétécher : « Vous êtes la meilleure sociologue contemporaine. » Elle lui retournera d'ailleurs implicitement le compliment quelque temps plus tard, en montrant dans un dessin une fille éplorée, en manque d'amour, qui lit en pleurant les *Fragments d'un discours amoureux*. Propos mondains. Quelques jours plus tard, Jean-Luc Pidoux-Payot, alors P-DG des éditions Payot, croise dans la rue Dominique Desanti : « Alors, la soupe était bonne ? » lui lance-t-il. Elle tourne le dos, furieuse. Mais la boutade de Pidoux-Payot est caractéristique de la réaction de beaucoup de gens : qu'allaient-ils faire dans cette galère ? Au début du mois de janvier, dans une interview publiée dans le *Nouvel Observateur*, Bernard-Henry Lévy pose à Barthes la même question : qu'alliez-vous faire en cette galère ? La réponse est d'abord presque technique : « Je l'ai fait par curiosité, par goût d'écouter, un peu comme un chasseur de mythes aux aguets. Et un chasseur de mythes, comme vous savez, ça doit aller partout. » Et comme Lévy lui rappelle qu'à gauche, on a très mal compris ce déjeuner, Barthes enchaîne : « Je sais. Il y a, même à gauche, des gens qui remplacent l'analyse difficile par l'indignation facile : c'était *shocking*, incorrect ; cela ne se fait pas de toucher son ennemi, de manger avec lui ; il faut rester pur. Cela fait partie des " bonnes manières " de la gauche[2]. » Qu'allaient-ils faire en cette galère ? « Le gauchisme et le maoïsme de *Tel Quel* n'ont jamais été antidémocratique », explique pour sa part aujourd'hui Sollers, qui pense qu'à cette époque Giscard recherchait un ancrage à gauche et qu'il fallait aller y voir, ne pas le lui refuser par principe...

Le 7 janvier 1977, la salle du Collège de France où doit être prononcée la leçon inaugurale du nouveau professeur Roland Barthes est bondée. François Châtelet, Gilles Deleuze, Lucie Faure, Algirdas Greimas, Alain Robbe-

Grillet, Philippe Sollers, Edgar Morin, Bernard Dort, Jean-Marie Benoist et même Louis Leprince-Ringuet : il ne manquait, note *Le Monde* que Lacan... Il y a surtout, outre les privilégiés qui ont reçu un carton d'invitation et remplissent les travées, une foule d'anonymes jusque dans les couloirs. Le brouhaha s'arrête soudain : du fond de l'amphithéâtre s'avance Roland, avec à son bras Henriette, comme pour un mariage. La vieille dame s'assied au premier rang, son fils monte au micro. A son habitude, il lit son texte : « Monsieur l'administrateur, mes chers collègues, je vous remercie de m'accueillir parmi vous. Je devrais certainement m'interroger sur les raisons qui ont pu incliner le Collège de France à recevoir, je dirais, un sujet incertain... » Et il remercie ceux qui, depuis longtemps, lui ont fait confiance, brossant en quelques phrases le tableau de sa carrière : « Philippe Rebeyrol, qui m'appela comme lecteur à l'Institut français de Bucarest, au sortir d'une longue maladie, Julien Greimas qui m'initia à la linguistique lorsque nous étions collègues à l'université d'Alexandrie et traduisions ensemble l'article alors peu connu de Jakobson sur la métaphore et la métonymie, Lucien Fevre et Georges Friedmann qui m'ont permis de me former à la recherche au sein du CNRS, Fernand Braudel et mes collègues de l'École des hautes études qui m'ont fait, voici quinze ans, le plus beau cadeau que l'on puisse faire à un homme : la conjonction d'un métier et d'une passion... » Dans cette liste, à part Greimas — mais Greimas fut plus un camarade qu'un maître — Barthes n'a pas de maîtres à remercier, pas de professeurs, seulement des gens qui l'ont aidé. Bien sûr, ses études en dents de scie expliquent en partie cette absence, mais en partie seulement : parvenu au sommet de l'institution, le nouveau professeur au Collège de France n'exprime aucune dette théorique envers l'institution. Et le seul maître qu'il se soit jamais reconnu est absent de cette liste : l'helléniste Paul Mazon qui avait dirigé son diplôme d'études supérieures. Curieusement, tout ce passage sautera d'ailleurs lorsque le texte de la leçon sera édité au Seuil, comme si ces remerciements publics chaleureux ne méritaient pas de passer à l'écrit, comme s'il fallait distinguer entre le stade de la parole

260

et celui de l'écriture et qu'une certaine affectivité trop directe devrait être exclue de cette dernière.

Il se félicite ensuite de rentrer dans une institution « hors-pouvoir », rappelle que si sa carrière a été universitaire, il n'a « pourtant pas les titres qui donnent ordinairement accès à cette carrière ». Et c'est au milieu de la leçon qu'il aura cette formule, souvent citée : « La langue... n'est ni réactionnaire ni progressiste ; elle est tout simplement fasciste ; car le fascisme, ce n'est pas d'empêcher de dire, c'est d'obliger à dire. » Un exemple à l'appui de ce fait que la langue force à choisir : en français, il faut nécessairement dire *tu* ou *vous* : « le suspens affectif ou social m'est refusé ». Si cette formule, la langue fasciste, est celle que l'on retiendra, parfois pour en rire, parfois pour s'attrister qu'un homme aussi intelligent puisse prononcer de tels non-sens, la leçon inaugurale se poursuit par un long développement sur la sémiologie, l'intitulé de sa chaire après tout, qu'il définit de façon bien peu technique : « Il est venu un temps où, comme atteint d'une surdité progressive, je n'ai plus entendu qu'un seul son, celui de la langue et du discours mêlés. La linguistique m'a paru, alors, travailler sur un immense leurre, sur un objet qu'elle rendait abusivement propre et pure, en s'essuyant les doigts à l'écheveau du discours, comme Trimalcion aux cheveux de ses esclaves. La sémiologie serait dès lors ce travail qui recueille l'impur de la langue, la corruption immédiate du message : rien moins que les désirs, les craintes, les mines, les intimidations, les avances, les tendresses, les protestations, les excuses, les agressions, les musiques, dont est faite la langue active. » Désirs, craintes, mines, intimidations, avances, tendresses, protestations, etc., les auditeurs ne savent pas, ne peuvent pas savoir qu'il y a dans cette énumération comme un écho du livre qu'il vient d'achever et qui paraîtra trois mois plus tard, les *Fragments d'un discours amoureux*. Puis il termine sur un passage tout aussi caractéristique de ses réflexions du moment : « Il est un âge où l'on enseigne ce que l'on ne sait pas : cela s'appelle *chercher*. Vient peut-être maintenant l'âge d'une autre expérience, celle de *désapprendre*[3]. » Et, revenant à son goût des étymologies, il conclut que cette expérience se résume en un mot, « *Sapientia* : nul pouvoir, un peu de savoir, un peu de sagesse et le plus de saveur possible. »

Mais l'ensemble laisse certains sur leur faim. A la sortie, alors qu'Alain Robbe-Grillet exprime tout haut le bien qu'il pense de ce qu'il vient d'entendre, une journaliste des *Nouvelles littéraires* l'agresse : « Mais enfin qu'est-ce qu'il a dit ? En somme, il n'a rien dit. » Robbe-Grillet prend la chose avec humour, mais l'anecdote symbolise bien un air du temps : Barthes irrite une partie du public. Pourtant l'atmosphère de cette « leçon » est très particulière. Dans la salle, où toutes ses « familles » sont représentées, plusieurs personnes ont les larmes aux yeux, ressentent le sentiment très vif d'assister à quelque chose d'extraordinaire, et l'émotion des amis témoigne ici des grandes qualités de cœur de cet homme, dont on partageait la joie sans même qu'il l'ait sollicité.

Cependant, et même si cette entrée au Collège de France constitue donc à la fois une évidente promotion, une revanche sur l'institution qui l'a jusqu'ici rejeté, et le début d'une nouvelle vie, *vita nuova* dira-t-il en citant Michelet, il ne supportera que difficilement la foule qui se presse à ses conférences, il ne supportera pas ce phénomène de mode qui, de plus en plus, s'empare de sa personne, de son image, et regrettera l'espace plus familial du séminaire, les petits groupes dans lesquels la parole circulait différemment.

Déjà la photographie...

C'est à cette époque qu'interrogé pour la chaîne de radio France-Culture par Bernard-Henri Lévy et Jean-Marie Benoist[4], il fait une sorte de bilan. Sur l'avant-garde tout d'abord, qui « depuis une quinzaine d'années se situe dans le dépiècement de la langue », déconstruisant la syntaxe dans la foulée de Lautréamont ou de Joyce et qui pourrait, dit-il, évoluer vers des formes moins tapageuses : « ce que je crois possible, c'est que l'on revienne à ce que j'appellerais une écriture de l'imaginaire ». Et, parlant de la lecture, il pose de façon un peu provocatrice qu'un livre n'est pas fait pour être lu intégralement, qu'il faut sauter des passages, « prélever des sortes de morceaux, de prises d'écriture », confiant une fois de plus qu'à part Michelet, il y a peu d'auteurs dont il puisse dire qu'il l'a lu en entier.

Dans un second entretien, il aborde la littérature non plus du point de vue du lecteur mais de celui qui écrit. Et il se lance dans une sorte de justification des à-côtés un peu mondains de l'écriture. Être écrivain, insiste-t-il d'abord, « c'est un métier », et non pas une sorte d'honneur qui se suffirait à soi-même. Dès lors, il y a une nécessaire solidarité avec d'autres personnes, une appartenance à une forme d'économie, et puisque l'écrivain écrit pour être vendu, et bien il doit se vendre, participer à des émissions, à des interviews : étrange justification d'une pratique dont par ailleurs il n'arrête pas de dire qu'elle le ronge, qu'elle dévore son temps et l'ennuie... Puis, parlant de son écriture, il rappelle son goût pour les formes brèves, pour les fragments, qui lui font apprécier aussi bien le haïku, cette forme poétique classique japonaise de dix-neuf syllabes, qu'en musique les pièces brèves d'Anton Webern ou les *intermezzi* de Schumann. J'aime beaucoup commencer, explique-t-il, attaquer un texte, et « en multipliant les fragments je multiplie les plaisirs d'attaque ». Et il confie pour finir que sa plus grande joie serait d'écrire musicalement, de tracer du bout de la plume quelque chose qui serait précisément le pendant des *intermezzi*...

Mais c'est surtout, rétrospectivement, le troisième entretien, consacré au « plaisir de l'image », qui est plein d'informations. En effet, parlant de la photographie, il explique tout d'abord qu'il rêve depuis longtemps d'y « aller voir », puis développe les idées que l'on retrouvera près de trois ans plus tard dans *La Chambre claire*. La photographie d'art n'a, dit-il, aucun intérêt pour la théorie, pas plus que la photographie de reportage, et la fascination que l'on peut ressentir devant une photo tient au « cela a été », au fait tout simple qu'elle immortalise un moment auquel on tient, une personne à laquelle on tient : « Finalement ce qui me fascine dans la photo, et vraiment les photographies me fascinent, c'est quelque chose où la mort a son mot à dire, certainement. C'est peut-être une fascination un petit peu nécrophilique, pour dire les choses comme elles sont, une fascination de ce qui a été mort mais qui se représente comme voulant être vivant... » Ces propos ne peuvent guère surprendre ses amis, qui l'ont souvent entendu exprimer, par exemple, sa fascination pour le suaire de Turin dont on pouvait encore penser, à l'époque, qu'il conservait la trace du visage du Christ, mais c'est la première fois qu'il développe publiquement ces conceptions, et il propose, pour finir, une définition de l'image : « Ce dont je suis exclu ». Nous reviendrons en son temps sur son dernier livre, *La Chambre claire,* mais il faut d'ores et déjà noter la présence, ici, de tous les thèmes qu'il y développera sauf bien entendu un seul, celui de l'événement privé qui donnera naissance à l'ouvrage.

Au printemps 1977 il publie un ouvrage tiré de son cours de deux ans sur le « discours amoureux », sorte de portrait structural de l'amoureux « qui parle et qui dit »..., livre construit sur le mode aléatoire de l'ordre alphabétique, suite de fragments, encore. Barthes y met en scène, y dramatise le discours de l'amoureux dans une suite de « figures », qui donnent leur titre à chacun des fragments, sous-titrées par une sorte de définition, « une pancarte, à la Brecht », écrit-il. Se succèdent ainsi, comme issus de « l'impur de la langue » dont il parlait trois mois plus tôt dans sa leçon inaugurale du Collège de France, des morceaux de discours que les titres ancrent dans le quotidien de l'amour : absence, angoisse, déclaration, drame, jalousie, lettre, pleurer, rencontrer, souvenir, suicide... Tout d'abord vient le nom de la figure : « L'attente ». Puis cette « pancarte à la Brecht » qui en est comme la définition d'un dictionnaire un peu particulier : « *attente :* Tumulte d'angoisse suscité par l'attente de l'être aimé, au gré des menus retards (rendez-vous, téléphones, lettres, retours). » Enfin s'enchaînent des « fragments » de discours suscités chez l'amoureux par l'attente de l'être aimé :

« Le décor représente l'intérieur d'un café ; nous avons rendez-vous, j'attends. Dans le prologue, seul acteur de la pièce (et pour cause), je constate, j'enregistre le retard de l'autre ; ce retard n'est encore qu'une entité mathématique, computable (je regarde ma montre plusieurs fois) ; le prologue finit sur un coup de tête : je décide de " me faire de la bile ", je déclenche l'angoisse d'attente. L'acte I commence alors ; il est occupé par des supputations : s'il y avait un malentendu sur l'heure, sur le lieu ? J'essaie de me remémorer le moment où le rendez-vous a été pris, les précisions qui ont été données. Que faire (angoisse de conduite) ? Changer de café ? Téléphoner ? Mais si l'autre arrive pendant ces absences ? Ne me voyant pas il risque de repartir, etc. L'acte II est celui de la colère ; j'adresse des reproches violents à l'absent... [5]. »

Le lecteur peut réagir de diverses façons à ces fragments. Il peut, comme le souhaite Barthes dans sa préface, s'exclamer « Comme c'est vrai, ça ! Je reconnais cette scène de langage », confortant ainsi la véracité du trait par son « sentiment amoureux », de la même façon que les linguistes font appel au « sentiment linguistique » pour valider une forme, une expression. Mais le lecteur peut aussi, en prenant un peu de recul, considérer ces fragments comme des morceaux de synopsis, des extraits de scénario, avec des indications scéniques, des idées de cadrages, des dialogues... Et il peut enfin, dans le droit fil de cette précédente interprétation, recevoir ces fragments comme les notes d'un écrivain qui « croque » ses personnages. Déjà, dans *Roland Barthes par Roland Barthes,* au dos de la page de garde, un texte manuscrit avertissait : « Tout ceci doit être considéré comme dit par un personnage de roman. » Et cette mention liminaire expliquait en partie le constant va-et-vient dans le livre, que nous avons déjà souligné, entre le *je* et le *il* : il y avait Barthes qui parlait de lui, à la première personne, et Barthes qui parlait, à la troisième personne, d'un certain personnage, distancié, un certain R.B. Dans les *Fragments,* le procédé est comparable, et Barthes apparaît alors sur la pente du roman, comme on dirait « être sur une mauvaise pente » : il prend, au sens propre du terme, des notes pour un roman qu'il n'écrira pas, des notes qui sont en même temps la transcription de son propre discours amoureux et qui deviennent un livre qui n'est pas un roman.

265

Et ces *Fragments d'un discours amoureux* vont lui apporter une notoriété inattendue, avec pour la première fois de grosses ventes et des droits d'auteurs importants. Le 29 avril 1977, il est invité par Bernard Pivot à l'émission littéraire *Apostrophes,* sur la deuxième chaîne de télévision. Sur le thème « Parlez-nous d'amour », le journaliste a réuni Françoise Sagan, A. Golon et donc Barthes, qui fait un succès. Succès sur le plateau tout d'abord, où Sagan semble fascinée par son discours, succès vis-à-vis du public aussi : le lundi suivant les libraires parisiens se précipitent au comptoir des éditions du Seuil, ceux de province passent commande par courrier, et le livre se vend soudain plus qu'aucun des précédents. Les éditions du Seuil avaient sans doute fait preuve de pusillanimité : le tirage initial, de 15 000 exemplaires, est très vite épuisé et il y aura dans la seule année 1977 sept autres éditions, au total 79 000 volumes. Et les choses continueront : un nouveau tirage en 1979, deux en 1980, un en 1981, puis en 1983, 1985, 1987, le seizième tirage enfin en 1989 : 177 000 exemplaires au total. Avec *Fragments d'un discours amoureux* Roland Barthes a publié pour la première fois de sa vie ce qui ressemble fort à un « best-seller » : mis à part quelques exceptions, les best-sellers ne sont-ils pas des romans ?

Et il n'a, pour l'instant, pas de nouveau projet de livre. Peut-être est-ce la raison pour laquelle il accepte tout de suite la proposition de Jean-Loup Rivière, cet étudiant qui termine une thèse consacré à la théâtralité, proposition de réunir en un volume ses articles sur le théâtre. D'accord, dit Barthes, mais à une condition : vous écrirez la préface. Rivière, qui avait déjà créé une revue consacrée au théâtre, *L'Autre Scène,* avait en projet chez un petit éditeur, l'Albatros, une collection sous le même titre, dont ce recueil de textes aurait été le premier volume. Mais les éditions du Seuil refusent qu'un ouvrage de Barthes puisse paraître ailleurs que chez eux, et font donc un contrat au jeune homme, pour un ouvrage qui devrait s'intituler : *Roland*

Barthes, écrits sur le théâtre. Nous verrons plus loin ce que sera l'avenir du livre...

Une frite

Quelques mois plus tard, du 22 au 29 juin 1977, au centre culturel international de Cerisy-la-Salle, un colloque le prenant pour « prétexte », organisé par Antoine Compagnon, réunit une cinquantaine de « barthésiens ». L'ensemble des interventions et des discussions publiées[6] constitue un document extrêmement riche sur celui qu'on n'appelle pas encore « le dernier Barthes ». Il s'y trouve en effet confronté à diverses images que lui renvoient de lui, comme autant de miroirs déformants, ses amis, ses étudiants, ses disciples. Patrick Mauriès compare implicitement le pouvoir du maître à celui de l'analyste et le séminaire à une cure psychanalytique. Si analyse il y a, pense Barthes, alors il s'agit de celle du professeur puisque c'est lui qui parle, devant un analyste collectif, les auditeurs. Mais il laisse dire. Jacques-Alain Miller évoque ses souvenirs de la première année d'enseignement de Barthes aux Hautes Études, en 1962... Très vite un gouffre se manifeste entre les disciples parisiens, ceux qui suivent ou ont suivi le séminaire et sont au courant des dernières innovations, et ceux venus de l'étranger, qui sont un peu perdus dans un langage qu'ils ne comprennent pas toujours et qui les isole : d'un côté une proximité presque familiale, de l'autre de lointains cousins d'Amérique. Conscient de ce divorce, Barthes tente d'en adoucir les effets. « Il est apparu qu'il y avait le risque d'un sentiment chez certains d'exclusion ou de situation étrangère, d'incommunication[7]. » Et de comparer, non sans humour, l'image sociale qu'il est devenu au sort de la patate devenant frite : « Dans la poêle l'huile est étalée, plane, lisse, insonore (à peine quelques vapeurs) : sorte de *materia prima*. Jetez-y un bout de pomme de terre : c'est comme un appât lancé à des bêtes qui dormaient d'un œil, guettaient. Toutes se précipitent, entourent, attaquent en bruissant ; c'est un banquet vorace. La parcelle de pomme de terre est cernée, non détruite, mais durcie, rissolée, caramélisée ; cela devient un objet : une frite[8]. » Il attribue au « parisianisme dandy » la responsabilité de cette transformation, mais on peut aussi lire dans cette métaphore une prise de distance avec ses élèves les plus proches qui font de lui leur objet, leur propriété. Plus tard, lors des conclusions du colloque, il revient sur les étrangers : « Il se peut que vous ayez eu parfois un sentiment de séparation, sinon d'exclusion, peut-être même de déception, à l'égard du travail fait et du langage employé ici[9]. » C'est, explique-t-il, que ce colloque était allusif, qu'il témoignait aussi d'un changement dans le discours de la modernité.

Ce qu'il ne dit pas, c'est que ce caractère allusif se manifeste jusque dans la forme de certaines interventions, qui a dû surprendre aussi ces « étrangers ». Avec *Roland Barthes par Roland Barthes* et *Fragments d'un discours amoureux* Barthes est en effet entré dans une nouvelle période : il écrit maintenant sans béquilles, sans recours aux grandes théories, marxisme, sémiologie, psychanalyse, qu'il a jusqu'ici invoquées. Or une partie des interventions, celles des disciples proches le plus souvent, ont pris la forme de « fragments » : mimétisme. Car le colloque a regroupé un nombre important de réseaux barthésiens qui jusque-là ne se sont jamais croisés, n'ont eu aucune interférence : il y a là les amis du Maroc, le « réseau » Robbe-Grillet, le « réseau » André Téchiné, les idolâtres du séminaire, les anciens du séminaire dispersés dans le monde et revenus pour l'occasion, et entre tous ces sous-groupes se dessinent comme des phénomènes électriques, des courts-circuits parfois. S'il y a en effet, autour de Barthes, une « tribu », elle est divisée en clans dont certains s'ignorent totalement, pendant que d'autres s'observent ou se jalousent, et qui, tous ou presque, sont subitement réunis. Et lui qui est déjà, et depuis longtemps, gêné par l'influence qu'il exerce, qui fait souvent un rêve dans lequel il se voit en évêque imposteur, est un peu décontenancé, par cette grand-messe dans laquelle différentes chapelles portent sur lui des regards extrêmement différents.

Très significatifs sont de ce point de vue les moments du

colloque dans lesquels certains regardent cette « frite » avec une affectueuse ironie. Alors que Barthes vient de dire son manque de goût pour les adjectifs le concernant, son refus d'être harponné par des qualificatifs, Jacques-Alain Miller souligne qu'il a réussi, au cours du colloque, à continuer de se défiler, à·filer à l'anglaise, et lui propose à la place d'un adjectif un mot : « vous êtes là, à votre façon, un filou ». La salle s'esclaffe, bien sûr, mais certains rires sont jaunes. Ils le seront plus encore lorsque Alain Robbe-Grillet expliquera délicieusement que Barthes est un homme du passé qui fait semblant de s'intéresser à la modernité, ou encore que le ton du colloque est si feutré qu'il a eu, en arrivant, l'impression de ne pas avoir enlevé ses boules Quiès... En filigrane aussi de la rencontre, comme un fil rouge, les rapports de Barthes au romanesque. En réponse à un exposé de Frédéric Berthet (« Idées sur le roman »), le « prétexte » du colloque, la frite ou le filou, laisse entendre que dans son écriture le roman est là, « à l'état de vœux, de postulat ». Mais Robbe-Grillet avait affirmé la veille que pour lui R.B. était *le* romancier moderne, car « le roman moderne... au lieu de présenter un texte, comme le roman balzacien, bien assemblable, tout rond autour de son noyau solide de sens et de vérité (...) ne fait que présenter des fragments qui, par-dessus le marché, décrivent toujours la même chose, et cette même chose n'étant presque rien [10] ». Ne voyant là qu'une référence aux *Fragments d'un discours amoureux,* un participant intervient : on peut dire que Barthes vient de publier son premier roman. Pas du tout, rétorque Robbe-Grillet, « il vient de publier son cinquième ou son sixième roman ».

La première mort

Au total, R.B. ne peut donc que sortir de ce colloque rassuré, s'il en était besoin, sur les rapports amicaux, affectueux qui le lient à ses disciples. Mais il a d'autres soucis. André Téchiné est frappé par le fait qu'au moment de quitter Cerisy pour Paris, au moment de rejoindre sa mère, il met un œillet à sa boutonnière, comme s'il se parait pour aller rencontrer un amour. Et cet été 1977 va être pour lui le plus pénible de sa vie : Henriette, qui va avoir quatre-vingt-quatre ans, est malade depuis longtemps, et son état s'aggrave. A Urt, il tient pendant quelques temps un journal : « Sombres pensées, peurs, angoisses : je vois la mort de l'être cher, m'en affole. » (13 juillet.) « Mam. va mieux aujourd'hui. Elle est assise dans le jardin, avec un grand chapeau de paille. Dès qu'elle va un peu mieux, elle est attirée par la maison, prise du désir d'y intervenir ; elle fait rentrer les choses dans l'ordre, interrompant de jour le chauffage du cumulus, ce que je ne fais jamais. » (16 juillet.) « Anniversaire de mam. Je ne puis lui offrir qu'un bouton de rose du jardin ; du moins est-ce le seul et le premier depuis que nous sommes là. » (18 juillet [11].)

Il travaille cependant, écrit pour le quotidien communiste *L'Humanité* à l'article sur le Sud-Ouest, publié le 10 septembre mais daté du 17 juillet (« *La lumière du Sud-Ouest* »), puis rentre à Paris. Et le 25 octobre 1977 arrive l'échéance, redoutée et prévue à la fois : Henriette Barthes meurt en son domicile de la rue Servandoni. Le lendemain, à onze heures, le décès est déclaré à la mairie du VIe arrondissement par « Dominique Lane, vingt ans, qui lecture faite et invité à lire l'acte a signé avec Nous Francine Couranjou, officier de l'état civil… » Dominique, prénom ambigu, épicène, homme ou femme, encore que l'acte l'accorde au masculin. Mais derrière l'adresse de la personne qui figure sur ce document de l'état civil, ne se trouve que la raison sociale d'une entreprise des pompes funèbres. La naissance d'Henriette avait été déclarée par son père, sa mort l'a été par un employé des pompes funèbres. Michel et Roland décident d'enterrer leur mère à Urt, et choisissent la sobriété : une pierre tombale toute simple, récupérée et retraitée, un pasteur aussi puisqu'elle était née et était restée protestante. Celui-ci, sans le vouloir, va profondément émouvoir Roland lorsqu'il s'excusera au nom de la communauté protestante des préjugés dont Henriette avait été victime, regrettant que certains aient cru bon de jeter l'anathème sur elle à un certain moment de sa vie — allusion bien sûr à la naissance de Michel Salzedo. Et l'on rentre à Paris.

270

Barthes avertit ses amis. Il téléphone d'abord à Robert David, le premier à être prévenu, puis met au courant les amis absents de France. Aux Singevin, en poste à Naples, il écrit : « Je ne veux pas que vous appreniez la mort de Maman par quelqu'un d'autre que moi »... Greimas, qui se trouve aux États-Unis, lui répond de New York : « Roland, que deviendrez-vous maintenant ? » Il était pour lui évident que Barthes n'aurait désormais plus de boussole. « Je n'ai jamais vu un amour aussi beau », commente-t-il aujourd'hui. Et pour Edgar Morin, Henriette, par sa beauté, sa bonté, était « la » justification s'il en est, presque miraculeuse, de l'attachement d'un fils à sa mère. Tous les amis pressentaient depuis longtemps que cette disparition serait une catastrophe, que la mère était dans sa vie un élément essentiel, irremplaçable. « Ce que j'ai perdu, ce n'est pas une Figure (la Mère), mais un être ; et pas un être, mais une *qualité* (une âme) : non pas l'indispensable mais l'irremplaçable », écrit-il dans *La Chambre claire* [12]. Quelle était donc la nature de ce lien exceptionnel ? Julia Kristeva se souvient de scènes répétitives qui donnent à cette relation un tour étrange. Souvent, elle passait rue Servandoni en l'absence de Roland pour déposer des livres, des manuscrits ou une thèse, et était reçue par Mme Barthes. « Ah, mademoiselle, il n'est pas là, il est allé à Vincennes. Il va encore me rentrer avec des chaussures pleines de boue, pleines de boue. Le pantalon aussi ! Encore à Vincennes. » Elle le considérait, commente-t-elle, comme un petit garçon, ne se rendait pas compte qu'il était non seulement un homme, mais un grand homme. De son côté cependant, et depuis longtemps, Roland s'estimait responsable de sa mère et la réduisait peut-être au rang de petite fille, sa petite fille. Chassé-croisé d'infantilisation ?

Seul au deuxième étage de la rue Servandoni, Barthes se noie donc dans le chagrin, médite sur les photographies de la disparue, méditation dont il tirera plus tard son dernier livre. Pourtant, vu de l'extérieur, il semble plus actif, plus vivant que jamais. Plus léger aussi. Entre Isabelle Adjani (Emily), Isabelle Huppert (Anne) et Marie-France Pisier (Charlotte), il interprète le rôle de William Thackeray dans le film d'André Techiné, *Les Sœurs Brontë,* qui sort sur les écrans en 1978. Une scène dans la rue, où il dit son texte de façon un peu empruntée, une scène à l'opéra, dans laquelle il est pratiquement muet : ses débuts à l'écran ne sont pas vraiment une révélation. Il ne s'est pourtant jamais intéressé au cinéma, déclarant même un jour : « Le cinéma ne m'angoisse pas, il m'ennuie », pour corriger immédiatement « pas tout, bien sûr, il y a des cinéastes que j'adore, c'est une résistance qui comporte des exceptions », ou encore « je suis rétif au cinéma, j'ai du mal à y aller, j'ai du mal à en parler [13] ». Et il explique que la mobilité du cinéma l'épuise : il a plutôt « le goût de l'interruption, le goût des formes brèves, le goût des représentations litotiques, des représentations elliptiques, le goût de la brièveté, le goût de l'éclat, de l'éclair ». Pour André Techiné, « il n'aimait pas le mouvement, à moins que celui-ci ne soit extrêmement codifié, maîtrisé, comme dans le théâtre brechtien ou dans le kabuki ». En bref il a plutôt le goût de la photo qui, dans sa brièveté même, s'apparente pour lui au coup de foudre. Pourtant il n'hésite que peu lorsqu'on lui propose le rôle, ne demande même pas à lire le scénario avant de se décider, se déplace à Leeds, dans le Yorkshire, pour tourner ce petit rôle, par amitié pour Techiné, mais aussi parce qu'il connaît une partie des interprètes et se sent comme en famille : Marie-France Pisier, qui est sa voisine à Paris, Isabelle Adjani, Isabelle Huppert, à qui il faut ajouter Jean-Louis Bouttes qui joue aussi un petit rôle, celui d'un éditeur.

Le tournage posera quelques problèmes, en particulier parce que Roland est incapable de mémoriser les courtes lignes de son texte. Il demande qu'on les lui inscrive sur un tableau, mais cela est impossible : on tourne un long travelling de nuit, dans une rue, avec au fond l'hôtel de ville transformé en opéra, la caméra est sur un rail... Il faudra donc à cause de ses difficultés de mémoire recommencer sans cesse le plan, jusqu'à une quinzaine de prises, et il en est désolé : il se rend compte que cela coûte cher, que l'on mobilise pour lui les techniciens, que la nuit tire en longueur. Mais Techiné tient ici au son direct, qui sera d'ailleurs pratiquement le seul du film. Pour tous les autres acteurs, il avait fait un choix esthétique particulier, demandant aux

272

acteurs de se doubler eux-mêmes, pour obtenir une voix légèrement distanciée, presque chantée, à la façon d'actualités anciennes. Pour le personnage de Thackeray au contraire, la qualité de voix de Barthes et le débit imposé par ses problèmes de mémoire lui convenait, donnant à la diction une sorte de lenteur, de componction un peu emphatique.

Le tournage se termine donc, mais les activités continuent de se multiplier. En mars il participe à une session de l'IRCAM, avec Gilles Deleuze et Michel Foucault. Puis, voulant rompre un peu avec la vie parisienne, il part une semaine en Tunisie, où Philippe Rebeyrol est ambassadeur de France. Il est accueilli à la résidence, à La Marsa, où ils ont chaque soir de longues conversations. Au cours de l'une d'entre elles Rebeyrol lui demande pourquoi lui, qui se réfère si souvent à Gide, ne parle jamais de sa propre homosexualité en public, alors que le monde a changé, que bien des tabous sont tombés. « J'ai eu comme principe de ne jamais rien dissimuler, répond Barthes, mais aussi de ne rien rendre public. » Il y a, entre Tunis et La Marsa, un petit train très populaire, le TGM (Tunis-La Goulette-La Marsa), et Rebeyrol se souvient que Barthes ne voulait jamais prendre la voiture de l'ambassadeur, préférant ce transport en commun dans lequel il pouvait faire des rencontres.

Ce n'est pas, on le sait, son premier séjour en Tunisie, et même s'il préfère le Maroc il est heureux de se trouver à nouveau dans la belle villa de l'ambassade de France, de pouvoir, le soir, parler avec celui qui est son ami depuis maintenant près d'un demi-siècle, remuant des souvenirs, faisant des projets aussi. Parmi eux, celui de revenir voir Philippe et sa femme. Quand ? Bientôt, dès que ce sera possible. Rebeyrol lui rappelle qu'il doit dans quelques mois changer de poste et qu'il faudra revenir vite. Barthes promet. En quittant Tunis, il ne peut pas savoir qu'il n'y reviendra jamais plus.

XI

UNE VIE INQUALIFIABLE, SANS QUALITÉ

En automne 1978, Barthes est au sommet de sa notoriété, sollicité de toutes parts pour une préface, une conférence, un entretien, invité sur les ondes, prié à dîner... Comble du succès, on le parodie même, avec un certain talent, dans un petit livre de Burnier et Rambaut, *Le Roland Barthes sans peine,* puis dans un autre ouvrage des mêmes auteurs, *Parodies.* Il y apparaît parmi d'autres « parodiés », entre François Mitterrand et André Breton, dans un texte, « le niveau zéro », composé de fragments comme il se doit : *l'angulage de mouches, beurre-confiture, le discours silencieux...* Barthes n'apprécie guère. « Être parodié, c'est la gloire », lui disent pourtant ses amis. Mais ce texte semble lui faire mal, tout autant que bien des années auparavant l'ouvrage de Picard. Il se plaint à qui veut l'entendre qu'on l'attaque encore, qu'on lui en veut. La *plainte* est d'ailleurs l'un de ses principaux « biographèmes », et il se plaint le plus souvent de son corps, de ses maux de tête. Antoine Compagnon parmi d'autres en témoigne :

« Rencontrant Barthes après une journée de travail, je lui demandais comment il allait. Il se plaignait toujours d'un mal de tête, d'une nausée, d'un rhume, d'une angine. Puis il cessa de le faire. Je me réjouissais qu'il fût mieux et je le lui dis. Mais il ne se portait pas mieux. S'il ne se plaignait plus, c'était parce que je lui avais dit un jour qu'il le faisait toujours. Il recommença le petit numéro qu'il appelait sa " plainte " et qui ouvrait tous les rendez-vous[1]. » Et cette

274

plainte ne concerne donc plus son corps, la souffrance physique, mais l'image que l'on a de lui, ou que l'on veut donner de lui. Il voit de la malveillance dans ce livre qui ressemble pourtant surtout à une plaisanterie de potaches, il s'offusque, il se plaint...

Le retour à la chronique

Barthes va donc se plaindre à cette époque chez Jean Daniel, le directeur du *Nouvel Observateur*, qui, dit-il, « découvre ce jour-là que des gens en pleine gloire pouvaient être vulnérables, se sentir mis en question ». Au cours d'une longue discussion, qui durera tout l'après-midi, il fait une sorte d'examen de conscience. Cette caricature de son style, qu'il a trouvé dans ces livres, ne risque-t-elle pas d'être la façon dont les lycéens ou les étudiants comprennent et utilisent sa méthode ? N'a-t-il pas lui-même exagéré dans ses analyses ? Et Picard, au fond, n'avait-il pas raison lorsqu'il attaquait la façon dont il avait parlé de Racine ? Au centre de son désarroi une autre attaque, un livre de René Pommier, *Assez décodé !,* ouvrage de peu de poids et au ton inutilement agressif, rageur, insultant :

« Combien volontiers nous écririons (...) un Roland Barthes/ras le bol qui devrait être le premier livre de la collection " cuistres de notre temps ". Car aujourd'hui, dans l'art d'ébahir les jobards par un mélange habile de sabir et de fariboles, incontestablement le maître est Roland Barthes. Qu'un esprit aussi confus puisse, aux yeux de beaucoup, incarner la lucidité, qu'un esprit aussi fumeux soit regardé comme l'un des phares de notre temps, que l'avant-garde ait choisi pour chef de file un esprit aussi fuyant, rien n'illustre mieux la crise actuelle de l'esprit critique [2]. »

Pourquoi cette haine ? Mais Pommier, qui dédie d'ailleurs son livre à la mémoire de Raymond Picard, a-t-il entièrement tort ? Jean Daniel pressent derrière ces questions comme un besoin de retour au classicisme, et il n'est pas surpris lorsque Barthes lui explique qu'il a besoin d'une tribune pour se défendre contre les caricatures illégitimes, d'un bastion. Il a, naguère, écrit dans *France-Observateur,* pourquoi ne reprendrait-il pas aujourd'hui des « mythologies » dans le *Nouvel Observateur ?* Daniel accepte bien sûr immédiatement et Barthes entame une chronique hebdomadaire (du 18 décembre 1978 au 26 mars 1979), tentative (avortée, comme on verra) de revenir au style des *Mythologies.* L'épisode est intéressant car beaucoup pensaient qu'il avait donné ces chroniques à la demande du journal. Se sentait-il vraiment attaqué ? Avait-il besoin de se défendre ? Ou bien voulait-il tout simplement tuer le temps en se donnant des tâches contraignantes ?

Norbert Bensaïd, qui assure la rubrique médicale du journal, cite l'interprétation d'un ami psychanalyste : Barthes avait l'habitude de parler à sa mère, de lui raconter chaque soir sa journée. La mère disparue, il lui fallait la remplacer en cette fonction par un journal, des carnets ou un bloc-notes... Jean-Paul Enthoven a une autre analyse. Barthes, selon lui, avait voulu « reprendre du service » pour trois raisons assez différentes : parce qu'il était d'une part poussé par Sollers à exister médiatiquement, parce que d'autre part l'idée de se voir extorquer un livre par fragments ne lui déplaisait pas, et surtout parce qu'il voulait se lancer un défi. Nous sommes en 1978 donc, plus de vingt ans après les premières *Mythologies,* et la condition de l'intellectuel a changé. Au milieu des années cinquante, les choses étaient relativement simples : la fonction de l'intellectuel critique consistait à dénoncer la société de consommation, les apparences, le simulacre ; le philosophe pouvait alors avoir le mot de la fin et l'entreprise des *Mythologies* prenait tout son sens. Mais à la fin des années soixante-dix la situation est moins évidente, les issues gauchistes ne sont désormais plus guère concevables et l'intellectuel « critique », s'il existe toujours, vit dans une société dont il accepte les principes.

Or Barthes explique alors souvent à ses amis qu'il y a deux façons pour l'intellectuel de critiquer la société : soit au nom d'un ailleurs, le tiers-mondisme, ou d'un avenir radieux, soit au nom d'une tradition, et l'on tombe alors dans la critique réactionnaire, type Joseph de Maistre. Entre ces deux modes de positions critiques, pense-t-il, il n'y a rien et l'intéresse la recherche d'un nouveau discours, de nouveaux angles d'attaque.

Sous le titre générique de « La chronique de Roland Barthes », il commence donc sa collaboration au *Nouvel Observateur,* et durant quinze semaines livrera ses fragments : Noureïev, Sollers, un dîner en ville, le premier disque d'un jeune chanteur ; il aborde dans chaque numéro trois ou quatre thèmes différents, mais ne parvient pas à trouver « le ton » : tout le monde sera déçu, lui, les journalistes du *Nouvel Observateur* et les lecteurs. Durant cette courte période se situe cependant une scène révélatrice. Un soir, Enthoven l'amène à l'imprimerie, au « marbre » comme on dit dans le jargon journalistique. Le maquettiste est en train de mettre en page un article de Barthes, justement : « Tu me mets la photo ici, là le titre, là et là le gris. » Le *gris !* On lui explique que ce terme désigne le texte, tout simplement, et que le texte s'appelle le « gris » le ravit : il en parlera toute la soirée, très excité, se demandant sans doute comment utiliser la formule dans une métaphore à venir.

Toujours est-il qu'il n'arrête pas, qu'il est partout, s'exprime dans tous les médias. Il avait publié en mai 1978 un article sur Le Palace dans *Vogue Homme,* il donne à *Playboy* un entretien qui paraîtra en mars 1980, alors qu'il est déjà à l'hôpital. On le voit d'ailleurs beaucoup au Palace, il s'affiche dira Greimas, vit sa vie sans contrainte. En fait, il a rencontré Fabrice Emer, le patron des lieux, par l'intermédiaire de François-Marie Banier et de Taïeb Baccouche, et il passe désormais presque toutes ses soirées dans cette salle dont il apprécie le confort et où il aime à observer, un peu voyeur. Il sera par exemple amusé d'y avoir pris le champagne avec la famille du shah d'Iran, au moment où Khomeiny s'installe au pouvoir. Mais il reste peut-être gêné par la dualité de sa vie et continue à maintenir une séparation nette entre la vie professionnelle et ces nuits. S'il n'avait pas voulu affirmer publiquement son homosexualité par seul respect pour sa mère, la mort de cette dernière aurait dû lui permettre de la revendiquer, comme l'y invitait Michel

Foucault. Mais rien de semblable ne se produira et l'on peut dès lors penser que la figure maternelle lui était une sorte d'alibi, et que cet alibi venait de disparaître. Mais, libre désormais de « s'afficher », il semble n'en ressentir nul besoin, voire craindre au contraire cette liberté. En particulier, alors que certains de ses amis pensent qu'il va maintenant vivre avec quelqu'un, il change peu de chose à sa vie antérieure, donnant simplement plus de place aux plages nocturnes de plaisir pour rentrer ensuite le plus souvent seul chez lui.

En novembre toujours il se rend pour huit jours à New York, invité par Philippe Roger, où il donne une conférence intitulée superbement *Proust et moi,* en fait la même conférence que celle donnée au Collège de France sous le titre *Longtemps je me suis couché de bonne heure.* Le 12 novembre, le jour de ses soixante-trois ans, on l'amène, dans le Village, au *White Horse,* réputé pour avoir été le bar préféré de Dylan Thomas. Les amis qui l'accompagnent, parmi lesquels quelques anciens « du séminaire », veulent bien sûr lui consacrer cette soirée, fêter dignement son anniversaire. Barthes se sent bien, entouré d'amitié. Et il se lance dans une improvisation au cours de laquelle il tente de deviner les désirs de chacun, les projets de vie, forme des vœux, lance des hypothèses sur l'avenir, avec son habituelle gentillesse.

A ses amis il parle de projets, un livre sur Schumann, un autre sur Chateaubriand... Est-ce à cette époque que, jetant un regard rétrospectif sur son œuvre, il se pose des questions ? Il est alors, selon Robbe-Grillet, « hanté par l'idée qu'il n'était qu'un imposteur : qu'il avait parlé de tout, de marxisme comme de linguistique, sans jamais avoir rien su vraiment. » Robbe-Grillet le rassure de façon ambiguë : bien sûr qu'il est un imposteur, puisqu'il est un véritable écrivain. Il pense en fait que toute l'ambiguïté de la situation de son ami est qu'on a voulu en faire un pur théoricien, qu'on lui a refusé le statut de créateur. Et de commenter, plus tard : « Roland Barthes était un penseur glissant (...). Les glissements de cette anguille (...) ne sont pas le simple fruit du hasard, ni provoqués par quelque faiblesse de jugement ou

278

de caractère. La parole qui change, bifurque, se retourne, c'est au contraire sa leçon. Notre dernier « vrai » penseur aura donc été le précédent : Jean-Paul Sartre [3]. »

Quelques jours après son anniversaire new-yorkais, le mardi 21 novembre 1978, à la maison d'Amérique latine, on fête les vingt-cinq ans de Barthes au Seuil, leurs noces d'or dira-t-il. Il y a là les anciens, Paul Flamand, l'un des fondateurs de la maison et qui s'est retiré en 1976, Jean Daniel, François Wahl, chargé au Seuil des Sciences humaines, il y a aussi Philippe Sollers, Jean-Louis Bouttes, et puis, chemise largement ouverte comme le veut ce qu'on n'appelle pas encore son « look », Bernard-Henri Lévy. Dans cette atmosphère de « tout-Paris » Barthes semble heureux de se sentir aimé, il va d'un groupe à l'autre, embrasse Philippe Sollers, discute avec Jean Daniel, soucieux de tout le monde, comme toujours. Quelques mois plus tard, à la demande insistante de Sollers, il reprend et augmente d'anciens articles pour en tirer un livre, *Sollers écrivain*. Cette défense publique d'un écrivain et d'une personnalité contestés laisse une fois de plus quelques amis rêveurs. Le principal intéressé, Philippe Sollers, situe ce livre dans un jeu complexe de rapports de force à l'intérieur des éditions du Seuil : « *Tel Quel* était toléré au Seuil — je dis bien toléré car on n'a jamais vu une maison d'édition créer deux revues au moins, *Change* et *Poétique,* pour essayer d'en éliminer une troisième —, parce qu'il y avait un certain soutien des étoiles de la maison, en particulier Barthes et Lacan. » Barthes stratège ? Amical, plutôt, et en même temps légèrement retors : le mot « écrivain », dans le titre, n'était-il pas en effet une façon de choisir dans la production de Sollers, de ne pas acquiescer à ses écrits « théoriques » ?

Olivier Burgelin, ayant reçu *Sollers écrivain,* lui écrit en substance que *Tel Quel* n'a pas beaucoup de réalité pour lui mais qu'il a beaucoup aimé le livre, d'où il en conclut qu'il s'agit d'un livre de fiction parlant de l'avant-garde comme Flaubert de Mme Bovary. Réponse de Barthes : « Eh oui, c'est une fiction ; mais n'oubliez pas que pour moi, hélas — ou heureusement —, tout discours est une fiction, y compris les plus sérieux ! » Et Burgelin commente aujourd'hui :

« Ainsi tout en paraissant me donner raison, il m'empêchait en quelque sorte de détourner sa pensée, de manière à la fois très adroite et très élégante, me semble-t-il. » Violette Morin pense, quant à elle, qu'il ne pouvait écrire que sur quelqu'un qu'on mettait en cause. « Il me disait souvent : je ne sais bien parler de quelqu'un que si on l'a attaqué. » Et elle raconte qu'elle lui avait parfois suggéré d'écrire un article sur Queneau, ou sur Edgar Morin, et que chaque fois il répondait : « Mais personne ne l'attaque. » Ceci peut, bien sûr, témoigner d'une morale, mais aussi d'un projet : se situer, toujours, du côté de l'avant-garde contestée par le sens commun, le vieil ennemi.

Quoi qu'il en soit, le travail a repris ses droits. Dans sa chronique du *Nouvel Observateur,* qui n'arrive décidément pas à retrouver le ton des *Mythologies,* il accumule les petites notations, glanées au hasard de sa vie quotidienne. En mars il raconte un dîner au cours duquel il s'ennuie et revient sous sa plume encore une fois la même comparaison, ennui, hystérie : « Je glissais dès lors sur la pente du mutisme ; impossible de me raccrocher à rien : je m'ennuyais d'avoir l'air de m'ennuyer. Comme quoi l'ennui est bien une hystérie[4]. » Pourtant Edgar Morin raconte qu'il savait à merveille masquer son ennui, pouvant acquiescer, tout sourire, aux pires imbécillités des convives, ponctuant leurs propos de « oui ! oui ! » périodiques...

La chambre claire...

Quinze jours plus tard, dans le numéro du 26 mars, il annonce qu'il arrête sa chronique, ou plutôt qu'il marque une pause. Ennui ? Surcroît de tâches ? Il se prépare en fait à entrer de nouveau en écriture, à réaliser un projet qu'il traîne depuis plusieurs mois, et élague son emploi du temps, fatigué d'avoir toujours à casser son travail personnel, à se séparer de lui pour s'occuper de cours, de thèses, de préfaces. Pour l'observateur extérieur, la mort de sa mère semble lointaine, oubliée. Il y pense pourtant, sans cesse, elle est au centre de son projet. En mars, il confie à Philippe

280

Rebeyrol que ce travail est essentiel pour lui. Il a promis aux *Cahiers du cinéma,* qui créent une collection de livres, un court texte sur la photo, mais ce texte, tel qu'il l'imagine, est profondément lié aux images de sa mère, et ces images engendrent une douleur latente qui pendant des mois l'a empêché de se mettre au travail. Maintenant, explique-t-il, qu'il est libéré de différentes obligations, dont le cours du Collège de France, il va s'atteler à la tâche.

Et il se met à écrire : du 15 avril au 3 juin 1979, il va rédiger d'un trait ou presque *La Chambre claire,* sous-titrée « note sur la photographie », et dont le but avoué est que la mémoire de sa mère dure autant que sa propre notoriété. Il y parle de l'absence, en des termes poignants :

« Ma mère. On veut toujours que j'aie davantage de peine parce que j'ai vécu toute ma vie avec elle ; mais ma peine vient de *qui elle était ;* et c'est parce qu'elle était qui elle était que j'ai vécu avec elle. » Et plus loin : « On dit que le deuil, par son travail progressif, efface lentement la douleur ; je ne pouvais, je ne puis le croire ; car, pour moi, le Temps élimine l'émotion de la perte (je ne pleure pas), c'est tout. Pour le reste, tout est resté immobile. Car ce que j'ai perdu, ce n'est pas une Figure (la Mère), mais un être ; et pas un être mais une *qualité* (une âme) : non pas l'indispensable, mais l'irremplaçable. Je pouvais vivre sans la Mère (nous le faisons tous, plus ou moins tard) ; mais la vie qui me restait serait à coup sûr et jusqu'à la fin *inqualifiable* (sans qualité). » A cette expression feutrée et déchirante de la douleur, il n'y a rien à ajouter. Par contre l'analyse de la genèse du livre est intéressante et permet peut-être de détruire un mythe, celui que Barthes a lui-même mis en circulation, selon lequel il l'aurait conçu pour la mémoire de sa mère. *Les Cahiers du cinéma* lui ont donc demandé d'écrire un ouvrage sur le septième art. « Je n'ai rien à dire sur le cinéma, confie-t-il aux amis, par contre la photo, peut-être »... Le livre aurait donc une origine doublement anecdotique : une demande, celle des *Cahiers du cinéma,* et la douleur face à la mort de la seule femme qu'il eût jamais aimée, sa mère. Pourtant, nous avons vu plus haut qu'en février 1977, c'est-à-dire plusieurs

281

mois *avant* cette mort, répondant aux questions de Bernard-Henri Lévy et Jean-Marie Benoist, il développait déjà les mêmes thèmes. Dès lors on peut penser que l'envie, exprimée à l'époque, d'écrire sur la photographie, d'y « aller voir », ne pouvait aboutir qu'à la condition de disposer d'une mort proche, d'un deuil réellement affligeant : la mort de sa mère n'aurait pas rendu ce livre nécessaire, elle aurait simplement permis l'écriture d'un livre déjà ressenti comme nécessaire. Plus de la moitié de l'ouvrage, la première partie, dans laquelle il n'est question que de photos publiques, développe la distinction entre le *studium,* qui fait que l'on s'intéresse pour des raisons politiques ou culturelles à un grand nombre de photographies, et le *punctum,* qui fait qu'une photo particulière *vous pointe,* vient vous chercher, vous percer, distinction que les auditeurs de l'émission de février 1977 connaissaient déjà, même si ces deux mots n'y étaient pas encore. Puis il en vient aux photos privées, celles de sa mère, et le livre bascule. Mais cette seconde partie, si elle constitue *affectivement,* dans le projet de l'auteur, le centre de l'ouvrage, constitue *effectivement* l'application à un cas particulier de la théorie générale développée dans les cent premières pages.

Il l'écrit en moins de deux mois, mais cette rapidité n'a rien pour surprendre si nous admettons qu'il savait depuis longtemps, dès avant la mort d'Henriette, ce qu'il y dirait. Il se pose simplement quelques questions secondaires, se demande par exemple s'il doit ou non publier « la photo du jardin d'hiver » représentant sa mère à l'âge de cinq ans avec son frère, âgé de sept ans. « Je crois que mon texte doit la remplacer, dit-il à Michel Bouvard, qu'il doit en tenir lieu. » Et Martin Melkonian commentera plus tard cette absence : « Le centre du livre (...) se trouve donc être un point aveugle (...). Dire tout en cachant, cacher tout en disant : ainsi font les bourgeois de comédie qui se plaisent à rester sur leur quant-à-soi[5]. » Ce cliché en effet est, pour tout spectateur étranger, quelconque, mais il est pour lui « comme la dernière musique qu'écrivit Schumann avant de sombrer, ce premier *Chant de l'aube,* qui s'accorde à l'être de ma mère et au chagrin que j'ai de sa mort[6] ». En fait, il parle de la photographie comme il avait parlé de la peinture, n'y voyant qu'un fond langagier, qu'une image qui pointe le spectateur, fidèle en cela à sa position déjà ancienne selon laquelle il y a toujours derrière un signe la langue qui le prend en charge, ce pourquoi, contrairement à la proposition de Ferdinand de Saussure, il affirmait que c'est la linguistique qui englobe la sémiologie et non pas l'inverse. S'il peut ne pas reproduire la photo du jardin d'hiver et simplement la dire, c'est précisément parce qu'il pense, avec un rejet assez désinvolte de la théorie, qu'une photo ne vaut que par ce qu'elle montre et non par la manière dont elle le montre, cadrage, piqué, composition, etc. Ce qui bien sûr réduit à peu de chose l'art du photographe : il ne ferait que des images, comme un écrivain ne raconterait que des histoires.

... puis un roman ?

Dans son roman *Femmes*, entre Lacan et Althusser, mis en scène sous des pseudonymes transparents (Fals, Lutz), Philippe Sollers décrit, sous le nom de Werth, le Barthes des derniers temps, ou peut-être *son* Barthes des derniers temps : « Je revois Werth, à la fin de sa vie, juste avant son accident... Sa mère était morte deux ans auparavant, son grand amour... Le seul... Il se laissait glisser, de plus en plus, dans des complications de garçons, c'était sa pente, elle s'était brusquement accélérée... Il ne pensait plus qu'à ça, tout en rêvant de rupture, d'ascèse, de vie nouvelle, de livres à écrire, de recommencement... [7]. » On peut ne pas aimer ce passage, mais il faut reconnaître que sa tonalité est bien proche de celle des notations du principal intéressé. Du 24 août au 17 septembre 1979, après avoir publié dans *Tel Quel* un texte, « Délibération », dans lequel il s'interroge sur la possibilité d'écrire un journal et livre ses notes de l'été 1977, Barthes se met à tenir en effet un journal de ses soirées, c'est-à-dire de ce qu'il appelle parfois la récompense après le travail [8], dans lequel apparaît subitement un Barthes sans barrières, sans réserves. Il y parle, bien sûr, de l'absence de « mam », raconte qu'un soir, rentrant chez lui, il va instinctivement jusqu'au cinquième étage, à son, à leur ancien appartement, « comme si c'était autrefois et que mam dût m'attendre »...

Surtout, il y décrit ses soirées parisiennes et ses lectures de la nuit. Jean-Louis Bouttes qui, à cette époque, parle souvent et longuement avec lui pense que ces notes font partie d'un projet de roman. Il mettait en fiches des personnages, rencontrés au hasard des soirées, brossait aussi aux amis des portraits croqués sur le vif, avec humour et précision, avec parfois aussi une méchanceté sèche. Ainsi une femme aux longs cheveux bruns, couvertes de bracelets et de colliers, qui s'installait souvent en face de lui au *Flore* et essayait d'entrer en conversation, sera-t-elle au cours des soirées entre amis l'objet de descriptions ironiques. Antoine Compagnon est plus affirmatif encore : « Le roman était à l'état de fiches, une quantité de fiches, un enfer. Barthes s'était affronté plusieurs fois au classement des fiches sans le découvrir. Les fiches n'avaient pas pris forme [9]. » Il accumulait donc des notes et s'interrogeait sur le sort de ces notations, hésitait entre deux types de forme : écrire un vrai grand livre, à la Tolstoï, ou bien chercher une sorte de repli et faire un livre sur le roman en train de se faire. Et ce projet le mobilise à un point tel qu'il songe à réorganiser sa vie : s'installer à Urt pour écrire et ne venir à Paris que de temps en temps, pour voir ses amis et donner ses conférences au Collège de France. Il parle aussi à la même époque, avec André Techiné, d'une biographie filmée de Marcel Proust... Dans les deux cas, et sans doute pour la première fois de sa vie, il a des projets qui ne correspondent pas à des demandes. Concluant la conférence donnée au Collège de France sous le titre emprunté à Proust de « Longtemps je me suis couché de bonne heure », il s'interroge : « Est-ce que tout cela veut dire que je vais écrire un roman ? Je n'en sais rien. Je ne sais s'il sera possible d'appeler encore " roman " l'œuvre que je désire et dont j'attends qu'elle rompe avec la nature uniformément intellectuelle de mes écrits passés [10]. » Le sort en décidera autrement, mais l'on peut néanmoins s'interroger sur la plausibilité de ces projets : lui qui avait toujours mis l'accent, dans ses analyses, sur les fonctions, et non sur les personnages, n'était-il pas prisonnier de sa théorie, condamné à ne pas pouvoir écrire de roman, ou alors à n'écrire que sur le mode autobiographique ? Ou bien le projet avait-il pour fonction de changer le cours de son existence, de recommencer de zéro, comme pour raturer un premier pan de vie qui se terminait dans la douleur ?

Une partie de ce matériel, son journal, sera publié par les soins de François Wahl. Texte surprenant à deux titres. Tout d'abord parce que racontant ses lectures nocturnes, il déclare préférer de loin *Les Mémoires d'outre-tombe* ou *Les Pensées* de Pascal aux ouvrages récents qu'on lui a envoyés, pour lesquels on sollicite de lui un article — « mais ce sont comme des devoirs et, une fois ma dette payée (à tempérament), je referme et reviens avec soulagement aux *Mémoires d'outre-tombe,* le vrai livre ». Ces livres récents qu'on lui soumet, sur lesquels on lui demande un article, il les trouve « sympathiques », « bien écrits » mais avoue ne pouvoir en dire que « ouais, ouais ». Et il s'inquiète : « Et si les Modernes se trompaient ? S'ils n'avaient pas de talent ? » Ce passage ne pouvait guère surprendre ceux qui le connaissaient de près. « Il était, déclare Jean-Paul Enthoven, comme ces juifs qui, forcés par Isabelle la Catholique à abjurer leur foi ou à s'exiler, s'étaient convertis au catholicisme, faisaient montre d'une grande piété, ces juifs que les Espagnols avaient baptisés d'un terme péjoratif, *marranos* (en espagnol " porcs ", d'un mot arabe signifiant " chose interdite par la religion "), mais qui conservaient leur religion en secret, de génération en génération. » Barthes était donc comme un marrane, il s'était converti au siècle, au modernisme, à *Tel Quel,* mais conservait en secret son goût de Saint-Simon ou de Chateaubriand. Enthoven va plus loin et ajoute qu'il « ne voulait pas rater une occasion d'être moderne, d'être dans le coup, ne pouvant pas imaginer qu'un jeune destin prenne son envol sans son aval, sa complicité : c'était probablement l'indice d'un grand mépris, d'une profonde indifférence aux êtres, d'une profonde solitude ». Contradictions ? En fait, dans cette stratégie de présence au monde, les compliments ne lui coûtaient guère, et même s'il se plaignait souvent de se voir demander des préfaces, des lettres de recommandation,

285

il avait choisi d'être celui qui écrit des préfaces, des lettres de recommandation, dans un mélange ambigu de profonde gentillesse, et peut-être aussi de mépris général que l'on monnaie en bénédictions...

Texte surprenant ensuite parce qu'il y décrit en termes simples et directs ses dragues. En termes poignants aussi. Et l'on retrouve dans ces passages comme un écho du portrait brossé par Sollers. « Je voyais dans l'évidence qu'il me fallait renoncer aux garçons, parce qu'il n'y avait pas de désir d'eux à moi, et que je suis ou trop scrupuleux ou trop maladroit pour imposer le mien ; que c'est là un fait incontournable, avéré par toutes mes tentatives de flirt, que j'en ai une vie triste, que, finalement, je m'ennuie, et qu'il me faut cet intérêt ou cet espoir de ma vie. (Si je prends un à un mes amis — à part ceux qui ne sont plus jeunes —, c'est chaque fois un échec : A., R., J.-L.P., Saül T., Michel D., R.L., trop court, B.M. et B.H., pas de désir, etc.) Il ne me restera plus que les gigolos [11]. » Les gigolos, ou les gigs comme il écrit parfois ; il raconte comment il les trouve rue Bernard-Palissy, au *Flore,* ou dans un établissement de bains où il rencontre « des Arabes »... Comment, aussi, un soir, après avoir pris un tilleul dans un café de la place du Châtelet, il rentre à pied, par la rue Saint-André-des-Arts ou le boulevard Saint-Michel pour voir encore, avant d'aller se coucher, « des visages de garçons ». Notations de soirées quotidiennes, que l'on peut trouver sans intérêt, et qui n'en ont guère il est vrai, n'était leur caractère insolite : Barthes avait jusque-là fait preuve de tant de retenue qu'on a peine à imaginer qu'il pensait vraiment à publier ces pages, et Romaric Sulger-Buël est pour sa part persuadé qu'il n'y songeait pas, surtout pas sous cette forme.

François Wahl pourtant en semble convaincu, en même temps qu'il est convaincu que le texte sera reçu avec malveillance, absence de générosité, mais, explique-t-il : « Roland Barthes n'était pas de ceux qui reculent devant le risque d'une énonciation dès lors que l'écriture lui en paraissait fondée, dès lors qu'elle lui paraissait fondée *en écriture :* c'est en quoi ces pages sont exemplaires aussi éthiquement [12]. » De ces « soirées de Paris » c'est plutôt une grande tristesse qui émerge, explicable cette fois non pas par l'absence de « mam » mais par une sorte de bilan négatif d'une vie amoureuse en dérive. Il y flotte comme une atmosphère d'échec, de regret. Faut-il rappeler la chronologie ? Ce journal s'écrit peu de temps après que Barthes a terminé le manuscrit de *La Chambre claire*, et il semble en fait sans véritable projet de travail, désemparé, s'ennuyant dans des demi-vacances. Une note clôt d'ailleurs le texte de façon explicite : « Arrêté ici (22 septembre 1979) les vaines soirées. 1) Pour ne pas perdre de temps et liquider au plus vite la préparation des cours. 2) Pour vérifier mes notes — et désormais tout écrire sur les fiches. » Le roman ? Ou alors une forme littéraire qui soit à cheval sur ce que produit l'écrivain et sur ce que produit l'écrivant ?

Cette opposition entre « écrivant » et « écrivain », théorisée on s'en souvient au temps d'*Arguments* et qui a pris corps dans les deux phases de l'écriture de Barthes — du *Système de la mode* aux *Fragments d'un discours amoureux* — marque-t-elle un antagonisme irréductible ? En plein cœur de la querelle de la « Nouvelle Philosophie », exacerbée par la parution du livre de Bernard-Henri Levy *La barbarie à visage humain*, qui marque un rejet radical du marxisme, Barthes publie dans *Les Nouvelles Littéraires* du 26 mai 1977 une « lettre à Bernard-Henri Levy » intéressante à plus d'un titre. Intéressante d'abord parce que, dans le désordre de l'affrontement qui mêle en vrac les accusations de « pub-philosophie » et de dérivation droitière, il introduit comme subrepticement, prenant une fois de plus les idées à contre-pied, une dimension inaperçue : « A des idées importantes — que l'on situera, à coup sûr, dans le champ de la politique — vous avez donné, chose rare, le grain d'une écriture. » Intéressante aussi parce que, la suite du propos en témoigne, il ne s'agit pas là d'un hâtif acquiescement formel, d'une sorte de courtoisie destinée à éluder une prise de parti dans un débat conflictuel, mais d'une véritable réflexion autour de la renaissance du langage comme « passion » : « Je suggère par là, poursuit en effet Barthes, qu'écrire aujourd'hui est un acte militant (...) et nullement une activité décorative ; (...) Il me semble qu'en mettant en scène (...) un certain pessimisme historique, traitant en particulier des rapports du pouvoir et de la langue, vous ne pouviez que susciter une écriture véritable — je dirais : dans la plénitude stylistique du terme. » Cette « plénitude stylistique » donnée à l'expression d'idées dont Barthes mesure bien, au détour d'une incise, qu'on se méprendra sur leur enjeu en les situant « à coup sûr dans le champ de la politique », c'est bien un acte d'écrivain, et non d'écrivant, puisque précisément ce livre « de positions, de thèses » porte la marque d'un geste « qui détache l'écrit de la simple écrivance ».

L'analyse est d'une rare justesse : car si l'on peut, à distance, s'étonner de la virulence — « politicienne » dirait-on aujourd'hui — suscitée par une réflexion dont le dessein idéologique se situait à un autre niveau, on peut aussi douter du caractère « philosophique » de cette « nouvelle philosophie ». Par contre, et Barthes, encore une fois, est l'un des rares à l'avoir perçu, le « geste » de Levy annonçait un retour autrement décisif, celui de la littérature, du « style » dans le champ des sciences humaines. Or, en cette année 1977, Barthes publie, on l'a vu, ces *Fragments d'un discours amoureux* qu'on soupçonne de marquer une bifurcation vers le romanesque. Et il clôt ainsi cet article : « Il m'a semblé (...) juste de vous indiquer en quoi ce livre s'articule sur cette « éthique de l'écriture » qui l' « intéresse présentement ». Cette dimension éthique, en réintroduisant la littérature dans la pensée spéculative, pouvait bien être l'alternative que cherchait Barthes à une opposition (écrivain/écrivant) dont sa propre évolution démentait la pertinence.

Les « casse-pieds »

Et le travail reprend ses droits. Avec, comme toujours, les milliers d'obstacles, les coups de téléphone, les sollicitations, les importuns de tout genre — les « casse-pieds » comme il a pris l'habitude de les baptiser. Dans ses conversations avec ses amis des mots reviennent alors sans cesse : les *casse-pieds*, le *babil*, la *parole pour rien*... Sollicité, Jean-Paul Enthoven, s'essaie à dresser un portrait-robot de ce casse-

288

pieds : « d'abord affublé de disgrâce, ni beau ni séduisant, ni charmeur ni charmant, simplement très intelligent, le professeur par exemple »... Sollers, toujours dans *Femmes,* ajoute ces notations :

« Werth n'en pouvait plus... Tout l'ennuyait, le fatiguait de plus en plus, le dégoûtait... Les demandes des uns, les supplications des autres, l'atmosphère de malveillance implacable qui entoure la prostitution douce ; la niaiserie dépendante des garçons exigeant sans cesse d'être assistés, maternés, poussés, pistonnés... Pour quelques instants agréables (et encore), quel prix à payer... Téléphones, lettres, démarches, arbitrages... Conseils, indulgence à n'en plus finir, pourboires déguisés... A ce jeu de la résignation, Werth était devenu une sorte de saint malgré lui, gardant quand même sa réserve ponctuée de soubresauts rageurs [13]... »

Barthes, donc, se plaint qu'on le gêne sans cesse, qu'on veuille « le saisir » alors qu'il ne veut pas appartenir. En fait il se plaint de lui : n'ayant jamais mis entre lui et les autres le moindre obstacle, n'ayant jamais eu par exemple de secrétariat et refusant de se mettre aux abonnés absents de peur de rater l'appel d'un ami, il a toujours répondu lui-même au téléphone, et, comme il ne savait pas dire non (« le non n'était pas dans sa rhétorique » dira Sollers), il se mettait lui-même dans les griffes de ces *casse-pieds* omniprésents. Et ses intimes se souviennent tous de ses récriminations : « celui-ci m'a extorqué une lettre ou une attestation, celui-là m'a soutiré une préface »...

En fait en la matière, il fait souvent preuve de beaucoup de mauvaise foi, et sa tendance est plutôt à accorder des préfaces non pas à des livres, mais à des amis. On a beaucoup dit qu'il préfaçait volontiers des textes qu'il n'avait pas lus, ce qui est bien sûr difficile à vérifier. Mais Renaud Camus lui a un jour tendu un piège. Dans *Tricks,* suite de récits de rapports homosexuels ultra-rapides et le plus souvent sans lendemain, il raconte une discussion tournant autour d'un texte que Barthes a consacré dans la revue *Créatis* aux photographies de D. Boudinet.

« Barthes fait souvent ce genre de chose ? » demande quelqu'un. « Oui, il y a beaucoup de petits textes de lui qui se promènent comme ça dans la nature. Il a toute une théorie perverse de la faute professionnelle, qu'il m'a expliquée un jour : il aime l'idée de faire des préfaces, par exemple, à des livres qu'il n'aimerait pas, ou qu'il aimerait mais qui seraient indéfendables, d'écrire quelque chose sur eux par amitié ou par amour. Une espèce de cadeau. »

Or *Tricks* est justement précédé d'une préface de Roland Barthes, que François Wahl a reprise dans *Le Bruissement de la langue,* préface qui ne fait aucun écho à ce passage un peu ironique et qui commence sous forme de dialogue : « Pourquoi avoir accepté de préfacer ce livre de Renaud Camus ? » « Parce que Renaud Camus est un écrivain, que son texte relève de la littérature... »

« Parce que Renaud Camus est un écrivain », écrit Barthes, et non pas « parce qu'il est un ami » : le passage cité ci-dessus se trouve à la fin d'un livre de plus de quatre cents pages, et il est permis de se demander si Barthes l'a lu...

Mais ce qui compte ici, plus que ses éventuelles « fautes professionnelles » parfaitement assumées, c'est sa courtoisie. Cette courtoisie, qui est habituellement un lien entre les êtres, était souvent perçue par ses proches comme un moyen de les tenir à distance. Une phrase revient d'ailleurs souvent dans sa bouche, face à ses interlocuteurs, « vous êtes gentil », qu'il faut, semble-t-il, comprendre comme « vous m'importunez, laissez-moi tranquille » ; les gens qui travaillent avec Barthes savent qu'il faut accélérer les choses et disparaître lorsqu'il leur dit : « Vous êtes gentil. » Mais en même temps il accepte toutes les sollicitations, rédige une préface, une lettre de recommandation, un mot, un billet. « Il n'aimait pas, et c'était sa faiblesse, courir le risque de déplaire », dit Jean-Paul Enthoven en une formule qui en dit sans doute beaucoup plus que de longues analyses. Car ce comportement quotidien nourrissait le peuple de ces « casse-pieds » dont il se plaignait sans cesse. Le Barthes qui se plaint des mondanités, qui affirme tomber parfois dans un profond ennui lors des dîners auxquels on le convie, est en même temps celui qui sollicite toutes ces choses, qui ne supporte pas d'être seul, au risque ensuite de regretter de ne pas l'être... Ses amis parisiens perçoivent sans doute moins nettement que ceux de l'étranger l'évolution de son comportement. Lui qui donnait autrefois ses rendez-vous dans des petits bistrots où l'on pouvait parler en toute tranquillité, choisit maintenant des lieux à la mode, le plus souvent à Saint-Germain-des-Prés, des cafés aux murs recouverts de glaces dans lesquelles il n'arrête pas de chercher des yeux les gens qu'il pourrait connaître, « remuant la tête comme un phare, dans un constant mouvement giratoire » se souvient Annette Lavers qui ne retrouve plus le Barthes du début des années soixante, plus simple, plus discret. Mais les témoignages sont ici contradictoires, et Violette Morin se souvient d'un homme que la notoriété agaçait, un homme qui représentait pour elle « le degré zéro de la vanité »...

A la même époque, Norbert Bensaïd est invité chez Marie-France Pisier, qui fête l'anniversaire de son frère. Il y a là beaucoup de jeunes, qui dansent, et deux « vieux », qui les regardent, Bensaïd et Barthes. Le médecin qui se sent un peu seul s'approche de l'écrivain, qu'il a vu une ou deux fois, et pour lier conversation, lui dit : « Nous ne nous connaissons pas, mais beaucoup d'amis communs disent que nous nous ressemblons physiquement. » Les deux hommes, il est vrai, ont le même profil, la même chevelure, mais Bensaïd est plus mince, plus grand. Barthes le toise, ne répond rien et se retourne, continuant à regarder les gens danser...

A la rentrée, en octobre, il enregistre pour la chaîne de radio France-Musique une émission de deux heures, *Comment l'entendez-vous ?*, consacrée à Schumann. En ouverture, Barthes lit un texte de Nietzsche, un texte cruel dit-il, car c'est « l'exécution de quelqu'un que j'aime, Schumann, par quelqu'un que j'admire, Nietzsche ». Au contraire de Chopin, qui exige une grande technique pianistique, Schumann n'écrit pas pour les virtuoses et chacun de nous peut être pianiste schumannien : Barthes se proclame tel et explique son intimité profonde avec ce musicien de la nuit, ce musicien de la mélancolie... Mélancolie qu'il éprouve : certes, il est partout, mais le succès vient peut-être trop tard, alors que la vie manque de goût, ou qu'il n'a plus grand goût à la vie...

Un moindre désir...

Depuis plusieurs mois il a le projet, toujours remis, d'aller en vacances en Tunisie, chez Rebeyrol. Au début du mois de décembre, alors qu'il doit partir, il s'excuse une fois encore, arguant les petits réseaux de menues tâches, de jours qui se suivent, s'égrènent sans qu'il ait le courage d'en interrompre la tyrannie. Il s'interroge à haute voix : Est-ce la vieillesse ? Ou plutôt une sorte de moindre désir des choses dans lequel il se trouve prisonnier depuis la mort de sa mère ? Pour finir, il se compare à la tante Léonie de Marcel Proust qui croyait toujours sincèrement qu'elle allait sortir de son lit pour faire une promenade mais ne quittait jamais sa chambre...

Au milieu du mois de janvier 1980, il annule à nouveau cette visite à Tunis, expliquant cette fois à son ami qu'il est coincé par une corvée, que les épreuves de son livre sur la photographie vont arriver la seule semaine où il était libre et pensait venir, qu'en outre il doit faire son cours chaque samedi. Et il regrette de ne pas revoir la magnifique résidence de l'ambassadeur à La Marsa, puisque Rebeyrol doit bientôt changer de poste. Sans doute Barthes, une fois de plus prisonnier de trop de promesses et d'engagements, ment-il légèrement : *La Chambre claire* est achevée d'imprimer le 25 janvier 1980 et les épreuves sont évidemment corrigées depuis plusieurs semaines. Service de presse, dédicaces dans lesquelles il assure comme toujours ses amis de sa « fidélité », comme toujours à l'encre bleue. A ceux qu'il ne voit plus beaucoup, dont l'a séparé le cours de la vie, il exprime sa certitude : « nous nous retrouverons ». A d'autres, il parle d' « amitié éternelle ». La presse ne réagit pas comme il l'aurait souhaité, il en est extrêmement déçu car il tient à ce livre plus qu'à tout autre, et le 23 février dit à Kristeva, au téléphone, qu'il a envie « de se mettre la tête dans le plâtre ». Celle-ci est frappée par l'expression et demande à Philippe Sollers : « Mais en français, on dit bien

292

la tête dans le sable, pas dans le plâtre ? » « On peut tout dire quand on est Barthes », répond Sollers avec un sourire ambigu. Barthes se méprenant sur une expression ! Il faut, pense-t-elle alors, qu'il soit bien déprimé...

Pourtant il prévoyait pour son livre cet accueil et avait expliqué à Michel Bouvard, toujours en poste à Rabat, que son livre ne plairait pas aux photographes, parce qu'il ne s'intéressait qu'au référent et pas à l'art. La veille, le vendredi 22 février, Philippe Rebeyrol rentré de Tunis, lui a téléphoné, et l'a trouvé fatigué : je suis, dit-il, harcelé de demandes, cerné par les engagements, encore et toujours les *casse-pieds*, et j'ai en outre accepté un déjeuner stupide, lundi prochain, avec François Mitterrand... Les deux amis conviennent donc de se voir quelques jours plus tard, dans la semaine.

Il a longtemps hésité à accepter cette invitation de Jack Lang à déjeuner avec le premier secrétaire du parti socialiste, il garde en mémoire les réactions mitigées après son repas avec Giscard d'Estaing et Edgar Faure et craint qu'on ne voit dans ce rendez-vous un coup à gauche pour contrebalancer le coup à droite. En outre, depuis son élection au Collège de France, il est sans cesse sollicité pour des rencontres du même type et l'expression *casse-pieds*, qui, nous l'avons vu, lui est si familière, apparaît de plus en plus fréquemment dans son vocabulaire. Mais il a depuis huit ans de bonnes relations avec Lang, qui, on s'en souvient, lui avait proposé à l'époque où il dirigeait le théâtre de Chaillot d'écrire un spectacle. Ses amis, en particulier Jean-Louis Bouttes, insistent en outre pour qu'il y aille, et finalement, il se décide. D'ailleurs, commente Julia Kristeva il finissait toujours par accepter « parce que c'était un personnage ambigu, qui était à la fois du côté de l'ordre et du côté de la divergence ».

Il vient d'achever la rédaction d'un texte qu'il doit lire à Milan, lors d'un colloque consacré à Stendhal : « On échoue toujours à parler de ce qu'on aime. » Le manuscrit est sur la table, il ne lui reste qu'à le taper à la machine, c'est-à-dire à le réécrire, comme à son habitude, à le transformer... En ce matin du 25 février 1980, il engage donc une feuille dans la machine à écrire et commence à taper : « Il y a quelques semaines, j'ai fait un bref voyage en Italie. Le soir, à la gare de Milan, il faisait froid, brumeux, crasseux... » La première page terminée, il la retire, engage une nouvelle feuille dans le rouleau, regarde l'heure : il n'a plus le temps, il y a son rendez-vous, cette invitation à déjeuner. Il se lève, laissant en l'état ce qui sera son dernier texte, enfile un manteau et sort. A peu près à la même heure, Bernard Dort trouve dans sa boîte aux lettres un exemplaire dédicacé du dernier livre, *La Chambre claire*...

La rencontre a lieu dans le Marais, rue des Blancs-Manteaux, dans un appartement prêté par Philippe Serre, un ancien député du Front populaire que Lang a connu à Nancy et qui est resté un de ses amis intimes. Le futur ministre de la Culture a pris depuis quelque temps l'habitude d'organiser, autour de François Mitterrand, des déjeuners avec des artistes, des intellectuels, déjeuners qui se tiennent le plus souvent chez lui, dans le VIe arrondissement de Paris. Mais est convié ce jour-là beaucoup de monde, l'appartement de Philippe Serre est plus vaste, plus confortable, et celui-ci, absent, accepte de le prêter pour l'occasion. Il y a là, autour de la table, François Mitterrand et Jacques Lang, Jacques Berque, Danièle Delorme, Pierre Henry, Rolf Liberman. Mitterrand et Barthes se sont croisés deux ou trois fois et ne se connaissent guère. Mais le futur président de la République a été très intéressé par les *Mythologies*, par cette lecture critique de la vie quotidienne, et surtout il est fasciné par le style de l'homme, « ce goût qu'il avait des mots, de la phrase ». « Barthes, dit-il aujourd'hui, dans sa façon d'écrire mettait particulièrement en valeur sa pensée ». Nous sommes à un an des élections qui porteront François Mitterrand à la présidence de la République, et l'on peut bien sûr penser que ces repas avaient une fonction très politique. « Pas du tout, dit aujourd'hui le président, j'avais et j'ai toujours plaisir à rencontrer des créateurs, et je faisais confiance à Lang pour m'organiser ces contacts. » Jack Lang dit à peu près la même chose : « Ces déjeuners avec François Mitterrand n'étaient pas publics, le président aime à voir des gens pour le plaisir, et il n'est pas dans ses habitudes de publier des communiqués pour indiquer qu'il a déjeuné avec untel ou untel... »

La conversation roule sur différents sujets, la culture, la littérature, la musique. On se sépare, semble-t-il, contents les uns des autres, et Barthes décide de marcher un peu, de rentrer à pied. Vers quinze heures quarante-cinq, à la hauteur du 44, rue des Écoles il regarde aux dires des témoins vers la gauche, puis vers la droite, avant de traverser. Pense-t-il à autre chose ? Est-il comme l'ont prétendu certains excédé par ce repas, ennuyé par les discours des « casse-pieds » de la politique ? Toujours est-il qu'il ne voit pas venir un véhicule pourtant volumineux et qu'il est renversé par une camionnette. Inconscient et sans papiers d'identité, saignant du nez, il est mené à la Salpê-trière par le SAMU : personne ne sait qui il est. Ce qui explique l'heure tardive de la réaction des médias : 25 février 1980, vingt heures cinquante-huit, dépêche AFP : « L'uni-versitaire, essayiste et critique Roland Barthes, âgé de soixante-quatre ans, a été victime lundi après-midi d'un accident de la circulation dans le V\ :superscript not\ arrondissement, rue des Écoles. Roland Barthes a été transporté à l'hôpital de la Pitié-Salpêtrière apprenait-on auprès de la direction de l'établissement qui ne donnait cependant à vingt heures trente aucune information sur l'état de santé de l'écrivain. » Le lendemain toutefois ses amis sont rassurés : 26 février, douze heures trente-sept, AFP : « Roland Barthes est tou-jours hospitalisé à la Salpêtrière. L'hôpital précise que Barthes reste en observation et que son état est stationnaire. Son éditeur indique que l'état de santé de l'écrivain ne suscite pas d'inquiétude. »

Les premières informations, venues des parents, des proches, laissent entendre que son état n'est pas grave, qu'il souhaite simplement être tranquille, se reposer, « discours de minimisation intensive » dira ensuite Philippe Sollers [14]. Aux éditions du Seuil, on parle de quelques égratignures, on laisse entendre que le blessé va bien, qu'il sortira bientôt de l'hôpital mais qu'il ne souhaite pas pour l'instant recevoir ses

295

amis. En fait, c'est François Wahl qui a pris les choses en main et a verrouillé l'information. Avertis par d'autres voies que Roland ne se porte pas si bien que cela, Sollers et Kristeva se rendent à l'hôpital, où la foule, ceux du séminaire, les amis, les petits amis, se pressent, forcent pratiquement la porte et découvrent, disent-ils, un mourant. Et ils s'interrogent échafaudant des hypothèses parfois peu crédibles, sans doute sous le coup de l'émotion et de l'inquiétude : s'est-on refusé à introduire, volontairement ou involontairement, une contiguïté entre un déjeuner avec un homme politique de première importance, et le fait qu'un des plus grands intellectuels français se soit fait renverser au sortir du déjeuner par une camionnette ? N'a-t-on pas craint de laisser entendre que François Mitterrand puisse avoir « le mauvais œil » ? Et pourquoi dit-on que quelqu'un va bien alors qu'il est mourant ? Y a-t-il eu, à cette époque, une auto-inhibition de la presse de gauche ? Désinformation ? « C'est une affaire que je trouve obscure », dit encore aujourd'hui Philippe Sollers. Mais y a-t-il seulement une affaire ?

Il est vrai qu'un certain flou règne sur l'accident. Et tout d'abord ce bégaiement de l'histoire, ce lapsus ou cet « acte manqué-réussi [15] » involontaire, comme il se doit, d'un chauffeur de camionnette, qui fait de la mort de Barthes une petite mythologie ironique. Un témoin, qui arrivait en motocyclette, déclarera que Barthes, avant de traverser la rue des Écoles, avait précisément regardé du côté d'où venait là camionnette. Avait-il l'esprit ailleurs ? Ses amis racontent qu'il avait en horreur Saint-Germain-des-Prés le samedi soir, envahi par les voitures, qu'il avait toujours peur que les autres se fassent écraser, qu'il leur prodiguait des conseils au moment de traverser les rues et que lui-même était extrême-ment prudent. « C'est aux enfants que l'on recommande de faire attention avant de traverser la rue, dit pour sa part André Techiné, et sa mère n'était plus là pour le lui dire… »

Toujours est-il qu'à l'hôpital l'état de Barthes n'inspire d'abord aucune inquiétude aux médecins et aux proches. Il est, certes, tuméfié, mais il parle, rassure les amis, accueille Jean-Louis Bouttes, Taïeb Baccouche et Michel Foucault par ces mots, « quelle bêtise, quelle bêtise », avec comme un accent de colère. Traumatisé par l'accident, il souffre d'être accueilli dans un cadre froid, anonyme, s'indigne, mais encore une fois les médecins pensent réellement dans les premiers jours qu'il n'a rien de très grave. Ainsi lorsque Jean-Louis Bouttes demande à l'un d'entre eux s'il doit apporter des radiographies récentes de ses poumons, on lui répond que non, alors qu'un mois plus tard, après la mort, un autre lui dira qu'il aurait fallu voir ces radios tout de suite. Le vrai problème, épuisant pour le blessé, est celui des réseaux. « Nous tentions, raconte Jean-Louis Bouttes, de combiner comme un jeu d'échec les visites : qui voir, qui ne pas voir ? La demande était folle et personne ne savait gérer cela. » Lorsque Michel Salzedo lui parle du courrier, des coups de téléphone, Roland a un geste de nonchalance ou de désintérêt, comme si tout cela n'avait aucune importance... Viendront régulièrement, ou plutôt seront acceptés, Évelyne Bachelier, Taïeb Baccouche, Philippe Rebeyrol, Severo Sarduy, Daniel Percheron, quelques étudiants du séminaire... Violette Morin, qui vient tous les jours aux nouvelles, ne veut pas pour sa part entrer dans la chambre, craignant qu'il n'aime pas être vu ainsi diminué. André Téchiné aura la même réaction, se rendant fréquemment à l'hôpital pour prendre des nouvelles mais ne voulant pas le voir, trop frappé par la foule se pressant dans les couloirs, par cette demande trop forte pour un malade qui avait besoin, plus que de toute autre chose, de tranquillité. Et tous sont frappés par la mainmise de François Wahl sur le malade Barthes, par une sorte de confiscation qui en fit, dit Romaric Sulger-Büel, le maître de cérémonie de l'agonie...

La première visite de Philippe Sollers et Julia Kristeva est de ce point de vue intéressante. Dès le début, Michel Salzedo, le frère, aidé par François Wahl, a donc pris en main la situation : c'est lui qui sert d'intermédiaire entre son frère et le monde extérieur, lui qui après avoir consulté Wahl et Roland admet ou refuse les visiteurs, règle la longueur des visites. Sollers arrive donc, Michel lui demande ce qu'il veut, puis va voir si Roland désire recevoir ces deux visiteurs.

297

« Qui est-ce ? » demande Sollers à Wahl. « Michel Salzedo, le frère de Barthes » lui répond-il. « Quoi ? C'est lui ? »

Or Barthes et son frère ont pratiquement toujours vécu ensemble, un grand nombre d'années dans le même appartement, puis à trois étages de distance... Et Sollers était parmi les meilleurs amis de Barthes. Pourtant, s'il connaissait vaguement l'existence d'un demi-frère, il ne l'avait jamais vu... Nous avons déjà évoqué cette séparation entre les différentes vies, entre les différentes relations, et nous y reviendrons, mais elle se manifeste de façon éclatante dans cet épisode.

Barthes oscille maintenant entre des phases d'inconscience et des phases de répit. Il a été « intubé », c'est-à-dire qu'on lui a placé un tuyau dans la trachée pour l'aider à respirer, mais du même coup il ne peut pas parler et communique par geste ou en écrivant des messages sur des feuilles de papier. Il semble pourtant aller mieux, mais le corps ne suit pas, l'organisme ne se remet pas en branle. Il reconnaît ses visiteurs, serre les mains, hoche la tête, sourit, écrit quelques mots, mais ne semble pas avoir réellement l'envie de surnager. On fera même appel à l'un de ses amis psychologue pour tenter de l'interroger sur ce qui se passe. En vain. Est-ce encore la fatigue qui le pousse à ne pas se battre ? Est-ce, comme le suggère Sollers, l'absence d'envie de vivre après la mort de sa mère ? On peut pencher plutôt pour une moindre envie de vivre, que la disparition de la Mère ne suffit pas à expliquer.

Il faut ici revenir à la dernière phrase d'*Incidents*, le 17 septembre 1979, lorsque Barthes reçoit en pleine face l'évidence de la fin du désir : « Puis je l'ai renvoyé, disant que j'avais à travailler, sachant que c'était fini, et qu'au-delà de lui quelque chose était fini : l'amour d'*un* garçon. » A cette conclusion d'un journal incertain on peut ajouter ce passage de Martin Melkonian : « Lorsqu'il lui arrive de reconnaître le désir vivant dans le regard de l'autre, il esquisse un mouvement vers le cercle pur de la chambre. Alors le désir se soustrait à lui. De même se soustrait l'autre dans sa nudité de lumière. L'espace de l'autre habitable.

298

C'est invariablement le triomphe de l'impuissance, du mourir, jusqu'au mourir vrai [16]. » Barthes croyait-il que désormais, toute vie amoureuse forclose, il ne lui restait que les gigolos ?

Au cours des mois précédents, il parlait souvent de ses « projets de fin de vie », tel ou tel livre à écrire, un roman peut-être, se retirer à Urt, prendre ses distances. « Il a vu venir sa mort longtemps avant l'accident qui l'a emporté » dit Olivier Burgelin, qui poursuit : « Je ne sais pas où est la clé de tout cela, je ne le voyais que peu depuis qu'il était au Collège de France, mais néanmoins je l'avais vu et j'avais été frappé par l'expression de " fin de vie " dont il s'était servi devant moi pour caractériser ses projets de séminaire. Dès le jour de l'accident, j'ai su qu'il était perdu, je n'avais pas de doute. Cela peut ne pas paraître raisonnable, mais je croyais qu'il allait mourir. Je vous le dis tout simplement parce que c'est la vérité. » Pourtant, à la même période, Barthes développait d'autres types de projets : il envisageait de cohabiter avec Romaric Sulger-Büel, d'écrire avec lui un ouvrage sur « l'art de vivre », un art qui mêlait selon lui les plaisirs de l'étude et de la lecture, de la relation à la nourriture, à l'espace, aux voyages, aux amis… Projets de fin de vie, ou d'une nouvelle façon de vivre ? Les cartes sont ici brouillées et les témoignages contradictoires.

Philippe Rebeyrol est donc à Paris, entre deux postes. Il vient de quitter Tunis, nommé comme ambassadeur à Athènes, et il se rendra très souvent à l'hôpital où il croise Sollers et Kristeva, bien sûr, mais surtout les membres de ce que Roland appelle « sa famille », le premier cercle, Jean-Louis Bouttes, Éric Marty, Taïeb Baccouche. L'intubation étant une gêne constante, l'empêchant de parler bien sûr mais posant aussi des problèmes pour l'alimentation, les médecins décident de faire une trachéotomie, c'est-à-dire d'ouvrir la trachée artère pour faire passer les tubes, opération banale et pleine d'avantages. Mais Barthes y voit une menace, le signe de sa mort. Rebeyrol tente de le rassurer mais d'un grand geste de la main, l'air affolé, il lui signifie : « On va me couper la gorge »… L'opération a lieu, mais Roland ne parle pas pour autant, il tombe dans une sorte de prostration, de fatigue extrême. Certains visiteurs ont même l'impression que les médecins sont agacés par cette résistance à la guérison... Et revient la même question : sorte de suicide ? moindre envie de vivre ? L'opinion des médecins de la Salpêtrière est plus nuancée : l'ancienne tuberculose de Barthes en avait fait un « insuffisant respiratoire » sérieux. Sous le choc de l'accident, le poumon avait « décompensé » — c'est-à-dire que l'insuffisance respiratoire s'était considérablement aggravée, d'où la nécessité de l'intubation. Or un tel processus est difficilement réversible. Et l'« extubation », si elle est possible, demande de la part du malade une énergie considérable — se forcer à respirer, à tousser. Bref, de se battre. Il est probable que Barthes avait été témoin, lors de ses années de sanatorium, de ces trachéotomies, de ces luttes, souvent vaines, pour une respiration liée à un tube, voire à une machine. Et qu'à ce prix, le souffle de vie lui eut paru trop onéreux. « Suicide » serait alors un mot bien excessif, mais peut-être conscience que ce qu'il y avait au bout d'un combat incertain n'autoriserait jamais plus une vie « normale »... Sa dernière joie sera le jour où son frère, Michel, lui apporte une cassette des *Concertos brandebourgeois* qu'il écoute avec un grand sourire. Encore une fois, une ultime fois, la musique.

Et Barthes meurt le 26 mars à treize heures quarante. Le médecin légiste conclut : « l'accident n'est pas la cause directe de la mort mais a favorisé l'éclosion de complications pulmonaires chez un sujet particulièrement handicapé par un état d'insuffisance respiratoire chronique ». Comme si, trente-cinq ans après, Saint-Hilaire-du-Touvet et Leysin avaient pris leur revanche sur ce corps qui leur avait alors échappé...

La levée du corps aura lieu le vendredi 28 mars. Arrivés tous deux trop tôt, Greimas et Italo Calvino se retrouvent à la morgue de la Salpêtrière dans la cour de derrière. Ils passent une heure dans un café, au coin de la rue, puis reviennent. Il y a maintenant dans la cour une centaine de personnes, les jeunes qui suivaient les séminaires, l'équipe du Seuil, de *Tel Quel,* François Wahl, Michel Foucault,

André Techiné, Roland Havas, le frère de Barthes, Michel, et sa femme Rachel. Quelqu'un annonce que le cercueil arrive : « Roland descend » et Rachel a un sursaut, comme s'il allait apparaître... On défile devant le cercueil ouvert. La mort rapetisse les corps et Greimas contemple « le petit Roland, tout petit, comme ratatiné ». Sentiment d'inutilité, de désarroi — rien n'a été prévu, ni rituel, ni organisation, aucun cérémonial, sinon ce que notre société a inventé pour ce genre de choses — un corps que l'on éclipse rapidement, presque honteusement. On ferme la bière, on l'embarque dans un fourgon, c'est à Urt qu'aura lieu la mise en terre, devant une poignée d'amis, Bernard Dort, François Wahl, Philippe Rebeyrol, Violette Morin, Taïeb Baccouche, Jean-Louis Bouttes, Robert David, André Techiné, qui ont passé la nuit dans le même train pour se rendre à Bayonne. On se retrouve à la maison, puis au cimetière tout proche, pour une cérémonie tout aussi brève que celle de la Salpêtrière...

Dans *Le Monde* du 28 mars, Jacques Cellard rend hommage à « Barthes l'émerveilleur » et Bertrand Poirot-Delpech s'insurge contre cette mort stupide : « Soit, l'automobile fait partie de notre mythologie, écrit-il, mais depuis juste vingt ans que Camus a rendu l'âme dans une boîte à gants, la littérature aura payé à la déesse chromée un tribut un peu rude ». A-t-il conscience de rassembler ainsi dans le même regret les deux bretteurs de 1955 ? Le 5 avril, toujours dans *Le Monde,* c'est Jean-Marie Benoist qui célèbre « Roland Barthes ou la délicatesse ». De partout pleuvent les hommages : on enterre Barthes une deuxième fois.

Puis une troisième : le 17 avril, le parquet de Paris, après enquête, décide qu'il n'y aura pas de poursuites contre le chauffeur de la camionnette. Comme l'écrivait le médecin légiste, « l'accident n'est pas cause directe de la mort ».

Entre-temps, le 15 avril, une autre disparition avait éclipsé celle de Barthes : c'est Jean-Paul Sartre qui meurt à son tour, à l'hôpital Broussais. Ils étaient une poignée, dans le petit cimetière d'Urt, ils seront plus de cinquante mille à Paris, au cimetière du Montparnasse. Et dix ans plus tard, en 1990, les médias seront pratiquement muets sur l'anniversaire de la mort de Barthes alors qu'ils rappelleront, à la radio comme à la télévision, celui de Sartre. Deux variantes de la « cérémonie des adieux » closent ainsi deux destins parallèles qui, comme le veut la géométrie, ne se sont pas croisés, ou si peu : il faut être deux pour se rencontrer. Barthes avait lu, défendu Sartre, mais Sartre en 1966 avait, dans une interview célèbre, rejeté d'un geste définitif ces sciences humaines qui voulaient faire de l'homme des structures alors que l'homme, disait-il, fait l'histoire[17]. Dans cette foule du 19 avril, il y avait pourtant des lecteurs des *Mythologies* et des *Situations,* des *Fragments d'un discours amoureux* et de la *Critique de la raison dialectique,* des gens marqués tout autant par Barthes que par Sartre. Mais, dans la différence des cérémonies, dans ces deux façons de gérer la mort, se lisaient encore deux types de rapports à la vie. Sartre partait accompagné de son « peuple », réuni en un dernier geste militant, Barthes jusque dans sa mort manifestait son refus de l' « hystérie »...

XII

L'APRÈS-MORT

Et commence l'après-mort. Ils seront des dizaines à se dire le meilleur ami de Roland Barthes, le plus proche, le plus cher. Des dizaines à envoyer des lettres de condoléances à Michel Salzedo, son frère. Cette multiplicité ne témoigne pas seulement de la prétention de ces amis autoproclamés, dont certains étaient sans doute du nombre des *casse-pieds,* mais aussi de la façon de vivre de leur ami commun, qui savait compartimenter son existence, et qui, privilégiant les relations à deux, donnait à chacun l'impression d'être unique. Barthes se ressentait différent face à chacun de ses interlocuteurs et à chacun voulait se donner entièrement. Il croyait pour cela à la vertu du dialogue et cultivait donc ainsi de nombreuses relations autonomes, séparées les unes des autres. En outre, il ne mêlait que rarement les genres : ses réseaux d'amitiés étaient soigneusement cloisonnés en classes (les relations professionnelles, la vie littéraire, les relations homosexuelles, les vieux amis, etc.) et en sous-classes. On peut voir dans cette réticence à mêler les amitiés la trace d'une époque où l'homosexualité était socialement réprimée et poussait à la clandestinité. Mais l'explication est un peu courte, et peut-être faut-il suivre Philippe Sollers qui analyse cette façon d'organiser sa vie comme « un geste esthétique »... Ou encore, comme le pense Olivier Burgelin, « une volonté de n'imposer personne à personne ».

Sa bienveillance aussi, sa capacité d'écoute et la qualité de cette écoute donnaient à tous ses interlocuteurs le sentiment d'une singularité, d'une originalité : c'était le cas, bien sûr, de ses étudiants qui tous ont dû, à un moment ou à un autre, croire qu'ils étaient l'héritier spirituel, celui qui continuerait l'œuvre. Barthes se protégeait, se retranchait, mais ayant peur de la solitude ou de l'ennui, il trouvait sa protection dans un réseau complexe et contradictoire d'amitiés, de relations, d'amours, de préférences toutes temporaires, peut-être toute provisoires, mais vécues ou plutôt rêvées par certains comme absolues et définitives.

« *La toilette du mort* »

L'après-mort, c'est aussi l'œuvre posthume. Et elle est abondante. Entre 1981 et 1987, cinq ouvrages paraissent aux éditions du Seuil sous la signature de Roland Barthes. *Le Grain de la voix,* tout d'abord, publié en 1981, qui regroupe trente-huit entretiens accordés entre 1962 et 1980 à différents journaux. Une note liminaire non signée (mais due à François Wahl) précise que ce recueil comporte « la plupart des interviews données en français par Roland Barthes » et poursuit : « La meilleure préface possible n'aurait-elle pas été une description par Roland Barthes lui-même de ce qu'est une interview ? Une telle description nous fera à jamais défaut, mais nous possédons quelques pages où, avec une admirable clarté, est analysé le passage de la parole dite à la parole transcrite : il peut être utile de commencer par les lire, pour mieux apprécier ce qui unit et oppose le stylet de cette écriture au grain de cette voix. On les trouvera donc, en ouverture [1]. »

Ces pages, rédigées en 1974 comme préface à une série de dialogues publiés par les Presses Universitaires de Grenoble, constituent une réflexion aiguë sur la transcription, sur le passage de l'oral à l'écrit. « Nous parlons, on nous enregistre, des secrétaires diligentes écoutent nos propos, les épurent, les transcrivent, les ponctuent, en tirent un premier script que l'on nous soumet pour que nous le nettoyions de nouveau avant de le livrer à la publication, au livre, à l'éternité. N'est-ce pas " la toilette du mort " que nous venons de suivre ? Notre parole, nous l'embaumons, telle une momie, pour la faire éternelle. Car il faut bien durer un peu plus que sa voix[2]. » Et Barthes de s'interroger : que perdons-nous, que gagnons-nous dans cette opération ? Ce que l'on perd : l'innocence du langage, la présence du corps face à un autre corps, les « n'est-ce pas », les « vous comprenez » qui sont comme un appel vers l'autre, qui ponctuent la communication et s'assurent qu'elle passe, en bref ce que les linguistes appellent la *fonction phatique* du langage. Ce que l'on gagne : une réorganisation de la logique du discours (par exemple ces *mais,* ces *donc* qui sont remplacés par des *bien que, de sorte que,* avec ce goût de l'écrit pour la subordination), une hiérarchisation plus ferme de la pensée. Dans le passage de la parole à l'écriture, le corps s'efface devant la pensée.

L'année suivante, en 1982, paraît sous le titre étrange de *L'Obvie et l'Obtus,* un nouveau recueil, sous-titré « essais critiques III[3] », qui regroupe vingt-trois textes consacrés au théâtre, à la peinture, à la musique : des préfaces, des articles... En ouverture, une présentation, de François Wahl toujours, qui explique que Barthes voulait, à la fin de sa vie, publier de nouveaux « essais critiques ». Sur la quatrième page de couverture, un « prière d'insérer » signé R.B., vingt-deux lignes entre guillemets qui expliquent le titre. A y regarder de plus près, il s'agit d'un montage surprenant, extrait du troisième texte du recueil, « le troisième sens », consacré à quelques photogrammes d'Eisenstein. Qu'on en juge. Voici tout d'abord ce « prière d'insérer » : « Il me semble distinguer / trois niveaux de sens. Un niveau informatif, / ce niveau est celui de la *communication.* / Un niveau symbolique, / et ce second niveau, dans son ensemble, est celui de la *signification.* Est-ce tout ? / Non. Je lis, je reçois, / évident, erratique et têtu, un troisième sens, je ne sais quel est son signifié, du moins je n'arrive pas à le nommer, / ce troisième niveau / est celui de la *signifiance.* / Le sens symbolique / s'impose à moi par une double détermination : il est intentionnel (c'est ce qu'a voulu dire l'auteur) et il est prélevé comme une sorte de lexique général, commun, des symboles : c'est un sens / qui va *au devant de moi.* / Je propose d'appeler ce signe complet *le sens obvie.* / Quant à l'autre sens, le troisième, celui qui vient en trop, comme un supplément que mon intellection ne parvient pas à absorber, à la fois têtu et fuyant, lisse et échappé, je propose de l'appeler *le sens obtus.* »

Les barres verticales ajoutées dans le texte marquent des coupures que rien n'indique sur la couverture du livre. La première barre indique une coupure de trois mots, la seconde indique une coupure de vingt-six mots, la troisième une coupure de trente-trois mots, la quatrième une coupure de quatorze lignes. Et les coupures se poursuivent, en tout plus de soixante-dix lignes : on croit rêver ! D'autant que, dans ce texte mutilé, et où nulle parenthèse, nuls points de suspension ne marquent l'intervention des ciseaux, Barthes expliquait les termes dont on a fait le titre du livre. Pour *Obvie* : « *Obvius* veut dire : *qui vient au devant*, et c'est bien le cas de ce sens qui vient me trouver. » Et pour *Obtus* : « Ce mot me vient facilement à l'esprit et, merveille, en dépliant son étymologie, il livre déjà une théorie du sens supplémentaire : *obtusus* veut dire : *qui est émoussé, de forme arrondie...* [4]. »

Deux ans plus tard, même opération : *Le Bruissement de la langue*, sous-titré « essais critiques IV », regroupe quarante-six textes, toujours des préfaces et des articles. Et, en guise de prière d'insérer, toujours le même principe : vingt-sept lignes entre guillemets et signées R.B. qui sont en fait la contraction de quatre-vingt-douze lignes, soit une demi-page extraite de trois pages [5] !

Et le procédé est encore réitéré l'année suivante, avec *L'Aventure sémiologique* : quinze textes tous connus, pour la plupart disponibles en revues, certains même ayant déjà été réédités plusieurs fois (« Éléments de sémiologie », « Introduction à l'analyse structurale des récits », etc.). Et, en quatrième de couverture, encore un texte de Barthes, lui aussi coupé, dans lequel cette fois certaines coupures (trois sur cinq) sont indiquées par des points de suspension.

Bien sûr les héritiers ou les exécuteurs testamentaires ont, sinon tous les droits, du moins beaucoup de droits. Bien sûr aussi, il est de bonne guerre commerciale de rééditer des

306

textes déjà disponibles en y ajoutant un ou deux inédits pour faire, sous un titre prometteur, un livre « nouveau ». Mais l'on peut se demander si les limites de cette liberté ne sont pas franchies en 1987, lors de la publication d'*Incidents*. Ce petit livre (cent seize pages, mais la typographie en est large, la mise en page très espacée) regroupe quatre textes : l'article publié dans *L'Humanité*, le 10 septembre 1977, « La lumière du Sud-Ouest » ; une série de notations prises au Maroc en 1968 et 1969, « Incidents » ; un court article publié dans *Vogue Hommes* en mai 1978, « Au Palace ce soir », et enfin un journal tenu entre le 24 août et le 17 septembre 1979, « Soirées de Paris ». Sur quatre textes, donc, deux inédits. François Wahl, dans sa « note de l'éditeur », indique que ces derniers devaient être publiés : Pour « Incidents » : « Le texte était prêt pour l'impression et Roland Barthes songeait à le publier dans *Tel Quel*. » Pour « Soirées de Paris » : « Le manuscrit est titré, paginé, et comporte même, comme on le verra, quelques indications pour une mise au point : ce qui marque assez qu'il était destiné à la publication — un jour[6]. » Puis il ajoute : « Faudrait-il, après cela, faire semblant d'ignorer ce que l'on sait très bien — le manque de générosité, dans tous les sens du mot, avec lequel ils vont s'emparer de ce qui est dit ici, à l'occasion, comme doute touchant les formes de la modernité ou comme désespoir dans le désir ? Roland Barthes n'était pas de ceux qui reculent devant le risque d'une énonciation dès lors que l'écriture lui en paraissait fondée. [7] »

Plus que sur l'éventuelle absence de générosité du lecteur, on peut s'interroger sur la volonté réelle de Barthes que ces lignes soient un jour publiées. En 1979, dans *Tel Quel*, il avait donné un extrait de « journal », rédigé pour sa première partie à Urt du 13 juillet au 13 août 1977, et pour sa seconde partie à Paris le 25 avril 1979, et il y ajoutait une « délibération » (faut-il tenir un journal ?). Mais ces textes, publiés donc *après* la mort de sa mère, ne faisaient *aucune* allusion à l'homosexualité, et c'est sur ce point, plus que sur son rapport aux modernes (dont on trouvait déjà des échos dans *Roland Barthes par Roland Barthes*) que la publication d'*Incidents* rompt peut-être un pacte tacite : au cours de cette « toilette du mort », n'a-t-on pas maquillé Roland Barthes un peu plus qu'il ne l'aurait souhaité ?

A cela s'ajoute à l'inverse une volonté affirmée d'empêcher que le moindre inédit de Barthes ne soit publié en dehors de ce que décide François Wahl, ou que la moindre réédition n'échappe à son contrôle. Ainsi, on s'en souvient, Barthes avait-il accepté que Jean-Loup Rivière regroupe, préface et publie tous ses écrits sur le théâtre. Au moment où il terminait *La Chambre claire,* Jean-Loup Rivière terminait la préface et le recueil d'articles, et lui soumettait le tout. Le texte, à ce jour inédit, soulignait bien sûr le combat que représentait le théâtre au moment où Barthes s'en faisait le chroniqueur, mais il s'interrogeait aussi sur la sortie du théâtre : comment peut-on abandonner ce qui a été à ce point une passion, comment peut-on sortir du théâtre ?

« Ce geste, explique aujourd'hui Rivière, me touche et m'intrigue à la fois. Dans *Roland Barthes par Roland Barthes* on trouve cette phrase : " Au carrefour de toute l'œuvre, peut-être le Théâtre. " Alors, pourquoi en être sorti ? »

Et il suggérait dans sa préface que ce passage paradoxal de la passion à la déception était en partie lié à l'arrivée du gaullisme : « En mai 1958 où l'on passe brutalement d'un système où le chef de l'État *représente* la France à un système où il l'*incarne,* Roland Barthes publie un article sur Ubu et se retire lentement. »

Les articles sélectionnés (soixante-dix textes s'étalent entre 1953 et 1960), pour la plupart tirés de *Théâtre populaire,* dataient donc des années cinquante et Barthes, en les relisant, fut quelque peu gêné par son style ancien alors qu'il se préparait à sortir un livre nouveau, livre qui en outre ne ressemblait guère aux précédents. Il faudrait, explique-t-il, quelques coupes, quelques suppressions, deux ou trois articles peut-être, mais il n'a pour l'instant pas le temps de les écrire. En outre il préfère sans doute que les deux livres ne paraissent pas ensemble, et *La Chambre claire* a, bien sûr, la priorité : les deux hommes décidèrent donc que ces *Écrits sur le théâtre* seraient publiés plus tard. Et survint la mort.

Rivière, qui avait signé un contrat avec les éditions du Seuil, remit donc quelques mois plus tard le manuscrit à

François Wahl, qui s'opposera fermement à ce projet, comme il s'opposera à la publication de toute correspondance, en particulier celles, volumineuses, adressées à Robert David et à Philippe Rebeyrol. Ses arguments, pour l'ouvrage de Rivière, sont bien sûr que Barthes ne voulait pas de ce livre (alors qu'il voulait simplement revoir le choix des articles et prendre une décision après la sortie de *La Chambre claire*), le manuscrit passera donc à la trappe. Pour les correspondances, les arguments sont différents : Barthes était opposé, dit Wahl, au genre biographique, et il ne saurait donc en aucune façon cautionner une entreprise qui se rapproche de la biographie. Dans tous les cas ce verrouillage, cette volonté de faire obstacle à toute publication qui ne soit pas contrôlée par lui, place ainsi Wahl dans une situation clé que d'aucuns considèrent comme usurpée. Il se comporte, dit Romaric Sulger-Büel, en exécuteur testamentaire qu'il n'est pas... « Arrêtez de vous prendre pour Barthes », lui écrit le romancier Max Genève qui eut également avec lui des problèmes au moment où il réalisait pour France-Culture une série d'émissions de radio consacrées à l'auteur des *Mythologies*.

Jean-Loup Rivière, dépossédé du livre qu'on lui avait commandé, trouvera pour rendre hommage au disparu une façon détournée et poétique. Quelques années plus tôt, Barthes l'avait fait engager à Beaubourg pour s'occuper d'une cellule de recherches sur l'image où, notamment, est conçue et réalisée une exposition sur la cartographie (*Cartes et figures de la terre,* grande galerie, centre G. Pompidou, 1980). Le volumineux catalogue qui l'accompagne voit le jour trois ou quatre mois après la mort de Barthes. Et page un, en ouverture, on trouve la reproduction d'une carte d'état-major, fond discret sur lequel est imprimé un texte de Gilles Deleuze et Félix Guattari. Peu de gens sans doute se sont rendu compte qu'il s'agissait de la région d'Urt et qu'en face, sur la rive droite de l'Adour, légèrement en aval, apparaissait en outre un quartier baptisé « les Barthes »...

Un personnage de roman

Parallèlement à ces publications — et à ces rétentions — posthumes, Barthes va entamer une carrière, que sans doute il n'aurait pas soupçonnée, de personnage de roman. C'est Philippe Sollers qui « ouvre le feu » en 1983 avec *Femmes,* où, sous le nom de Werth, apparaît le Barthes des dernières années, aux côtés de Lacan ou d'Althusser... La même année, dans *Roman Roi,* Renaud Camus met Barthes en scène, de façon un peu marginale, à l'époque où il était bibliothécaire en Roumanie. Plus intéressant est *Le Regard des statues,* que Norbert Bensaïd publie huit ans après la mort de Barthes. Michel Laporte, universitaire, écrivain maître à penser, est renversé par une voiture. Autour de son lit d'hôpital, la foule : ses conquêtes féminines surtout, ses disciples aussi, et puis Antoine, le jeune homme qui l'a renversé, qui vient le voir régulièrement, s'inquiète, et finira par entretenir avec lui une étrange relation... « Laporte a-t-il consciemment ou pas provoqué cet accident ? » se demande Antoine. « Est-il habité par l'obscur désir de ne plus vivre ? » s'inquiète un ami psychanalyste. Toujours est-il que sans apparentes raisons médicales, Laporte ne guérit pas, qu'il finit par mourir, mais d'une crise cardiaque et non pas des suites de l'accident...

Les parallélismes entre Barthes et Laporte sont évidents : l'accident bien sûr, mais aussi le fait que tous deux soient des intellectuels célèbres, que tous deux aient été tuberculeux, que tous deux aient une vie amoureuse compliquée (homo-sexuelle pour l'un, hétérosexuelle pour l'autre), que tous deux semblent ne pas vouloir guérir, que tous deux viennent de subir un deuil cruel (la Mère, pour Barthes, et Anna, la vieille maîtresse, pour Laporte), que tous deux viennent de finir un livre (celui de Barthes est sorti quelques jours avant l'accident, Laporte corrige les épreuves du sien à l'hôpital)... Bref, tout présente *Le Regard des statues* comme un roman à clé.

Pas du tout, réplique Norbert Bensaïd, qui déclare ne pas avoir connu Barthes, ou presque pas, ne l'ayant rencontré que deux fois. « Mon livre n'a rien à voir avec Barthes, ou si peu... L'accident, bien sûr, un fait divers. Non, ce qui m'a intéressé c'est le personnage d'Antoine et l'idée de culpabilité. Cela me paraissait ahurissant que quelqu'un puisse être coupable de la mort de quelqu'un d'autre sans y être pour rien. La culpabilité sans faute... » Et d'ajouter qu'il n'y a aucune clé dans le roman, même si le personnage de Laporte est un mélange d'Althusser pour la silhouette physique, de Sartre pour l'activité politique et de Barthes pour les conditions de la mort : « tous les autres personnages sont purement imaginaires ». Dont acte. Mais par cette petite mythologie supplémentaire, une de trop, qui mettait abusivement un point final à ses interrogations (écrire, ne pas écrire un roman) il semble bien, tout de même, que Roland Barthes soit ainsi devenu sans l'avoir voulu un personnage de roman.

Et puis, en 1990, Julia Kristeva publie *Les Samouraïs* avec, en couverture, l'indication : « roman ». Il est bien sûr difficile, face au titre, de ne pas penser aux *Mandarins* de Simone de Beauvoir, dont le propos était comparable. Ici encore, en effet, comme dans *Femmes,* la part autobiographique est évidente : Kristeva raconte son arrivée en France, son Paris, où circulent bon nombre d'intellectuels célèbres parmi lesquels Lacan, Sartre, Goldmann et Roland Barthes, sous le nom, cette fois d'Armand Bréhal. On trouve dans *Les Samouraïs* bien des anecdotes présentes dans cette biographie et qui sont ici, faut-il le préciser, puisées à d'autres sources, diverses et convergentes : le comportement de Barthes en mai 68, le titre de *S/Z* inventé par Sollers, le voyage en Chine, l'accident puis la mort... A l'évidence, Kristeva n'a guère inventé et son « roman » est bien une autobiographie. Mais il demeure qu'elle a ressenti, pour des raisons qui lui appartiennent, le besoin de donner des couleurs romanesques à cette chronique de son adaptation à la France, et que Bréhal/Barthes en devient, là encore, un personnage de roman.

Philippe Sollers, Renaud Camus, Norbert Bensaïd, Julia Kristeva, ajoutons à cette liste Philippe Roger dont le livre consacré à Barthes n'est pas un roman mais s'intitule *Roland*

Barthes, roman : peu de théoriciens ont à ce point, après leur mort, hanté les pages d'œuvres romanesques ou se prétendant telles. Au point qu'il en surgit une question légitime : quelle est la *trace* de Barthes ? Sa postérité se limiterait-elle à ces apparitions plus ou moins furtives au détour de quelques scenarii incertains ?

Le système Barthes

Car l'après-mort est aussi le temps des bilans. Nous ne tenterons pas ici une évaluation théorique des héritiers de Barthes, de son influence sur la recherche contemporaine, qu'il est trop tôt pour établir et qui relève de toute façon d'un autre genre, d'un autre livre, mais nous chercherons à esquisser, à travers ce qu'on pourrait baptiser le « système Barthes », ce qu'il a légué à des milliers de lecteurs plutôt qu'à une poigné de théoriciens.

Comment fonctionnait, intellectuellement, cet homme dont nous avons suivi, soixante-cinq ans durant, la vie, les amitiés, les voyages, les émotions, les travaux, les publications ? De façon un peu provocatrice, nous pourrions dire qu'il fut avant tout un littéraire, que son apport principal est d'avoir introduit la littérature dans les sciences humaines. Entendons-nous bien : du *Degré zéro de l'écriture* à *La Chambre claire,* Barthes a apporté beaucoup de choses à la sémiologie, à l'analyse textuelle et par contrecoup, par ricochet, à la linguistique ou à la sociologie. Mais ce qu'il a apporté, ce n'est pas une théorie, c'est d'abord un regard et une intuition.

Ce regard, son regard, a appris à des milliers de lecteurs que les oripeaux de la société, faits divers, photos, affiches, pratiques quotidiennes, étaient des signes, il a éveillé ses lecteurs au problème du sens. Nous avons vu que les *Mythologies* pouvaient parfois, dans le détail de telle ou telle description, être contestées ou relativisées, mais cela n'importe guère. Ce qui compte c'est le regard porté sur l'affaire Dominici, la critique littéraire, le discours colonial, l'affiche des pâtes Panzani, le Tour de France, le catch, l'abbé Pierre, un regard qui a changé des milliers d'autres regards, qui a montré à ses lecteurs ce que la société pouvait nous dire d'elle-même à travers les signes qu'elle émettait. Il serait faux de croire que Barthes a diffusé auprès du grand public les théories sémiologiques, même si certains passages de ses livres donnent cette impression. Il a fait beaucoup plus, il a créé un réflexe sémantique, il nous a montré que nous vivions dans un monde chargé de sens. « C'était un mystique », déclare étrangement Olivier Burgelin. « Non pas un ascète, bien sûr, mais un mystique sensuel, qui pratiquait une culture de la sensualité. Un mystique parce que son œuvre n'est que l'approfondissement de la même question vitale, c'est-à-dire engageant entièrement sa vie même, constamment remise en chantier : question du sens, question du langage, question de la littérature. » Et Violette Morin d'ajouter : « Il était comme une symphonie de Beethoven, avec un grand thème central et des tas de petits écarts, des envies d'écrire des petites choses, à gauche et à droite, mais en revenant toujours au même thème. » Ce thème central et récurrent constitue la vraie leçon de Barthes : nous vivons dans un monde foisonnant de signes. Ces signes, nous ne savions guère les décoder derrière les masques de leurs signifiants, derrière l'écriture, la fausse évidence du « naturel », le pseudo-bon sens, le vêtement ou le théâtre. Nous ne savions pas que le plan d'une ville, le discours de la critique littéraire, le steak-frites ou le traitement d'un fait divers pouvaient être lourds d'un sens social. Et Barthes nous a rendu sensibles à ces signes.

S'il a pu atteindre ce but, c'est d'abord par son style, par son écriture. A une époque où, autour de Noam Chomsky et de la grammaire générative, la linguistique se cherchait des modèles de plus en plus sophistiqués, et produisait des textes de moins en moins lisibles, Barthes asservissait les théories en les rendant à la fois *lisibles* et *lumineuses* (encore aujourd'hui, pour faire comprendre aux étudiants le couple théorique connotation/dénotation, c'est Barthes qu'il faut leur faire lire plutôt que Hjelmslev), il les asservissait à sa propre démarche, à ses intuitions aussi. Car il y a pour le chercheur deux façons de « trouver » : l'une est le résultat d'une démarche lente, rigoureuse, un peu besogneuse parfois, l'autre procède de la vision fulgurante. Dans le premier cas, la découverte est le produit d'une méthodologie, et y trouve en même temps sa justification, dans le second cas elle a besoin *a posteriori* de justifications méthodologiques. Et le grand talent de Barthes a été dans sa capacité d'ingestion des théories ambiantes pour en faire le soutien de ses intuitions. Les exemples abondent. Faisant discrètement référence à Marx et à Sartre au moment du *Degré zéro de l'écriture,* démarquant Saussure et Hjelmslev lorsqu'il doit donner une postface théorique aux *Mythologies,* utilisant Brecht non pas seulement pour le théâtre mais aussi pour les *Fragments d'un discours amoureux,* détournant la phonologie pour parler du *Système de la mode,* empruntant à Lacan, à Bakhtine, mais aussi aux jeunes auteurs qui se pressaient autour de lui et qui construisaient ce qu'on a appelé d'un mot un peu creux la *modernité,* Barthes a sans cesse *assujetti* les théories des autres à ses humeurs, à son instinct. Pour réussir ces détournements, pour construire avec ces ingrédients divers son propre brouet, il lui fallait plus que du talent : si Barthes n'est pas un théoricien, il n'est pas non plus un essayiste qui aurait su utiliser les théories des autres, il est à la fois un regard, une voix et un style.

Des deux grands morts de l'année 1980, Sartre est bien sûr le théoricien et Barthes l'écrivain. Mais leur impact social, de façon un peu paradoxale, est à l'inverse de ces statuts : le théoricien aura marqué par ses actions et l'écrivain par sa lecture du monde. Jean-Paul Sartre a été un témoin, quelqu'un de toujours prêt à signer une pétition, à distribuer un tract, à vendre dans la rue un journal interdit ou à en prendre la direction, à venir défendre devant un tribunal les causes qu'il estimait devoir défendre. Pour des milliers et des milliers de gens, avant et après 1968, c'est cela sa trace, au moins autant que ses ouvrages théoriques, difficiles, voire contestés. Par contre Barthes, qui ne se montrait pas dans les manifestations, qui ne distribuait pas de tracts, en un mot qui ne « militait » pas, a marqué cette même génération par ses textes, par la façon dont il démontait les signes que la société

314

donne à voir, par la façon dont il nous apprenait à les décoder.

Au moment où s'achève ce livre, les sociétés basculent à l'est de l'Europe. S'il est vain de vouloir imaginer le contenu de ce que Sartre et Barthes auraient pu dire sur ces mutations, il est possible d'en esquisser la forme. Sartre, à l'évidence, aurait tenté de théoriser cette leçon de chose donnée par un système qui s'écroule comme un château de cartes. Barthes pour sa part aurait plutôt analysé les discours sur l'événement. Il aurait donné un sens aux réactions ambiguës de l'Europe de l'Ouest face à la réunification de l'Allemagne, il aurait pointé en Roumanie et en Pologne ce que, dans l'euphorie de la démocratisation, personne n'aurait voulu voir. Et, sur ces sujets comme sur d'autres, la montée de l'intégrisme, les nationalismes renaissants, il aurait proposé des analyses à contre-pied du sens commun, sans doute, mais pas à contresens. Ce type d'intervention, caractéristique à la fois de l'univers barthésien et de l'attente de ses lecteurs, cette place critique dans notre monde à ce point envahi de signes qu'il en devient parfois dénué de sens, en un mot cette fonction de lecteur de la société, personne ne la remplit aujourd'hui.

« Sa mort a créé un vide tout à fait hors de proportion avec ce que j'aurais pu imaginer, dit Olivier Burgelin. Une voix originale, la plus susceptible d'apporter quelque chose que je n'aie jamais entendue, s'était tue et le monde m'est apparu définitivement plat : il n'y aurait plus jamais la parole de Barthes sur quelque sujet que ce soit. » C'est ce silence-là qui nous laisse en proie aux seuls bruits.

NOTES

Avant-propos : Le silence généalogique

1. *Roland Barthes par Roland Barthes,* Paris, éditions du Seuil, 1975, p. 48.
2. *Idem,* p. 6.
3. *Sur Racine,* Paris, éditions du Seuil, 1963, p. 9.
4. *Tel Quel,* n° 47, 1971, p. 89.
5. *Idem,* p. 94.

I. Un pupille de la nation

1. *Roland Barthes par Roland Barthes,* Paris, éditions du Seuil, 1975, p. 6.
2. *Haut-Sénégal Niger,* Paris, 1912, réédition Maisonneuve et Larose.
3. *Roland Barthes par Roland Barthes,* Paris, éditions du Seuil, 1975, p. 16.
4. *Tel Quel,* n° 47, 1971, p. 81.
5. *Roland Barthes par Roland Barthes,* Paris, éditions du Seuil, 1975, p. 49.
6. *Tel Quel,* n° 47, 1971, p. 90.
7. *Roland Barthes par Roland Barthes,* Paris, éditions du Seuil, 1975, p. 10.
8. *Roland Barthes par Roland Barthes,* Paris, éditions du Seuil, 1975, p. 8.
9. *Idem,* p. 10.
10. *Idem,* p. 28.
11. *Idem,* p. 28.
12. *Idem,* p. 125.
13. *Idem,* p. 54.
14. « La lumière du Sud-Ouest », *L'Humanité,* septembre 1977, repris dans *Incidents,* 1987.
15. E. Hemingway, *Le Soleil se lève aussi,* in Œuvres romanesques, tome 1, Bibliothèque de la Pléiade, pp. 600-601.
16. *Radioscopie,* 17 février 1975, cassette Radio France K 1159.

II. Un petit monsieur

1. *Roland Barthes par Roland Barthes,* Paris, éditions du Seuil, 1975, p. 25.
2. *Idem,* p. 113.

3. Il la présentait en particulier comme la maîtresse de Paul Valéry, ce qui paraît douteux : Valéry ne la cite qu'une fois dans ses *Carnets,* par l'initiale de son nom de famille, R, à la date du 16 mai 1929 : « Chez R. Seignobos — disert sur l'histoire des femmes du Moyen Âge — Lancelot — la dame. Langevin. Je l'interpelle sur Heisenberg... » C'est tout, et c'est peu...

4. *Esprit,* mai 1965, p. 834.

5. Interview donnée à Bernard-Henri Lévy, *Le Nouvel Observateur,* 10 janvier 1977.

6. *Roland Barthes par Roland Barthes,* p. 50.

7. *Prétexte : Roland Barthes, colloque de Cerisy,* Paris, 10/18, Union générale d'éditions, 1978, p. 249.

8. *L'Arc,* n° 56, premier trimestre 1974.

9. Interview accordée à Jean Thibeaudeau et diffusée en 1988 sur la troisième chaîne de télévision dans *Océaniques.*

10. *Roland Barthes par Roland Barthes,* p. 37.

11. *L'Obvie et l'Obtus,* Paris, éditions du Seuil, 1982, p. 248.

III. L'entre-deux-paix

1. *Le Grain de la voix,* Paris, éditions du Seuil, 1981, p. 245.

2. *Idem.*

3. « La nostalgie de l'eau chez Baudelaire » : il n'est pas indifférent de signaler que G. Bachelard venait de publier *L'Eau et les Rêves.*

4. On en trouvera la liste complète dans *Communication,* n° 36, avec une erreur : « Culture et tragédie » n'a pas été publié dans *Existences* mais dans un numéro spécial des *Cahiers de l'étudiant,* au printemps 1942 ; parmi les signataires, outre Barthes donc, Paul Louis Mignon et Edgar Pisani. Le texte en a été republié par *Le Monde* du 4 avril 1986.

5. *Roland Barthes par Roland Barthes,* p. 66.

6. « Présentation des *Temps modernes* » dans *Situations II,* pp. 16 et 17.

7. *Radioscopie,* 17 février 1975, cassette Radio France K 1159.

IV. Paris-Bucarest

1. *Roland Barthes par Roland Barthes,* p. 6.

2. Philippe Roger, *Roland Barthes, roman,* Paris, éditions Grasset, 1986, p. 334 et sv.

3. C'est du moins ce qu'écrit Nadeau, dans *Combat,* le 1er août 1947, pour présenter le premier article de Barthes sur *Le Degré zéro de l'écriture.*

4. *Le Nouvel Observateur,* 10 janvier 1977, « A quoi sert un intellectuel ? ».

5. *Le Grain de la voix,* p. 246.

6. Texte inédit de Maurice Nadeau, extrait d'un ouvrage en cours de rédaction à paraître chez Albin Michel et qu'il m'a aimablement communiqué : *Le Livre des autres.*

7. *Combat,* 1er août 1947.

8. Jean-Paul Sartre, « Explication de *L'Étranger* », repris dans *Situations I* sans indication de provenance et daté « février 1943 ».

318

9. Les citations de Barthes viennent du *Degré zéro de l'écriture*, successivement pp. 54, 26, 55, 56.

10. Jean Mouton, in *Hommage à Guiraud*, Nice, 1985, p. 25.

11. *La Chambre claire*, Paris, éditions du Seuil, 1980, p. 36.

12. On trouve un écho amusant de cette période, et une allusion directe à Roland Barthes, dans *Roman Roi* de Renaud Camus, Points Roman, 1983, p. 498.

V. D'Alexandrie au Degré zéro

1. *L'Aventure sémiologique*, Paris, éditions du Seuil, 1985, p. 11.

2. *Roland Barthes par Roland Barthes*, p. 114.

3. Témoignage d'A. Greimas.

4. *Mythologies*, Paris, éditions du Seuil, 1957, p. 206.

5. *Leçon*, Paris, éditions du Seuil, 1978, p. 32.

6. *Les Lettres nouvelles*, juillet 1953, p. 599.

7. *France-Observateur*, 11 juin 1953.

8. *Le Monde*, 3 octobre 1953.

9. *Carrefour*, 8 avril 1953.

10. *Les Temps modernes*, novembre 1953, pp. 934-938.

VI. Les années théâtre

1. *Existences*, n° 33, 1944.

2. *Radioscopie*, 17 février 1975, cassette Radio France K 1159.

3. Alain Robbe-Grillet, *Le Miroir qui revient*, Paris, éditions de Minuit, 1984, p. 38.

4. Alain Robbe-Grillet, lettre personnelle du 8 octobre 1988.

5. *Le Monde*, 10 avril 1954.

6. *Michelet*, Paris, éditions du Seuil, pp. 25 et 32

7. *Idem*, p. 5.

8. *Idem*, pp. 158-159.

9. *Roland Barthes par Roland Barthes*, p. 87.

10. *Michelet*, p. 176, note 22.

11. *Essais critiques*, Paris, éditions du Seuil, 1964, p. 115.

12. Simone de Beauvoir, *La Force des choses*, Paris, éditions Gallimard, p. 343.

13. Lettre personnelle de Françoise Giroud, 29 janvier 1990.

14. *Théâtre populaire*, n° 14, juillet-août 1955.

15. *Bulletin du club du livre français*, 12 avril 1954.

16. En février 1955, in *Club*, Bulletin du club du meilleur livre.

17. « Réponse à Camus », *Club*, avril 1955.

18. « Suis-je marxiste », *Les Lettres nouvelles*, juillet-août 1955.

19. *Mythologies*, p. 7.

20. Umberto Eco et Isabella Pezzini, « La sémiologie des sémiologies », *Communications*, n° 36, 1982, p. 25.

21. *Le Monde*, 3 août 1957.

22. *Rivarol*, 28 mars 1957.

319

23. *L'Écho du Centre*, 31 mars 1957.

24. *Arguments*, nº 20, 4ᵉ trimestre 1960.

25. L'ensemble de la collection a été rééditée en 1983 aux éditions Privat.

26. « Les tâches de la critique brechtienne », *Arguments*, nº 1, décembre 1956-janvier 1957.

27. « Il n'y a pas d'école Robbe-Grillet », *Arguments*, nº 6, février 1958.

28. « New York, Buffet et la hauteur », *Arts*, 11-17 février 1959.

29. Claude Levi-Strauss, *De près et de loin*, 1988, p. 107.

30. Conférence prononcée beaucoup plus tard, en 1974, et publiée dans *Le Monde*, 7 juin 1974, puis dans *L'Aventure sémiologique*, p. 12.

31. *Annales*, nº 3, juillet-septembre 1957.

32. *Critique*, nº 142, mars 1959.

33. *Lettres nouvelles*, nº 5, 1ᵉʳ avril 1959.

34. *Annales*, mars-avril 1960.

VII. L'école, enfin

1. Intervention au colloque de Cerisy, juin 1977, reprise dans *Le Bruissement de la langue*, Paris, éditions du Seuil, 1984, p. 396.

2. *Tel Quel*, nº 16, hiver 1964.

3. « Drame, poème, roman », *Critique*, nº 218, juillet 1966.

4. « Savoir et folie », *Critique*, nº 17, 1961.

5. Lettre personnelle du 22 août 1988.

6. Entretien avec Michel Delahaye et Jacques Rivette, *Cahiers du cinéma*, nº 147, septembre 1963.

7. *France-Observateur*, 16 avril 1964.

8. Georges Perec, *Les Choses*, Presses-Pocket, 1965, pp. 35-36.

9. Perec l'a d'ailleurs admis dans une conversation privée avec R. Sorin.

10. In *L'Humanité*, septembre 1977.

11. Dans une émission de France-Culture, 16 mai 1986.

12. *Roland Barthes par Roland Barthes*, p. 84.

13. *Le Bruissement de la langue*, p. 127 et sv.

14. Février 1977, entretien avec B.-H. Lévy et J.-M. Benoist, sur France-Culture.

15. Lettre à Maurice Nadeau du 21 juin 1965.

16. Successivement *La Tribune de Genève*, 3, 4, 5 août 1963, *France-Observateur*, 6 juin 1963, *La Croix*, 17 juin 1963, *Le Figaro littéraire*, 10 août 1963.

17. *La Pensée critique*, février 1964.

18. *La Pensée critique*, juin 1964.

19. *Le Monde*, 14 mars 1964, « M. Barthes et la critique universitaire ».

20. *Le Monde*, 23 octobre 1965.

21. *Idem*, 9 avril 1966.

22. *Le Nouvel Observateur*, 3 septembre 1965.

23. *Le Monde*, 6 novembre 1965.

24. Alain Robbe-Grillet, *Le Miroir qui revient*, éditions de Minuit, p. 63.

25. *Le Monde*, 3 novembre 1965.

26. *Le Monde*, 28 mars 1964.

27. *Le Monde*, 2 janvier 1966.
28. *La Gazette de Lausanne*, 26, 27 mars 1966.
29. *La Tribune de Genève*, 9, 10, 11 avril 1966.
30. *Notre République*, 20 mai 1966.
31. *Le Nouvel Observateur*, 13 avril 1966.
32. *Idem*, 30 mai 1966.
33. Pierre Bourdieu, *Homo Academicus*, 1984.
34. « Crisis in criticism », *Time Literary Supplement*, 23 juin 1966.
35. M. Pinguet, *Le Monde*, 19 avril 1980.
36. Réponse à un questionnaire de Guy Scarpetta repris dans *Le Bruissement ⸱e la langue*, pp. 88-89.
37. *Communications*, n° 16, 1970.
38. « La voix de Barthes », *Communications*, n° 36, 1982.
39 Julia Kristeva, *Textuel*, n° 15, 1985, p. 5.
40 *Radioscopie*, 17 février 1975, cassette Radio France K 1159.
41 *L'Obvie et l'Obtus*, p. 103.

VIII. Les structures ne descendent pas dans la rue

1. Émission France-Culture, 14 mai 1986.
2. *Sade, Fourier, Loyola,* Paris, éditions du Seuil, 1971, p. 90.
3. Enregistrée les 23 et 24 novembre 1970 et le 14 mai 1971, elle sera diffusée beaucoup plus tard, en 1988. Des extraits en ont été publiés en 1971 dans *Communications* sous le titre « Réponse ».
4. *Les Samouraïs*, Gallimard, 1990, pp. 37-38.
5. Son intervention et la discussion qui suivit sont présentées dans l'ouvrage *Exégèse et Herméneutique,* Paris, éditions du Seuil, 1971. Dix ans plus tard, toujours à l'invitation d'Edgar Haulotte, il viendra à la séance inaugurale d'un séminaire sur *L'Épître aux Romains.*
6. *Roland Barthes par Roland Barthes*, p. 47.
7. Repris in *Le Bruissement de la langue*, p. 88.
8. *La Chambre claire*, p. 42.
9. *Sade, Fourier, Loyola*, p. 135.
10. Note introductive à *Incidents*.
11. *Incidents*, pp. 53-54-56.
12. Dans l'émission de télévision *Océaniques*, déjà citée.
13. Georges Mounin, *Introduction à la sémiologie*, Paris, éditions de Minuit, 1970.
14. *Idem*, p. 189.

IX. Autour de *Tel Quel*

1. *Sade, Fourier, Loyola*, p. 13.
2. *Idem*, pp. 185-188.
3. Dominique de Roux, *Immédiatement*, éditions l'Âge d'homme, 1980, p. 187.
4. Georges Lapassade, *Le Bordel andalou*, éditions de l'Herne, 1971, p. 32.
5. *Communications*, n° 36, Paris, 1982.

6. *Roland Barthes par Roland Barthes,* pp. 187-189-197.

7. *L'Obvie et l'Obtus,* Paris, les éditions du Seuil, 1982.

8. *Idem,* pp. 176-177.

9. *Idem,* p. 192.

10. *Idem,* p. 123.

11. « L'étrangère », *La Quinzaine littéraire,* 1er mai 1970, pp. 160, 176-177, 192, 193.

12. « Comment travaillent les écrivains », *Le Monde,* 27 septembre 1973.

13. *Roland Barthes par Roland Barthes,* pp. 50-51.

14. Février 1977, interview sur France-Culture par Bernard-Henri Lévy et Jean-Marie Benoist.

15. *Sade, Fourier, Loyola,* p. 14.

16. *Mythologies,* p. 31.

17. *Roland Barthes par Roland Barthes,* p. 128.

18. *Communications,* n° 36, 1982, p. 121.

19. *Le Monde,* 24 mai 1974.

20. « A quoi sert un intellectuel », *Le Nouvel Observateur,* 10 janvier 1977.

21. *Roland Barthes par Roland Barthes,* p. 52.

22. *Le Monde,* 14 février 1975.

23. *Lettres françaises,* 9 février 1972.

24. *Roland Barthes par Roland Barthes,* p. 148.

25. « Barthes puissance trois », *La Quinzaine littéraire,* 1er-15 mars 1975.

26. *Radioscopie* de Jacques Chancel avec Roland Barthes, cassette Radio France K 1159.

X. Le collège

1. Didier Eribon, *Michel Foucault,* Paris, Flammarion, 1989, p. 104.

2. Interview publiée dans le *Nouvel Observateur* le 10 janvier 1977, reprise dans *Le Grain de la voix,* Paris, 1981, p. 254.

3. *Leçon,* passim.

4. Cinq émissions diffusées les 5 et 6 décembre 1977, les 23, 24 et 25 février 1978, puis rediffusées sur France-Culture du 28 novembre au 2 décembre 1988.

5. *Fragments d'un discours amoureux,* pp. 47-48.

6. Cf. *Prétexte : Roland Barthes,* Paris, éditions 10/18, 1978.

7. *Idem,* p. 146.

8. *Idem,* pp. 248-249.

9. *Idem,* p. 436.

10. *Idem,* pp. 257-258.

11. *Le Bruissement de la langue,* pp. 402-405.

12. *La Chambre claire,* p. 118.

13. Entretien avec B.-H. Lévy et J.-M. Benoist, France-Culture, février 1977.

XI. Une vie inqualifiable, sans qualité

1. *Critique,* nos 423-424, 1982, p. 676.

2. René Pommier, *Assez décodé !,* Paris, 1978, p. 9.

3. *Le Miroir qui revient,* pp. 63-67.

4. *Le Nouvel Observateur,* n° 748, 12-18 mars 1979.

5. Martin Melkonian, *Le Corps couché de Roland Barthes,* Paris, Librairie Séguier, 1989, p. 38.

6. *La Chambre claire,* p. 110.

7. *Femmes,* édition Folio, 1983, p. 145.

8. Publié en 1987 : *Incidents.*

9. *Critique,* n°s 423-424, août-septembre 1982, p. 673.

10. *Le Bruissement de la langue,* p. 325.

11. *Incidents,* pp. 115-116.

12. *Idem,* p. 10.

13. *Femmes,* pp. 150-151.

14. France-Culture, *Nuits magnétiques,* 15 mai 1986.

15. Jacques-Alain Miller, même émission que précédemment.

16. Martin Melkonian, *Le Corps couché de Roland Barthes,* Paris, 1989, pp. 90-91.

17. *L'Arc,* octobre 1966.

XII. L'après-mort

1. *Le Grain de la voix,* Paris, éditions du Seuil, 1981, p. 7.

2. *Idem,* p. 9.

3. Ce chiffre III s'explique par le fait qu'après les *Essais critiques* (1964), Barthes avait publié en 1972, à la suite d'une réédition du *Degré zéro de l'écriture,* de « nouveaux essais critiques ».

4. *L'Obvie et l'Obtus,* Paris, éditions du Seuil, 1982, p. 45. Les vingt-deux lignes du « prière d'insérer » sont en fait la contraction de trois pages, les pages 43 à 45.

5. Les pages 94-96 du *Bruissement de la langue,* Paris, éditions du Seuil, 1984.

6. *Incidents,* Paris, éditions du Seuil, 1987, pp. 8-9.

7. *Idem,* p. 10.

RÉFÉRENCES

On trouvera ci-dessous, classés par ordre chronologique, les ouvrages et les articles de Roland Barthes cités dans le cours du texte avec indication de l'édition utilisée pour les renvois.

« En marge du Criton », 1933, publié sous le titre « Premier texte » in *L'Arc* n° 56, premier trimestre 1974.

« Essai sur la culture », *Cahiers de l'étudiant,* printemps 1942.

« En Grèce », *Existences* n° 33, 1944.

« Réflexions sur le style de *L'Étranger* », *Existences* n° 33, juillet 1944.

« Le Degré zéro de l'écriture », *Combat,* 1ᵉʳ août 1947.

« Responsabilité de la grammaire », *Combat,* 26 septembre 1947.

« Triomphe et rupture de l'écriture bourgeoise », *Combat,* 9 novembre 1950.

« L'artisanat du style », *Combat,* 16 novembre 1950.

« L'écriture et le silence », *Combat,* 23 novembre 1950.

« L'écriture et la parole », *Combat,* 7 décembre 1950.

« Le sentiment tragique de l'écriture », *Combat,* 16 décembre 1950.

Le Degré zéro de l'écriture, 1953, réédition collection Points, Paris, éditions du Seuil, 1972.

« *L'Étranger,* roman solaire », *Club,* avril 1954.

« Nekrassov juge de sa critique », *Théâtre populaire* n° 14, juillet-août 1955.

« *La Peste,* annales d'une épidémie ou roman de la solitude », *Club,* février 1955.

« Réponse à Camus », *Club,* avril 1955.

« Suis-je marxiste ? », *Les Lettres nouvelles,* juillet-août 1955.

Mythologies, Paris, éditions du Seuil, 1957.

« Il n'y a pas d'école Robbe-Grillet », *Arguments* n° 6, février 1958.

« New York, Buffet et la hauteur », *Arts* 11-17 février 1959.

« Histoire et sociologie du vêtement », *Annales* n° 3, juillet-septembre 1957.

« Langage et vêtement », *Critique* n° 142, mars 1959.

« Tricot à domicile », *Les Lettres nouvelles* n° 5, 1er avril 1959.

« Pour une sociologie du vêtement », *Annales,* mars-avril 1960.

« Écrivains et écrivants », *Arguments* n° 20, 4e trimestre 1960.

Sur Racine, Paris, éditions du Seuil, 1963.

« Littérature et signification », *Tel Quel* n° 16, hiver 1964.

Essais critiques, Paris, éditions du Seuil, 1964.

« Drame, poème, roman », *Critique* n° 218, juillet 1966.

Critique et vérité, Paris, éditions du Seuil, 1966.

Système de la mode, Paris, éditions du Seuil, 1967.

« L'étrangère », *La Quinzaine littéraire,* 1er mai 1970.

« L'ancienne rhétorique : aide-mémoire », *Communications* n° 16, décembre 1970.

S/Z, Paris, éditions du Seuil, 1970.

L'Empire des signes, Paris, éditions Skira, 1970.

« Réponses », *Tel Quel* n° 47, automne 1971.

Sade, Fourier, Loyola, Paris, éditions du Seuil, 1971.

« Alors, la Chine ? », *Le Monde,* 24 mai 1974.

Roland Barthes par Roland Barthes, Paris, éditions du Seuil, 1975.

Fragments d'un discours amoureux, Paris, éditions du Seuil, 1977.

« La lumière du Sud-Ouest », *L'Humanité,* 10 septembre 1977.

Leçon, Paris, éditions du Seuil, 1978.

« Délibération », *Tel Quel* n° 82, hiver 1979.

La Chambre claire, Paris, Cahiers du cinéma-Gallimard-Seuil, 1980.

Le Grain de la voix, Paris, éditions du Seuil, 1981.

L'Obvie et l'Obtus, Paris, éditions du Seuil, 1982.

Le Bruissement de la langue, Paris, éditions du Seuil, 1984.

L'Aventure sémiologique, Paris, éditions du Seuil, 1985.

Incidents, Paris, éditions du Seuil, 1987.

REMERCIEMENTS

Je remercie tous ceux qui ont accepté de répondre, oralement ou par écrit, à mes questions, ou qui m'ont aidé de diverses façons dans cette longue quête et, en particulier :

Marc Avelot, Norbert Bensaïd, Fernand Bentolila, Abdallah Bounfour, Jean-Louis Bouttes, Michel Bouvard, Olivier Burgelin, Claude Courrouve, Michel Dalifard, Jean Daniel, Robert David, Daniel Defert, Bernard Dort, Jean-Paul Enthoven, Didier Eribon, Jacqueline Fournié, Max Genève, Françoise Giroud, Algirdas Greimas, Noura Kaddour, Jean-Claude Klein, Julia Kristeva, Hervé Landry, Jack Lang, Annette Lavers, Monique Lulin, François Mitterrand, Laurent Morelle, Edgar Morin, Violette Morin, Vincent Mouchez, François Moulonguet, Maurice Nadeau, François Neel, Josette Pacaly, Christian Parat, Georges Péninou, Philippe Rebeyrol, François Ricci, Jean-Loup Rivière, Alain Robbe-Grillet, Michel Salzedo, Josyane Savigneau, Charles Singevin, Jean Sirinelli, Philippe Sollers, Raphaël Sorin, Jacques Staes, Romaric Sulger-Büel, André Téchiné, Aimée Vigneron.

Enfin, merci à Monique Nemer et Françoise Verny pour l'aide qu'elles m'ont apportée tout au long de ce travail.

INDEX

ABBÉ PIERRE (voir aussi Henri GROUÈS) : 131, 159, 312.

ADAMOV Arthur : 140, 143, 149.

ADJANI Isabelle : 271-272.

ALHUSSER Louis : 173, 193, 283, 310-311.

ANTONESCU Ion : 110-111.

ARAGON Louis : 114, 171.

ARBAN Dominique : 135.

ARCIMBOLDO Guiseppe : 235-236.

ARON Jean-Paul : 173, 178.

ARON Raymond : 104.

ARTAUD Antonin : 252.

AUDRY Colette : 161.

AXELOS Kostas : 161.

BACH Jean-Sébastien : 53, 60, 123.

BACHELARD Gaston : 72, 103, 178, 318.

BACHELIER Évelyne : 297.

BACCOUCHE Youssef : 245, 277, 296-297, 299, 301.

BACKÈS-CLÉMENT Catherine : 204.

BAKHTINE Mikhaïl : 72, 176, 194, 197, 314.

BALLARD Jean : 140.

BALZAC Honoré de : 30, 51, 192, 208, 215, 221-222, 244.

BANIER François-Marie : 277.

BARBERIS Pierre : 250.

BARDOT Brigitte : 160, 246.

BARTHES Alice : 29-30, 36, 44.

BARTHES Berthe (voir aussi de LAPALU) : 29-30, 65.

BARTHES Henriette (voir BINGER Henriette).

BARTHES Léon : 13, 16, 25-26.

BARTHES Louis : 19, 25, 29.

BARTÓK Bella : 123.

BAUDELAIRE Charles : 71, 79.

BEATLES : 247.

BEAUVOIR Simone de : 149-150, 311.

BEETHOVEN Ludwig von : 123, 313.

BÉGUIN Albert : 133-134.

BELMONDO Jean-Paul : 206.

BENOIST Jean-Marie : 260, 262, 282, 301.

BENSAÏD Norbert : 276, 291, 310-311.

BENTOLILA Fernand : 212.

BENVENISTE Émile : 176, 191, 197.

BERNARD Jacqueline : 103.

BERQUE Jacques : 294.

BERTHET Frédéric : 269.

BIAO Lin : 241-242.

BIDAULT Georges : 103.

BINGER Henriette : 19, 23, 25-

329

331

333

MERLEAU-PONTY Maurice : 122.

MESSALI Hadj : 169.

METZ Christian : 170, 192, 194-195.

MICHAUX Henri : 79.

MICHEL Ier : 110-111, 113.

MICHELET Jules : 13, 72, 83-85, 89-91, 96-97, 99-100, 103, 105, 112, 124-125, 130, 133, 139, 145-146, 151, 164-165, 171-235, 251, 262-263.

MILHIT (famille) : 92.

MILLER Gérard : 197.

MILLER Jacques-Alain : 267, 269.

MILNER Jean-Claude : 170, 213.

MIMA* : 57.

MITTERRAND François : 9, 274, 293-294, 296.

MONOD Jacques : 53, 200.

MONTAIGNE : 56, 96, 117.

MONTAND Yves : 112.

MORIN Edgar : 130, 137, 142, 153, 161-162, 168-170, 218, 237-238, 260, 271, 280.

MORIN Violette : 137, 142, 170, 173-174, 182, 230, 291, 297, 301, 313.

MORSY Zaghloul : 208.

MORVAN-LEBESQUE : 140, 148.

MOSSER André : 84.

MOULIN Jean : 252.

MOUNIER Emmanuel : 134.

MOUNIN Georges : 224, 226.

MOUTON Jean : 111.

MUSSET Alfred de : 114.

MUSSOLINI Benitto : 61-62.

NADEAU Maurice : 81, 88, 96, 101-103, 105-106, 109-110, 124, 130-132, 135, 139, 149, 155, 168, 185, 191, 217, 249, 257-258.

NIETZSCHE Friedrich : 54, 96, 122, 249, 250-251, 291.

NIMIER Roger : 136.

NORA Pierre : 255.

NOUREÏEV Rudolf : 277.

OLLIVIER Albert : 103.

OUALID Sadia : 41, 47, 49.

PACALY Josette : 209, 213, 231.

PANZERA Charles : 64-65, 76, 155.

PARK Mungo : 20.

PASCAL Blaise : 203, 251, 285.

PATRASCANU : 115.

PAUKER Anna : 115.

PELISSIER* : 79.

PENINOU Georges : 177-178.

PERCHERON Daniel : 297.

PEREC Georges : 177, 195, 248.

PERSON Yves : 22.

PESSOA Fernando : 196.

PÉTAIN Philippe : 64.

PEZZINI Isabella : 159.

PIA Pascal : 103-104.

PIAF Édith : 112, 120.

PIATIER Jacqueline : 187.

PICARD Raymond : 55, 145, 185-187-189, 224, 274-275.

PICHON* : 49.

PICCOLI Michel : 206.

PIDOUX-PAYOT Jean-Luc : 259.

PINGAUD Bernard : 188.

PINGUET Maurice : 190.

PINOCHET Augusto : 245.

PINTARD René : 100.

PISIER Marie-France : 271-272, 291.

PITOEFF Georges : 39.

PIVOT Bernard : 266.

PLANCHON Roger : 143.

POE Edgar Allan : 96, 211.

POIRET Paul : 199.

POIROT-DELPECH Bertrand : 248, 301.

POMMIER René : 275.

PONGE Francis : 171.

PONTALIS J-B : 136.

POUJADE Pierre : 131, 151, 157.
POULET Georges : 191.
PRÉVERT Jacques : 103, 123.
PRIET Paule : 117.
PRIÉTO Luis : 225.
PROPP Vladimir : 164-165, 222.
PROUST Marcel : 30, 43-44, 97, 208, 211, 284, 293.

QUENEAU Raymond : 103, 107, 133, 174, 280.

RACINE Jean : 13-14, 48, 56, 96, 157, 185-188, 203, 211, 235, 275.
RALYS * : 73, 121.
RAMBAUT Patrick : 274.
RAMBURES Jean-Louis de : 238.
RANUCCI Christian : 259.
RAVACHOL François : 23-24.
RAVEL Maurice : 56, 123.
REBEYROL Philippe : 9-10, 38, 40-44, 46-61, 64-66, 73-75, 81, 90-91, 100-101, 110-111, 113-114, 116-117, 122, 126, 133-134, 138, 144, 153-154, 187-189, 254, 260, 273, 281, 292-293, 297, 299, 301, 309.
REBEYROL Mme : 115.
RÉGNIER André : 80.
RÉQUICHOT Bernard : 235-236, 244.
REVEL Jean-François : 187.
RÉVELIN Noémie (voir aussi BINGER, LEPET) : 37-40, 43, 128, 138-139, 145, 148-169.
RIBY James : 20.
RICCI François : 75, 79-80, 82, 98-99.
RICHTER Sviatoslev : 123.
RIPERT Émile : 79.
RIVIÈRE Jean-Loup : 252-253, 266, 308-309.
ROBBE-GRILLET Alain : 143-144, 160, 162, 188, 250, 259, 262, 268-269, 278.

ROGER Philippe : 96, 278, 311.
ROLLING STONES : 247.
ROSENBERG Julius et Ethel : 134.
ROTMAN Patrick : 175.
ROUSSEAU Jean-Jacques : 56.
ROUSSEL Raymond : 196.
ROUSSET David : 88, 190.
ROUX Dominique de : 230.
ROY Claude : 244, 250.
RUSSO : 91.
RUWET Nicolas : 197.

SADE Marquis de : 229, 244.
SAGAN Françoise : 266.
SAILLET Maurice : 131-132.
SAINT-SIMON : 285.
SALAMA André : 122.
SALZEDO André : 36, 40-41.
SALZEDO Michel : 36, 40, 49, 52, 63, 99, 118, 136, 149, 169, 197, 210, 217, 258, 271, 297, 300-301, 303.
SALZEDO Rachel : 258-301.
SAMORY : 21, 22.
SANDIER Gilles : 150.
SANOM : 21.
SARDUY Severo : 198, 202, 241, 297.
SARTRE Jean-Paul : 33, 71-72, 89, 97, 101-104, 107-108, 122, 132, 136, 145, 149-150, 152-153, 157, 176, 190, 192, 207, 211, 222, 249, 278, 301-302, 311, 314-315.
SAUREL Renée : 150.
SAUSSURE Ferdinand de : 14, 72, 124, 132, 157, 176, 192, 199, 224-225, 249, 283, 314.
SCARLATTI Alessandro : 123.
SCARPETTA Guy : 190, 211.
SCHUBERT Franz : 60.
SCHUMANN Robert : 123, 263, 278, 282, 291.
SEABRA Jose Augusto : 196.
SEIGNOBOS Charles : 37.

* Je n'ai pu retrouver le prénom de certains professeurs et surtout de certains amis d'adolescence. Dans le cas particulier de Mima, je n'ai au contraire retrouvé que le prénom.

TABLE DES MATIÈRES

IX. AUTOUR DE *TEL QUEL*

X. LE COLLÈGE

XI. UNE VIE INQUALIFIABLE, SANS QUALITÉ

XII. L'APRÈS-MORT

*Cet ouvrage a été composé
par l'Imprimerie BUSSIÈRE
et imprimé sur presse CAMERON
dans les ateliers de la S.E.P.C.
à Saint-Amand-Montrond (Cher)
en août 1990*

Nº d'édition : 12754. Nº d'impression : 1953-1487.
Dépôt légal : septembre 1990.

Imprimé en France